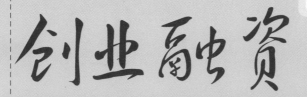

创业融资

主　编◎相子国
副主编◎杨　颖　许本强　孙志胜　姜英华

 西南财经大学出版社
Southwestern University of Finance & Economics Press

总　序

　　人才培养质量是大学的生命线，人才培养模式改革是大学发展永恒的主题。作为新建地方性、应用型本科高校，人才培养有什么优势和特色，决定着学校的发展方向、前途和命运。自 2007 年 3 月起，德州学院组织全体教授认真学习研究了《教育部、财政部实施高等学校本科教学质量与教学改革工程的意见》和《教育部关于进一步深化本科教学改革，全面提高教学质量的若干意见》两个重要文件，先后出台了《德州学院关于深化教学改革，全面提高教学质量的意见》、《德州学院关于人才培养模式改革的实施意见》和《德州学院人才培养模式创新实验区建设与管理办法（试行）》三个执行文件。2009 年年初，德州学院决定集全校之力，开展创业型人才培养模式创新实验区建设工作。

　　德州学院于 2011 年 3 月 17 日制定了《关于培养创新性应用型人才的实施意见》。提出了创新性应用型人才的教育改革思路。2011 年 10 月，决定以经管类创业教育创新实验区建设为试点，集全校之力，开展创新创业型人才培养模式改革工作。同时明确了创业教育创新实验区的任务，即扎实开展创业型人才培养模式的理论研究和实践探索，总结培养创新性应用型人才的经验和教训，为创建山东省应用型人才培养特色名校提供理论支持和工作经验。2012 年 8 月，该实验区——基于四位一体理念的创业教育创新实验区，被山东省教育厅评为省级人才培养模式创新实验区。

　　从国家与山东省经济发展战略来看，急需培养一大批创新性应用型人才。目前，我国经济正在从工业化初期向工业化中后期转变，以培养基础扎实的专业型人才为主要目标的人才培养模式暴露出了不能满足社会多元化需求的缺陷，造成了大量学生的就业困难。人才培养模式的改革，第一，需要转变教育理念。教育不能局限于知识的传授，教师的作用应该是培养学生的自学能力，注重发掘学生的特长，形成良好的个性品质，树立培养学生创新与创业精神的教育理念。第二，要调整培养目标。应该以适应地方经济和社会发展变化的岗位工作需要为导向，把培养目标转向知识面宽、能力强、素质高、适应能力强的复合型人才上来。同时，把质量标准从单纯的学术专业水平标准变成了社会适应性标准。第三，要改变培养方式。要与社会对接和交流，要从封闭式走向开放式。同时，应该加快素质教育和能力培养内容与方法的改革，全面提升学生的社会适应能力和不同环境下的应变能力。把学生培养成为具有较高的创新意识，长于行动、敢担风险，勇担责任、百折不挠的创新创业型人才。

人才培养方案的改革是人才培养模式改革的首要工作。创新实验区工作小组对德州学院创业型人才培养目标从政治方向、知识结构、应用能力、综合素质、就业岗位、办学定位和办学特色七个方面进行了综合描述，从经管类人才培养的知识结构、能力结构和综合素质三个方面进行了规格设计，针对每一项规格制定了相应的课程、实验、实习实训、专业创新设计、科技文化竞赛等教学环节培养方案，构建形成了以能力为主干，以创新为核心，素质、知识、能力和就业和谐统一的理论教学体系、实践教学体系和创新创业教学体系。

人才培养内容与方法的改革是人才培养模式改革的核心内容。创新实验区工作小组提出，要以创业教育创新实验区系列教材编写与使用为突破口，利用3~5年时间，初步实现课堂教学从知识传授向能力培养的转型。这标志着德州学院人才培养模式改革进入核心和攻坚阶段，既是良好的机遇，更面临巨大的挑战。

这套创业教育创新实验区系列教材编写基于以下逻辑过程：德州学院经济管理系率先完成了创新性应用型人才培养理论教学体系、实践教学体系和创新创业教学体系的框架构建。其中，理论课程内容的创新在理论教学体系改革中居于核心和统领地位。该人才培养内容与方法的创新把专业课程划分为核心课程、主干课程、特色课程三类，分别采取不同的建设方案与建设措施。其中，核心课程建设按照强化专业知识、培养实践能力和提高学生素质的要求，划分为经典课程教材选用、案例与实训教程设计和教师教学指导设计三个环节进行建设。

这套创业教育创新实验区系列教材是在许许多多的人，包括学校教务处、学生处、经管系教师和部分学生家长的共同努力下完成的，凝聚了大家的智慧和心血。希望这套教材能为新建本科高校的人才培养模式创新工作探索出一条成功的道路。

季桂起

2013 年 6 月

前　言

自 2009 年德州学院开展山东省创业教育创新实验区创建活动以来，德州学院基于创业教育为素质选拔、知识传授、能力培养和创业带动就业"四位一体"的理念，于 2012 年被山东省教育厅评为省级人才培养模式创新实验区。由创新创意实验区、产品（创意）研发实验区、创业计划实验区和创业企业孵化区四部分构成的实验区整体规划已基本完成。

2013 年，实验区按照规划建设任务和教育部办公厅关于印发《普通本科学校创业教育教学基本要求（试行）》的通知（教高厅［2012］4 号）编写出版了《创业基础》和《创业基础案例与实训》公共选修课教材，并在全校范围内开设了创业基础、创业融资、创业营销、创业与就业等公共选修课程，取得了积极的反应和良好的效果。

根据创业教育创新实验区工作小组安排，创业融资课程教学团队决定在本课程教学讲义、案例与实训的基础上，正式编写出版这本《创业融资》教材。实验区把创业融资课程列为知识传授内容，因此《创业融资》教材各章节结构安排及特点如下：

"学习目标"：通过了解、理解、深刻理解、掌握、重点掌握等关键词，对教师教学和学生学习进行指导。

"创业融资知识"：紧扣学习目标，系统介绍融资知识，突出创业融资难点。有利于教师开展研究性教学，启发学生的独立思考和问题意识。

"创业融资案例"：整理贴近各章内容的典型创业融资案例，通过对创业融资案例的剖析，激发学生学习和讨论的兴趣，探讨创业融资的思路和答案。

"创业融资实训"：明确各章节实训活动内容与组织，强调实训活动的仿真性、启发性和理解效果，旨在提高学生对创业融资知识的理解和掌握。

"创业融资深度思考——推荐阅读"：向学生提供更多更深刻的创业融资资料和案例，供学生更深入地理解和思考创业融资的困难和关键环节，帮助学生开阔视野。

本书由相子国教授担任主编，并负责全书写作框架的拟定、编写小组组织与管理、章节要点审核与指导，以及全书统稿工作。编写人员具体写作分工如下：

第一章创业融资概论，由相子国编写；第二章创业融资资金需求测算，由杨颖编写；第三章自我融资，由相子国编写；第四章风险资本融资，由姜英华编写；第五章商业银行贷款，由许本强编写；第六章其他信用融资，由孙志胜编写；第七章政府融资，由杨颖编写。

　　本书可以作为普通高等院校和高职高专院校公共选修课教学使用，也可以作为管理学专业本科学生自学参考书。由于编者能力有限，本书存在的不当之处，欢迎广大读者和同行给予指导、批评和帮助。

编　者

2014 年 4 月

目 录

第一章　创业融资概论

【学习目标】

通过对本章知识的学习，了解创业融资的概念、创业融资在创业教育体系中的地位和作用；熟悉资金和融资渠道，掌握创业融资课程体系；通过教学案例思考与分析，理解创业融资对于开展创业活动的重要性和应当遵循的原则；通过课后实训活动，认识创业融资对于成功创业和实现人生价值的重要意义。

一、创业融资知识

（一）创业融资的概念

1. 创业资源概述

创业资源是创业者实现创业目标的重要前提和基本条件。对于创业者来说，成功的创业离不开两种最主要的创业资源：一种是资金，另一种是人才。这虽然不是创业者成功创业的全部条件，但这是创业者开展创业活动和创业过程中必不可少的条件。创业者需要不断地开发和积累创业资金和人才，并借助科学化管理的力量对资金和人才进行优化组合。

创业资源是指企业创立以及成长过程中所需要的能够实现创业目标的各种要素组合。创业资源的内涵有以下几个方面：

（1）创业资源是企业创立以及成长过程中所需要的用于实现创业目标的生产要素和支撑条件。

（2）创业资源中各种要素必须有效组合才能发挥其最大效用。

（3）创业者要了解创业所需的各种资源，分析现有的资源状况，明确资源缺口和关键资源，并选择适当的途径和适当的时机获取适当的资源，把创业资源放在重要位置，对其反复估量权衡。

创业资源可以划分为有形资源和无形资源两类。

（1）有形资源是指具有物质形态，其价值可用货币度量的资源，主要包括实物资产和创业资金。其中，创业资金是创业企业创办初期最重要的资源。

（2）无形资源是指具有非物质形态，价值难以用货币精确度量的资源，主要包括人才、技术、管理和社会关系等。其中，人才包括创业企业管理人才、专业技术人才等。创业过程中专业人才常常表现为创业团队，团队成员应当包括创业融资成员、创业技术成员、创业管理成员等。

不同的创业企业具有不同的创业资源需求，创业者创业之初需要对创业企业的类型进行认真分析。资合性创业企业往往需要源源不断的创业资金来支持整个创业过程，而对于一般大学生创业者而言，创业资金资源经常是限制从事资合性企业创业活动的最大障碍。人合性创业企业往往要求创业过程中有可靠的社会关系和一定数量的专业人才。技术性创业企业的资源需求则主要表现为具有新颖独特的专利技术的支持。对于技术性创业者而言，其技术的先进性与独特性决定了其创业绩效，继而决定其创业成功与否。

2. 创业资金的定义和类别

创业企业离不开资金的支持，雄厚的资金实力是企业创立、发展、壮大的坚实后盾，其作用如同水、粮食之于人体一样。许多创业者受困于缺少创业项目所需的资金，如何有效地获取资金是每个创业者都极为关注的问题。

狭义的创业资金一般是指创业者开办创业企业初期投入的资本金，主要表现为注册资本金。广义的创业资金包括创业者开办创业企业所取得的所有资金，除了注册资本金之外，还包括注册资本金之外取得的自筹资金、银行贷款、信用借款、政府扶持资金、风险投资公司投资、社会捐赠等。本书所提的创业资金是指广义的创业资金。

企业在市场经济中的良性发展依赖于资金的正常运转。对于初期创业者来说，创业资金的作用至关重要。

很多创业者在创业之前没有正确看待创业资金的重要性，认为刚开始投入就能盈利，从而就能够解决创业过程中的资金短缺问题。事实上并没那么简单，很多时候一个创业项目在起步后的相当一段时间内是没有收入的，或者说收入不会像预计得那么容易。因此，我们创业之前必须要有所思想上和资金上的准备，以备不时之需，不至于因为短期的资金短缺问题让创业团队陷入尴尬的境地。

按照创业资金的类型不同，创业资金可以分为如下几类：

（1）注册资金。注册资金不同于注册资本，是国家授予企业法人经营管理的财产或者企业法人自有财产的数额体现。

注册资金表现为企业实有资产的总和，反映的是企业经营管理权。与注册资本不同的是，注册资金随时因资金的增减而增减，即当企业实有资金比注册资金增加或减少20%以上时，要进行变更登记。而注册资本非经法定程序，不得随意增减。

（2）流动资金。流动资金也称经营周转资金，是指可以在一年或者超过一年的一个营业周期内变现或者耗用的资金。流动资金主要包括现金、银行存款、短期投资、应收及预付款项、待摊费用、存货等。

流动资金的重要性在于每一次周转可以给企业带来营业收入及创造利润，因而流动资金是企业盈余的直接创造者。加强流动资金管理，可以加速流动资金周转，减少流动资金被占用，促进企业生产经营的发展，有利于促进企业降低成本，提高营业利润。

（3）固定资金。固定资金是指占用在厂房、机器、设备等固定资产上的资金，是企业生产资金的主要组成部分。由于固定资产可以在较长时期内发挥作用,其价值随着劳动资料磨损程度逐渐地、分次地转移到产品中去。

因为固定资金在企业里表现为固定资产,其投资数额一般较大,回收期较长,所以固定资金一般通过定期提取折旧的方法进行财务管理。对于创业企业来讲,所谓完成原始积累的过程,一定意义上来讲就是回收固定资金的过程。只有通过艰苦的创业初期盈利积累,把大部分通过多种创业融资手段获取的固定资金转化为自有资金,才能稳定创业企业的基业。

3. 创业融资的概念与地位

创业融资是指创业者和创业团队在创业企业孕育期、创立期和成长期科学、合理地筹集资金的过程。大学生创业遇到的最大问题是缺乏资金。有了好的项目以后,创业者面临的最大难题是能否快速、高效地筹集到资金。如果不能顺利解决创业融资难这一瓶颈问题,任何优秀的项目或好的市场机会都无从谈起。

(1) 创业融资是创业企业管理的关键环节。创业管理是一个动态的、阶段性的管理过程,涵盖了机会识别、创业计划书撰写、获取创业资源和管理新创企业等阶段。创业融资是获取创业资源这一阶段中的一项重要内容。机会识别阶段需要创业者进行一定的调查和对机会风险的评估,调查和评估需要一定的资金支持;创业计划书的撰写阶段虽然不依赖于资金,但也需要资金支持解决具体撰写过程中的基本资料、分析工具和用具的开支;管理新创企业阶段毫无疑问需要大量的资金投入。对于获取创业资源阶段而言,就社会资源、资金资源、技术资源和人才资源的关系而言,资金资源是使技术转化为生产力并创造经济价值的基础,也是形成和提升社会资源、获取人才资源的必要手段。因此,资金资源是确保创业资源有效发挥作用的重要条件。

综上所述,创业融资确保了资金资源的获取,为其他资源的有效整合和功效提升提供了有力的物质条件,也为创业管理各阶段工作的开展提供了物质保障,是创业管理的关键内容。

(2) 创业融资在企业成长的不同阶段具有不同的侧重点和要求。创业融资通常不是一次性融资,是伴随着创业企业成长的多次融资,各阶段融资侧重点和要求也不尽相同。创业融资的各阶段主要包括创业企业孕育期、创业企业创立期和创业企业成长期。

孕育期的创业者主要进行创意的可行性研究、技术开发和市场调研,所需资金量不大,创业融资需求较低。但是因为创业企业仍未真实存在,创业成功的不确定性较大,所以创业融资风险较大,很难取得资金拥有者的投资,资金来源更多的可能要来自于创业者自身拥有的资金。

创立期的企业需要完成正式注册、购置设备、投入试生产等一系列活动,资金需求量明显增加,创业融资需求大幅度增加。大幅增加的资金需求是单靠创业者自己难以承担的,需要大量的外部资金。但是此时的创业企业由于盈利能力和获取现金流能力不强,很难提供良好的信誉和资产担保,使得外部融资难度较大。

进入成长期,创业企业具有了一定的资金实力,但是由于大力开拓市场、不断推陈出新的迅速成长的战略实施,创业企业仍存在较大的融资需求,融资的风险依然存在，只是相比于种子期（孕育期）而言略有下降。而当创业企业进入成长期后期之后，由于企业自身资金实力提升，对资金的需求不再迫切，融资需求显著减少。同时，企业开始考虑上市等更为宽广的融资方式。

4. 创业融资的来源和策略

创业融资的主要来源包括自我融资、向亲朋好友融资、天使投资、商业银行贷款、担保机构融资、风险投资和政府创业扶持基金融资等。其中，自我资金、向亲朋好友融资、天使投资属于私人资本融资渠道；商业银行贷款、担保机构融资和政府创业扶持基金融资等属于机构融资渠道。

（1）自我融资。创业具有高风险，创业者并不愿意将自己的资金投入到创业过程中。但是创业者不投入自己的资金对外部融资不利，外部投资者要求创业者投资全部的可用资产。因此，最终创业者投入多少个人资金取决于创业者与外部投资者谈判时的谈判地位。

（2）向亲朋好友融资。新创企业早期需要的资金量少且具有高度的不确定性，对银行等金融机构缺乏吸引力，这使得向亲朋好友融资成为创业者此时可选的主要融资渠道之一。家庭或朋友除直接提供资金外，更多的是为贷款提供担保。家庭或朋友的特殊关系使得这一融资渠道有效克服了信息不对称问题。但是由于家庭或朋友这一特殊关系的存在，使得这一融资渠道很容易引发纠纷。因此，应将家庭或朋友提供的资金与其他投资者提供的资金同等对待。

（3）天使投资。天使投资起源于纽约百老汇，是自由投资者或非正式机构对有创意的创业项目或小型初创企业进行的一次性的前期投资，是一种非组织化的创业投资渠道。天使投资具有直接向企业进行权益投资；不仅提供现金还提供专业知识和社会资源方面的支持；程序简单，短时期内资金就可到位等特征。

天使投资虽然是风险投资的一种，但两者有着较大差别。其一，天使投资是一种非组织化的创业投资形式，其资金来源大多是民间资本，而非专业的风险投资商。其二，天使投资的门槛较低，有时即便是一个创业构思，只要有发展潜力，就能获得资金，而风险投资一般对这些尚未诞生或嗷嗷待哺的"婴儿"兴趣不大。对刚刚起步的创业者来说，既吃不上银行贷款的"大米饭"，又沾不了风险投资的"维生素"的光，在这种情况下，只能靠天使投资的"婴儿奶粉"来吸收营养并茁壮成长。

（4）商业银行贷款。银行贷款对于需要融资的创业者来说往往是首选的外源融资渠道。目前，银行贷款主要有以下几种：

①抵押贷款，即向银行提供一定的财产作为贷款的保证方式。

②信用贷款，即银行仅凭对借款人资信的信任而发放的贷款，借款人无须向银行提供抵押物。

③担保贷款，即以担保人的信用为担保而发放的贷款。在这当中政府对创业者融资有一项专门的政策，即小额担保贷款，扶持范围包括城镇登记失业人员、大中专毕业生、军队退役人员、军人家属、残疾人、低保人员、外出务工返乡创业人员。对符合条件的人员，每人最高可贷额度为 5 万元，对微利项目增加的利息由中央财政全额负担。对大学生和科技人员在高新技术领域实现自主创业的，每人最高可贷额度为 10

万元。

④贴现贷款，即借款人在急需资金时，以未到期的票据向银行申请贴现而融通资金的贷款。

近年来，随着商业银行自身业务的不断创新和国家对创业企业政策的扶持，商业银行也不断推出新的业务类型为创业者提供创业资金。例如，个人生产经营贷款、个人创业贷款、个人助业贷款、个人小型设备贷款、个人周转性流动资金贷款、下岗失业人员小额担保贷款和个人临时贷款等不同类型的贷款。这些新业务的开展不仅拓宽了银行自身业务领域，也为创业企业融资提供了新的途径，这种做法目前在国际社会中也得到广泛应用。2006年，孟加拉国格莱珉银行（Grameen Bank）的创立者穆罕默德·尤努斯（Muhammad Yunus）就因以银行贷款的方式帮穷人创业而获得诺贝尔和平奖。

（5）担保机构融资。从20世纪20年代起，许多国家为了支持本国中小企业的发展，先后成立了为中小企业提供融资担保的信用机构。目前，全世界已有48%的国家和地区建立了中小企业信用担保体系。中小企业信用担保体系的设立的主要目的在于解决银行贷款难的问题。我国近年来在这一方面也进行了许多有益的尝试，建立了一批信用担保机构，为创业企业提供了的资金融通的渠道。截至2006年年底，我国共有各类中小企业信用担保机构3366家，累计担保户数38万户，累计担保总额7843亿元。受保企业新增销售额4716亿元，利税达401亿元，为213万人创造新的就业机会。

（6）风险投资。风险投资起源于15世纪的英国、葡萄牙和西班牙，是一种股权投资，采取由职业金融家群体募集社会资金，形成风险创业投资基金，再由专家管理投入到新兴的、迅速发展的、有巨大竞争潜力的风险企业中的方式进行运作。

由投资专家管理、投向年轻但有广阔发展前景、处于快速成长中的企业的资本被称为风险资金或风险基金。风险投资基金的管理者，即风险投资的直接参与者和实际操作者被称为风险投资机构。风险投资机构最直接地承受风险并分享收益。风险投资是一项没有担保的投资，高风险与高收益并存。风险投资一般投资周期较长，为3~7年。风险投资是投资与管理的结合，是金融与科技的结合，主要投向科技型中小企业。

（7）政府创业扶持基金融资。在国家提出建设创新型社会的经济发展理念的引导下，我国已出台若干政策，鼓励创业，设立了科技型中小企业技术创新基金。各地设立了若干"孵化器"，提供融资服务。各地政府也根据地方经济发展特点和需要相继出台了各种各样的政府创业扶持基金政策，其内容多变、形式多样，包含了从税收优惠到资金扶持，从特殊立项到特殊人群的各种创业基金。例如，近年来为解决大学生就业难问题，鼓励大学生自主创业，各地政府设立了大学生创业基金，为有创业梦想但缺乏资金的大学生提供创业启动资金，以最低的融资成本满足大学生创业者的最大资金需求。当前，大学生创业基金已成为大学生圆梦创业的助跑器，为切实解决大学生创业资金紧缺问题起到了重要作用。为了解决下岗职工自主创业资金紧缺的问题，各地政府通过建立创业示范基地实施一系列优惠政策，有效扶持了下岗职工的自主创业。深圳市采取了贷款贴息、无偿资助、资本金（股本金）投入等方式向科技创新企业提供资金，推动企业创新，加速企业创业发展的步伐。毋庸置疑，政府创业扶持基金这一融资渠道表现出融资成本较低的显著特点。

除了以上七种常见的创业融资渠道外，典当融资、设备融资租赁、孵化器融资、集群融资、供应链融资等渠道也是创业企业可以利用的融资渠道。

很多创业者认为融资越多越好，其实这是一个很大的误区，或者叫做误解。结合创业企业不同的发展阶段，应当制定相宜的创业融资策略。

根据成本与收益匹配原则、融资渠道与发展阶段匹配原则以及期限匹配原则，结合常见融资渠道的特点，我们认为应采取在创业企业生命周期不同阶段分批注入的策略。具体各阶段融资渠道的选择和组合策略如表 1.1 所示。

表 1.1　　　　　　　　　　不同发展阶段融资渠道组合

融资渠道	种子期	创立期		扩张期
		启动期	早期成长	
自我融资				
向亲朋好友融资				
天使投资				
商业银行贷款				
担保机构融资				
政府创业扶持基金				

注：黑色部分表示该阶段的主要融资渠道，灰色部分表示该阶段的次要融资渠道。

从各阶段不同渠道选择的策略看，在创业企业处于种子期阶段时，更多地依赖于个人融资，大部分资金源于创业者个人，而随着创业企业进入成长期阶段后，机构融资渠道越来越多地被使用，特别是当创业企业进入成熟期阶段后，将大量的使用上市、发行债券等金融工具进行融资。创业融资渠道的选择不是单一的行为，是综合考虑企业不同阶段特点和发展需求后的一种组合。

（二）创业融资在创业教育中的地位和任务

1. 创业融资课程在创业教育体系中的地位

教育部《普通本科学校创业教育教学基本要求》（试行）提出，高等学校应创造条件，面向全体学生单独开设创业基础必修课。有条件的高等学校应当根据办学定位、人才培养规划和学科专业特点，开发、开设创业教育类选修课程（含实践课程）。德州学院基于创业教育是素质教育、知识教育、能力教育和就业教育"四位一体"的教育理念，把创业教育有机融入专业教育，把创业教育与大学生思想政治教育、就业教育和就业指导服务有机衔接，构建了以创业基础、创业融资、创业营销、商务礼仪与谈判、创业与就业五门核心课程为主线的创业教育课程体系。

"四位一体"教育体系中，知识教育体系是创业教育的重要组成部分。该体系既包括创业企业管理知识，又包括科学技术专业创新训练知识，还包括人文素养与公民道德知识。其中，创业企业管理知识主要包括管理学、经济学、创业管理、创业融资、创业营销、组织行为学、人力资源管理、生产运作管理、风险管理等课程知识。

创业融资课程既面向德州学院创业教育创新实验区学生，又面向全校开设公共选修课。创业融资课程属于不含实践课的理论课程，主要采用案例教学、课堂讲授、学生作业与考核等方式开展教学。通过创业融资模块教学，可以使学生系统地掌握创业融资的理论和工具，使学生掌握系统的创业融资知识。

创业融资课程隶属于管理学（12）学科门类，工商管理类（1202）一级学科，财务管理（120204）二级学科，属于财务管理知识中的核心知识内容。

2. 创业融资课程在创业教育体系中的任务和要求

创业融资课程在人才培养方案中属于一门全校公共选修课。该课程教授的主要任务是通过系统的创业融资理论学习，让选修该课程学生系统地掌握创业融资的基本理论和实务知识；通过成功与失败的创业案例讨论分析及实训活动，增强学生对创业的感性认识和理性认识；通过案例教学和创业融资方案的撰写培养学生创业融资运作能力。

创业融资课程的基本要求如下：

（1）选修本课程之前，必须修读创业基础课程（面向全校学生开设的必修课）合格，并热爱且主动选修创业融资课程。

（2）学生在课堂学习之余要自学有关财务管理方面的科普读物一本。

（3）选择加入一家大学生创业企业，结合自己的创业设想，尝试撰写创业融资计划书。

本课程主讲教材为自编教材《创业融资》（相子国主编，西南财经大学出版社出版）。

本课程参考书目如下：

（1）杰弗里·蒂蒙斯，小斯蒂芬·斯皮内利. 创业学［M］. 6 版. 周伟民，吕长春，译. 北京：人民邮电出版社，2005.

（2）爱德华·布莱克威尔. 融资与创业［M］. 詹强，译. 成都：西南财经大学出版社，2004.

（3）赵淑敏. 创业融资［M］. 北京：清华大学出版社，2009.

（4）郑晓燕，相子国. 创业基础［M］. 成都：西南财经大学出版社，2013.

（5）郑晓燕. 创业基础［M］. 成都：西南财经大学出版社，2014.

3. 创业融资难的困境与理论解释

（1）创业融资难的困境。

①创业企业缺少可以抵押的资产。作为新创企业，创业企业本身就缺少甚至没有资产，无法进行抵押。同时，因为缺乏对可能存在的风险的资产保证，所以创业企业往往难以获得资金拥有者的信任，从而使创业融资陷入困境。

②创业企业没有可参考的经营情况。创业企业作为一个从无到有的新创企业，没有可资参考的历史经营情况，无法提供可供比较的历史数据，使资金拥有者难以判断创业企业未来的发展状况而不敢提供资金。像可口可乐这样的成熟企业即使在一夜之间被火烧光，也能让公司在一夜之间再建立起来，这是一个没有任何经营状况可供借

鉴的创业企业难以比拟的

③创业企业的融资规模相对较小。创业企业创业初期的不确定性使其面临较大的风险,因此创业企业最初的融资规模相对较小,这使其可能形成的利息收入水平不高。同时,贷款规模虽小,但管理成本不少于大额贷款,加之较高的还款风险使创业企业贷款的管理成本平均为大型企业贷款成本的 5 倍左右。高额的融资管理成本和较大的潜在风险与不高的收入两相权衡,使得资金拥有者对创业企业融资缺乏动力。

(2) 创业融资难的理论解释。

①不确定性理论的解释。不确定性是指事先不能准确知道某个事件或某种决策的结果。或者说,只要事件或决策的可能结果不止一种,就会产生不确定性。在经济学中,不确定性是指对于未来的收益和损失等经济状况的分布范围和状态不能确知。根据这一理论,从创业活动本身来看,未来是否盈利难以准确判断,创业活动是否具有可持续性难以控制,因此创业活动面临非常大的不确定性。同时,与既有企业比较而言,创业企业的不确定性要高得多。创业企业缺少既有企业所具备的应对环境不确定性的经验,尚未发展出以组织形式显现出来的组织竞争能力等现实状况都使创业企业表现出更大的不确定性。这些不确定性对资金拥有者而言是风险,而且风险程度极大,因此他们不愿意为创业者提供资金。

②信息不对称理论的解释。信息不对称理论界定的信息不对称是指交易中的各方拥有的信息不同。在市场经济活动中,由于各类人员对有关信息的了解是有差异的,掌握信息比较充分的人员往往处于比较有利的地位,而信息贫乏的人员则处于比较不利的地位。因此,信息不对称必然会引起拥有信息优势的一方做出不利于信息劣势一方的行为,这种行为具体表现为道德风险和逆向选择两种形式。所谓逆向选择,是指拥有信息优势的一方采取"购买奢侈品"、"乱花信息劣势一方的资金"、"向信息劣势一方提供虚假信息"等行为获取私人利益损害信息劣势一方利益的行为。所谓道德风险,是指信息优势一方采取"偷懒"、"不积极工作"的方式获取个人利益而损害信息劣势一方利益的行为。具体就创业融资而言,投资前投资者所拥有的信息远远少于创业者所拥有的信息,投资者很难判断创业者的项目是否有前景、是否已获得国家批准等创业者所掌握的信息,因此很容易导致创业者借助信息优势运用投资者的资金为自己牟利,欺骗投资者获取资金,甚至卷款私逃这样的逆向选择。投资后创业者掌握了创业企业实际运营的各项详细信息,投资者仍旧处于信息劣势地位,创业者则可能不积极工作、降低工作效率以获取更多的享受从而引发道德风险。正是由于逆向选择和道德风险的存在,使资金拥有者不愿意为创业者提供资金。

4. 创业融资的前期准备和原则

(1) 创业融资前的准备。

①建立个人信用。个人信用是创业者拥有的一项高价值的无形资产,也是创业者获得投资者信任的关键软资源。在当今这样的信用社会中,信用已经成为个人声誉的重要考量内容。因此,创业者应该从现在起建立个人信用,着眼于未来长期声誉的形成,为自己积累良好的信用记录,为创业融资的成功奠定坚实的基础。

②积累社会资本。社会资本作为创业资源中的关键资源之一,是确保获取其他资

源的核心因素，而人际关系作为其关键推进力量，具有较强的资源获取的延展性。因此，创业融资前，需要创业者不断积累丰富的人脉资源以形成强大的人际关系网络，从而突破个人资源有限的融资瓶颈，延伸出大量潜在的高价值、稀缺创业资源，为创业融资成功提供额外的保障。

③写作创业计划。撰写创业计划具有两大作用。第一，通过勾画未来的经营路线和设计相应的战略来引导创业企业的经营活动；第二，用于吸引借款人和投资者。撰写创业计划的第二大作用表明在创业融资过程中，创业者必须编制出科学的、有吸引力的创业计划书展示给投资者，以期获得投资者的青睐，以筹措到创业资金开展后续创业活动。因此，要吸引投资者，编写创业计划书要清晰阐述企业的使命、企业与行业的特征、企业的目标。要充分展示企业的经营战略、产品或服务的特性、市场营销战略、目标市场的选择、市场需求量、广告和促销、市场规模和趋势、地点、定价、分销、竞争者分析等一系列问题。要向投资者展示创业者与管理者的简历、组织结构，要展示创业企业的财务资料，明确提出资金需要量和投资者的退出方式，以系统、翔实的创业计划书向投资者证实项目的可行性，树立投资者对项目成功的信心以确保融资成功。

④测算不同阶段的资金需求量。因为创业融资具有显著的阶段性，所以融资前需要准确测算不同阶段的资金需求量，以形成合理的资本结构，降低融资成本。这就要求创业者要根据创业规划，参考本行业的财务比率，再考虑到各种合理假设，先计算出收入与成本费用预测，然后做出资本性支出预算与流动资金需求预测，最后做出资产负债表、损益表和现金流量表的预测。对于初创企业而言，按季度的现金流预测和逐月的费用预算是编制融资计划保证企业能正常运转的必须工作。而投资商也一定会根据企业的"烧钱"速度了解企业的资金需求量。财务预测需要说明收入确认的准则，特别是与境外投资者联系的时候，要注意各国会计准则的不同，这也是为什么有经验的投资者更注重现金流量预测而不是损益表预测的原因之一。不同阶段资金需求量具体预测方法在本节第二部分已详细说明，在此不再赘述。

（2）创业融资渠道的选择原则。

①融资成本与融资收益相适应原则。不同融资渠道具有不同的融资成本。相对而言，自我融资的成本低于机构融资的成本，债务融资的成本低于股权融资的成本。因此，创业融资渠道的选择必须考虑不同融资渠道的成本与收益的合理匹配，争取以最低的成本获取所需资金。

②融资渠道与创业企业发展不同时期相适应原则。创业融资的显著特点是阶段性，这就意味着不同阶段的创业融资需求显著不同，而融资渠道的选择应符合融资需求的特性，融资渠道的选择也必然随融资需求的变化而有所变化，表现出一定的阶段性。因此，创业融资渠道的选择应与创业企业发展不同时期相匹配，以有效提供资金，助推创业企业的不断提升。

③融资期限匹配原则。长期资金与短期资金由于占用时间不同，在使用成本上存在显著差异。同时，由于长短期资金管理成本和面临的风险也存在显著差异，从而使长期资金与短期资金的总资本成本差异显著。因此，为降低融资风险保持科学的资本

成本水平，融资理论强融资与投资的期限匹配原则，即长期资金用于长期投资项目，用于购置固定资产等可长期使用的资产；短期资金用于日常周转和短期资金消耗。对创业企业而言，筹集创业不同阶段所需资金也应遵循期限匹配原则，对于用于固定资产和永久性流动资产上的资金，采取中长期融资方式筹措；对于季节性、周期性和随机因素造成企业经营活动变化所需的资金，采取短期融资方式筹措，力求实现期限结构的科学匹配。

（三）创业融资课程体系

1. 创业融资概论

第一章，创业融资概论。通过相关章节知识的学习，了解创业融资的概念，创业融资在创业教育体系中的地位和作用；熟悉资金，熟悉融资渠道，掌握创业融资课程体系；通过教学案例思考与分析，理解创业融资对于开展创业活动的重要性和应当遵循的原则；通过课后实训活动，认识创业融资对于成功创业和实现人生价值的重要意义。

2. 创业融资资金需求测算

第二章，创业融资资金需求测算。通过相关章节知识的学习，了解创业企业不同发展时期的资金需求特点，掌握不同阶段创业融资资金需求测算原理和测算方法；通过案例学习，理解创业融资资金需求测算的重要性；通过实训活动，掌握创业融资资金需求测算方法；通过深度思考，正确理解资金需求测算对创业融资的作用和价值。

3. 资本性融资

第三章，自我融资。通过相关章节知识的学习，理解自我自主资金在创业活动中的作用和影响；清楚父母和亲朋好友的财力支持在创业活动中的关键作用；掌握向亲朋好友融资应当遵循的原则。通过教学案例思考与分析，理解自己创业融资的优势和不足。通过实训活动，磨炼自己创业融资的胆识和方法。通过深度思考，端正和提高自己创业融资的态度和信心。

第四章，风险资本融资。通过相关章节知识的学习，了解创业企业进行风险资本融资的类型及特点，掌握吸引天使投资和风险投资的方法；通过案例学习，理解天使投资与风险投资的取得方式；通过实训活动，掌握风险资本融资的具体方法；通过深度思考，正确理解风险资本融资对于创业企业的作用和价值。

4. 债务性融资

第五章，商业银行贷款。通过相关章节知识的学习，了解商业银行贷款的基础知识，掌握创业企业筹措银行贷款的方式；通过案例学习，熟悉商业银行贷款的申请流程；通过实训活动，掌握商业银行贷款的申请条件以及需要的资料；通过深度思考，理解商业银行贷款在创业过程中的重要作用。

第六章，其他信用融资。通过相关章节知识的学习，了解创业企业各种信用融资方式的特点，掌握不同阶段创业企业各种信用融资方式的基本原理和计算方法；通过案例，学习理解创业信用融资的各种方式以及对创业企业融资的重要性；通过实训活动，掌握实际工作中各种信用融资方式的基本操作流程；通过深度思考，正确理解创业企业融资的困境、融资方式的创新、融资策略的制定及实施。

第七章，政府融资。通过相关章节知识的学习，了解政府融资的特点，掌握政府融资的常见种类和形式；通过案例学习，理解政府融资不同形式的利弊；通过实训活动，掌握政府融资的基本技巧；通过深度思考，正确理解政府融资的作用和价值。

5. 创业融资课程实验要求

创业融资课程将采用课堂讲授、案例分析、课堂讨论以及撰写论文等多种教学方法，撰写案例论文以及案例分析演讲与辩论的准备时间不计算在学时内。同时，围绕创业融资课程还将组织观看"创业系列讲座"视频。

创业融资课程课时与学时分配如表 1.2 所示。

表 1.2　　　　　　　　　创业融资课程课时学时分配表

章节	内容	学时分配		授课方式
		讲授	实训	
第一章	创业融资概论	2		课堂讲授
第二章	创业融资资金需求测算	4	2	课堂讲授+实训
第三章	自我融资	2		课堂讲授
第四章	风险资本融资	4	2	课堂讲授+实训
第五章	商业银行贷款	4	2	课堂讲授+实训
第六章	其他信用融资	4	2	课堂讲授+实训
第七章	政府融资	2	2	课堂讲授+实训
合计		22	10	

二、创业融资案例

创业需要资金，没有资金是最大的烦恼，可是庞大的资金源泉在哪儿呢？创业公司必须融资才会有活路，但融资并不是这么容易。

（一）案例一："美微传媒"的公开股权融资①

2012 年 10 月 5 日，"淘宝网"上出现了一家店铺，名为"美微会员卡在线直营店"。店店主是"美微传媒"的创始人朱江。

消费者可通过在淘宝店拍下相应金额的会员卡，但这不是简单的会员卡，购买者除了能够享有"订阅电子杂志"的权益，还可以拥有"美微传媒"的原始股份 100 股。

从 2012 年 10 月 5 日到 2013 年 2 月 3 日中午 12：00，"美微传媒"共进行了两轮募集，一共 1191 名会员参与了认购，总数为 68 万股，总金额为人民币 81.6 万元。至

---

① 资料来源：丁辰灵."中国式众筹"的三种初创模式［J/OL］. www.forbeschina.com/review/201308/0027995.shtml.

此，"美微传媒"两次一共募集资金 120.37 万元。

"美微传媒"的公开股权融资在网络上引起了巨大的争议，很多人认为这有非法集资嫌疑，果然还未等交易全部完成，"美微传媒"的淘宝店就于 2013 年 2 月 5 日被官方关闭，阿里巴巴公开宣称不准许公开募股。

中国证监会也约谈了朱江，最后宣布该融资行为不合法，"美微传媒"不得不向所有购买凭证的投资者全额退款。按照《中华人民共和国证券法》的规定，向不特定对象发行证券，或者向特定对象发行证券累计超过 200 人的，都属于公开发行，都需要经过证券监管部门的核准才行。

（二）案例二：会籍式公众融资 3W 咖啡

许单单自主创业，成为创投平台 3W 咖啡的创始人。3W 咖啡采用的也是面向公众融资的模式。3W 咖啡向社会公众进行资金募集，每个人 10 股，每股 6000 元，相当于一个人 6 万元。那时正是微博最"火"的时候，很快 3W 咖啡汇集了一大帮知名投资人、创业者、企业高级管理人员，其中包括沈南鹏、徐小平、曾李青等数百位知名人士，股东阵容堪称华丽，3W 咖啡引爆了中国创业咖啡在 2012 年的流行。几乎每个城市都出现了 3W 咖啡。3W 咖啡很快以创业咖啡为契机，将品牌衍生到了创业孵化器等领域。

3W 咖啡的游戏规则很简单，不是所有人都可以成为 3W 咖啡的股东，也就是说不是拥有 6 万元的人就可以参与投资，股东必须符合一定的条件。3W 咖啡强调的是互联网创业和投资圈的顶级圈子。没有人是会为了 6 万元未来可以带来的分红来投资的，更多是 3W 咖啡给股东的价值回报在于圈子和人脉价值。试想如果投资人在 3W 咖啡中找到了一个好项目，那么多少个 6 万元就赚回来了。同样，创业者花 6 万元就可以认识大批同样优秀的创业者和投资人，既有人脉价值，也有学习价值。很多顶级企业家和投资人的智慧不是区区 6 万元可以买的。

（三）案例分析与点评

以上两个创业融资案例，精华之处都在于创新。第一个案例，即在网上通过公开募集股份进行融资，是"美微传媒"创始人朱江的一个尝试，由于其入股门槛低、诱惑性大，很容易募集到大量资金。但是，主要问题在于受到法律的限制。第二个案例，3W 创业咖啡的成功之道就在于其有效地规避了《中华人民共和国证券法》关于向不特定对象发行证券，或者向特定对象发行证券累计超过 200 人的红线。实际上，餐厅、酒吧、美容美发店等服务业企业创业融资渠道主要是资本性融资。针对目前很多服务场所的服务质量都不尽如人意的社会现状，通过向特定对象发行证券融资的方式，吸引朋友圈中有资源和人脉的人投资，不仅是筹措资金，更是锁定了一批忠实客户的创业营销手段。

三、创业融资实训——创业融资比赛流程设计

面向全校学生公开发布创业融资大赛比赛规程，各个院系组织选拔进入决赛名单。

（一）初赛赛程

第一，学生现场报名，即兴陈述自己的创意项目，在规定的时间内表达自己对未来创建公司的看法和创新的思想，由组织方组织评委对各个项目进行评价打分，选出优胜的 20 个创意项目进入第二环节。

第二，每个创意项目组建创业团队，在规定时间内上交公司创业策划书，要求每队使用电子课件形式讲解自己公司的创业策划书和融资计划。创业策划书的编写参阅《创业基础》第五章创业计划和本书第二章创业融资资金需求测算。

第三，各院系根据评委打分各自选出 10 份创意项目进入学校决赛。

（二）决赛赛程

在决赛中，大赛组委会发给教师评委 1000 万元学术币支票，发给学生评委 500 万元学术币支票，由各位评委充当投资商，对满意的模拟公司进行投资。

第一，各个参赛队伍以自己新颖独特的方式介绍参赛队伍。各个评委给自己中意的队伍投资学术币，教师评委有 100 万元学术币的投票权，学生评委有 50 万元学术币的投票权，可以全部投给一个队伍，也可以投给多个队伍，投完为止。

第二，参赛队伍根据自己组建的公司性质介绍该公司的主营业务和兼营范围，然后以电子课件或者其他形式进行展示。这一环节教师评委有 400 万元学术币的投票权，学生评委有 200 万元学术币的投票权，可以全部投给一个队伍，也可以投给多个队伍，投完为止。

第三，评委针对各个参赛队伍的创业计划进行提问，团队所有队员都必须上场，都可以回答评委的问题。这一环节教师评委有 400 万元学术币的投票权，学生评委有 200 万元学术币的投票权，可以全部投给一个队伍，也可以投给多个队伍，投完为止。

第四，参赛队伍分别进行一分钟的自我陈述。这一环节教师评委有 100 万元学术币的投票权，学生评委有 50 万元学术币的投票权，可以全部投给一个队伍，也可以投给多个队伍，投完为止。

第五，由工作人员统计各个参赛团队所募集的学术币，得出各个参赛团队的名次，然后进行颁奖。

第二章 创业融资资金需求测算

【学习目标】

通过本章知识的学习，了解创业企业不同发展时期的资金需求特点，掌握不同阶段创业融资资金需求测算原理和测算方法；通过案例学习，理解创业融资资金需求测算的重要性；通过实训活动，掌握创业融资资金需求测算方法；通过深度思考，正确理解资金需求测算对创业融资的作用和价值。

一、创业融资资金需求测算知识

(一) 创业融资资金需求测算的作用

1. 有利于确定筹资数额

资金是创业成功的关键资源，是开展创业各项准备和具体工作的物质保障。在市场经济环境下，资金的取得和占有均存在成本，因此创业融资时必须按照创业企业设定的目标，在考虑风险收益均衡的前提下，依据所处融资环境，秉承融资效益最大化的原则进行融资，这在客观上要求确定科学的资金需求总额。资金筹集过多，将产生较大的占用成本，失去资金机会收益；资金筹集较少，难以满足创业各阶段的资金需求，将使创业难以为继，增加创业失败的概率。因此，创业融资资金需求测算有利于科学确定筹资数额，为创业后续各项工作的开展提供资金保障。

2. 有利于科学选择资本结构，降低资金成本

因为不同的融资方式融资成本各有差异，所以不同的融资方式的选择和组合将为创业企业带来不同的资本结构，从而形成不同的资金成本。通过创业融资资金需求测算，可以准确确定融资总规模，并进而测算确定科学的资本结构，为创业企业形成最佳的融资组合，降低创业企业资金成本，最终实现融资效益最大化的预期目标。

(二) 创业融资资金需求特点分析

创业融资通常不是一次性融资，是伴随着创业企业成长的多次融资。同时，由于创业企业发展具有阶段性特点，各阶段创业融资侧重点和要求也不尽相同，因此创业融资资金需求也呈现出显著的阶段性特点。通常情况下，创业融资资金需求的阶段主要分为种子期、创立期、成长期和扩张期四个阶段。以下分别对这四个阶段的资金需

求特点进行具体分析。

1. 种子期资金需求特点

种子期是创业企业验证创意，进行技术开发、市场调研和可行性研究的阶段。该阶段创业企业仍未真实存在，创业成功的不确定性较大，所需资金量不大，创业融资需求较低。主要资金需求是企业的开办费、可行性研究费、一定程度的技术研发费，一般不需要进行大规模外部融资。因此，这一阶段创业企业的资金需求测算主要围绕开办费、可行性研究费和技术研发费展开。

2. 创立期资金需求特点

创立期企业需要完成正式注册、购置设备、投入试生产、产品销售等一系列活动，资金需求量明显增加，创业融资需求大幅度增加。这一阶段，创业企业主要的资金需求是企业的销售费用、生产运营费用、管理费用的投入、固定资产的投资、流动资金的保证等。这一阶段，创业企业的固定资产投资资金需求量大、投资周期长、资金回笼慢。此时，创业企业处于产品市场的开拓阶段，市场占有率较低、资产规模较小、试营运销售资金回笼速度较慢，因而此阶段创业企业发展所面临的各种风险（市场风险和技术风险等）较大，其抵御风险的能力也较低，造成创立期资金需求表现出数量大的显著特点。因此，这一阶段创业企业的资金需求测算主要围绕固定资产的投资、销售费用、生产运营费用、管理费用的投入、流动资金的垫支展开。

3. 成长期资金需求特点

进入成长期，企业销售迅速扩大，产品潜力逐渐显现，管理队伍已经成型，企业的生产、销售、服务已具备成功的把握。在这一阶段，企业往往希望组建自己的销售队伍，扩大生产线，增强其研究发展的后劲，以进一步开拓市场，拓展其生产能力或服务能力。企业实现规模效益的需要带来了外部资本的大量需求。

在这一阶段，对资金的需求主要体现在企业的规模营运资金、扩大固定资产投资、扩大流动资金垫支、增大营销费用等。因此，这一阶段创业企业的资金需求测算主要围绕新增需求展开。

4. 扩张期资金需求特点

企业产品得到市场认可使其产品销售得到迅速增长，市场占有率的迅速提高给企业带来了高额利润，企业的生产能力不断追加。在扩张期，创业企业的管理与运作基本到位，拥有成功的业绩，风险显著降低，进入了稳步发展的轨道。此时，现金流已经能够满足企业的大部分需要，但新的机会不断出现，企业仍然需要外部资金来实现高速增长，直到发展成为成熟企业。资本扩张成为这一时期企业发展的内在需要，因而企业的融资需求规模扩大成为此阶段企业融资需求的重要特征。因此，这一阶段创业企业的资金需求测算主要围绕资本投资项目展开。

综上所述，在创业企业不同的发展阶段，资金需求重点各不相同，资金需求量各不相同，同时伴随的风险也各不相同。一般而言，随着创新企业生命周期的延展，从种子期到扩展期资金需求量越来越大，而风险则相对越来越小；到成熟期以后，资金需求量越来越小，而风险则相对越来越大，两者呈反向运动态势，具体关系见图2.1。因此，从整体上看，创业企业面临的风险及其融资需求规模随其发展阶段的周期变化而表现出"剪刀差"的特征。

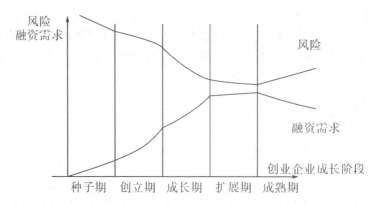

图 2.1　创业企业的成长阶段与融资需求、风险之间的关系

（三）创业融资资金需求测算步骤及方法

1. 创业融资资金需求测算步骤

准确测算创业融资资金需求，确定科学的融资规模、合理的融资结构是创业成功的关键环节之一。虽然创业融资资金需求表现出显著的阶段性特点，但是不同阶段资金需求测算可以分为以下几个基本步骤开展：

（1）确定预测目的，编制工作计划，组织相关人员，建立测算责任制，确保测算工作顺利开展。

（2）收集测算相关基础资料，力求信息完整、口径一致，以保证预测的准确性。对必需的而较难获取的资料，可通过间接方法测算形成，如抽样测算、比例测算等。对于所收集的资料，除应注意系统地积累外，还需进行必要的审查和整理，使数据在时间间隔、覆盖范围、计算方法、计量单位和价格等方面保持一致。

（3）选择合适的方法进行预测。创业资金需要量的预测方法包括定性预测法和定量预测法。如果由于客观条件的限制，某些预测方法所需的资料无法收集，或调查成本太高，那么即使被认为是较理想的预测方法也无法应用。选用某一种或某几种方法进行预测，不能不考虑所收集的数据是否能满足要求。一般来说，在资料不很完备、预测费用较少、准确度要求较低时，可较多采用专家意见预测法或专业预测机构咨询法；反之可运用一定的数学模型，采用定量预测法。由于事物的发展变化受多种因素影响，包括一些不可预见事件，预测结果必然存在误差。若误差过大，预测结果就会失去实用价值。因此，必须计算预测误差，分析误差原因，把误差控制在一定限度内，力求接近实际情况。

（4）分析调整，用于决策。基于历史资料所进行的预测数字是以相对稳定的经济环境为前提的。因此，预测完成后，还必须根据所处经济环境的变化，对初步预测结果进行分析调整，原则上在预测基础上上浮 5%~10% 作为最终的决策依据。

2. 创业融资资金需求测算方法

创业融资资金需求测算的方法很多，可以采用粗略估计，也可以进行较精确的预测。具体而言，创业融资资金需求主要的预测方法有定性分析法和定量分析法两种。定性分析法主要是进行粗略估计，定量分析则需要通过建立一定的数学模型，进行较为精确的测算。不同方法各有特点，互有短长，创业者可根据不同方法的特点根据具体情况选择合适的方法开展测算。

（1）定性分析法。定性分析法主要借助有关财务资料，依靠经验丰富的理财高手和管理专家，对创业企业的未来资金需要量进行测算，是一种主观判断的方法。这种方法较适合在创业企业缺乏完备、准确的历史资料的情况下采用，尤其是新技术企业和企业初创期。一般而言，由于初创期企业具有很大的不确定性，资金需求测算最可靠的办法是围绕起步项目逐项测算，同时考虑最为艰难的生存期企业维持的资金需求，并测算一个风险准备金，随时准备应付增资的需要。

定性分析法中使用最广泛的是专家意见法。利用专家意见法可以有多种形式，可以是专家会议法，也可以是匿名通信的德尔菲法。其中，专家会议法虽然可以迅速形成结论，完成测算，但是这种方式的最大缺点是小组成员容易屈从于某个权威或大多数人的意见（即使这些意见并不正确），或者虽意识到自己的意见错了，但碍于面子不愿当众承认，导致测算结果的准确性大大降低。因此，以匿名通信方式展开的德尔菲法成为定性分析法中使用较为广泛的方法。

德尔菲法（Delphi Method）又称专家规定程序调查法。该方法主要是由调查者拟定调查表，按照既定程序，以函件的方式分别向专家组成员进行征询；而专家组成员又以匿名的方式（函件）提交意见。经过几次反复征询和反馈，专家组成员的意见逐步趋于集中，最后获得具有很高准确率的集体判断结果。

德尔菲法本质上是一种反馈匿名函询法。其大致流程是在对所要预测的问题征得专家的意见之后，进行整理、归纳、统计，再匿名反馈给各专家，再次征求意见，再集中，再反馈，直至得到一致的意见。该方法具备以下三个显著特点：

第一，匿名性。因为采用这种方法时所有专家组成员不直接见面，只是通过函件交流，这样就可以消除权威的影响。匿名性是德尔菲法的主要特征。匿名是德尔菲法的极其重要的特点，从事预测的专家彼此互不知道其他有哪些人参加预测，他们是在完全匿名的情况下交流思想的。后来改进的德尔菲法允许专家开会进行专题讨论。

第二，反馈性。德尔菲法需要经过3~4轮的信息反馈，在每次反馈中使调查组和专家组都可以进行深入研究，使得最终结果基本能够反映专家的基本想法和对信息的认识，因此结果较为客观、可信。小组成员的交流是通过回答组织者的问题来实现的，一般要经过若干轮反馈才能完成预测。

第三，小组的统计回答。最典型的小组预测结果是反映多数人的观点，少数派的观点至多概括地提及一下，但是这并没有表示出小组的不同意见的状况。而统计回答却不是这样，它报告1个中位数和2个四分点，其中一半落在2个四分点之内，一半落在2个四分点之外。这样，每种观点都包括在这样的统计中，避免了专家会议法只反映多数人观点的缺点。

德尔菲法的具体工作流程如下：

在德尔菲法的实施过程中，始终有两方面的人在活动，一方面是预测的组织者，另一方面是被选出来的专家。首先应注意的是德尔菲法中的调查表与通常的调查表有所不同，德尔菲法中的调查表除了有通常调查表向被调查者提出问题并要求回答的内容外，还兼有向被调查者提供信息的责任，是专家们交流思想的工具。德尔菲法的工作流程大致可以分为四个步骤，在每一步中，组织者与专家都有各自不同的任务。

第一步，开放式的首轮调研。

①由组织者发给专家的第一轮调查表是开放式的，不带任何限制，只提出预测问题，请专家围绕预测问题提出预测事件。因为如果限制太多，会漏掉一些重要事件。

②组织者汇总整理专家调查表，归并同类事件，排除次要事件，用准确术语提出一个预测事件一览表，并作为第二步的调查表发给专家。

第二步，评价式的第二轮调研。

①专家对第二步调查表所列的每个事件做出评价。例如，说明事件发生的时间、争论问题和事件或迟或早发生的理由。

②组织者统计处理第二步专家意见，整理出第三张调查表。第三张调查表包括事件、事件发生的中位数和上下四分点，以及事件发生时间在四分点外侧的理由。

第三步，重审式的第三轮调研。

①发放第三张调查表，请专家重审争论。

②对上下四分点外的对立意见提出一个评价。

③给出自己新的评价（尤其是在上下四分点外的专家，应重述自己的理由）。

④如果修正自己的观点，也应叙述改变理由。

⑤组织者回收专家们的新评论和新争论，与第二步类似地统计出中位数和上下四分点。

⑥总结专家观点，形成第四张调查表，重点在争论双方的意见。

第四步，复核式的第四轮调研。

①发放第四张调查表，专家再次评价和权衡，提出新的预测。是否要求做出新的论证与评价，取决于组织者的要求。

②回收第四张调查表，计算每个事件的中位数和上下四分点，归纳总结各种意见的理由以及争论点。

值得注意的是，并不是所有被预测的事件都要经过四步。有的事件可能在第二步就达到统一，而不必在第三步中出现；有的事件可能在第四步结束后，专家对各事件的预测也不一定都能达到统一。不统一也可以用中位数与上下四分点来得出结论。事实上，总会有许多事件的预测结果是不统一的。

（2）定量分析法。定量分析法则是根据相关财务资料，运用数学模型进行精确测算的一种方法。通常该方法在资料完备、经费充裕、精确度要求较高时使用。定量分析法主要用于创业企业成立之后的资金需求测算。定量分析法常用的方法包括因素分析法、资本习性法和销售百分比法等。

在定量分析法具体使用时，需要注意对于创业者来说，如果有时候找不到现成可遵循的数字作为预测计算的参照，那么不妨分项预测，参考市场上替代产品的有关数据，同时考虑企业运营的经费需求来进行测算。

由于定量分析法主要用于创业企业成长期之后的资金需求测算，因此定量分析法各方法的具体计算原理将在以下各阶段资金需求测算具体方法部分详细阐述。

3. 各阶段资金需求测算具体方法

（1）种子期资金需求测算。由于处于种子期的创业企业资金需求较少，主要资金需求为技术开发费、市场调研费、创意可行性论证费和开办费，因此资金需求测算主要采用定性分析法展开。其中，技术开发费以实验、产品试制实际费用支出为依据进行测算，市场调研费和创意论证费可以采取向专业调研机构询价的方式进行测算。

（2）创立期启动资金需求测算。处于创立期的创业企业资金需求主要是固定资产的投资、销售费用、生产运营费用、管理费用、流动资金垫支等项目。具体包括以下几部分：

①设备，包括生产设备、办公设备、工具以及类似项目的购置费用。

②建筑，包括房屋、装饰、木工和电工修理固定设施所需的费用。

③预付款，包括房租、营业执照及其他类似的预付费用。

④经营周转，至少有能支付 3~4 个月的经营资金，包括工资、广告费、维修费、偿还债款、购买材料和能源的费用等。

⑤存货，包括半成品、产成品、原材料等占用的资金。

这一时期的资金需求测算可以采用定量分析法，由于这一时期缺乏历史资料，运用较为规范的数学模型测算法不具备条件，因此创业企业可以采用简单的项目列示汇总法进行资金需求测算。具体步骤如下：

第一步，根据企业种类、规模大小、经营地点、竞争对手等情况，创业者分别列示公司运营所需的设备、建筑物、办公用品的详细项目和数量，根据市场价格进行固定资产资金需要量测算。

第二步，列示所需存货数量，根据市场价格测算流动资产资金需要量。

第三步，将启动费用按项目进行细致分类，包括注册费用、房租、人员工资、日常经营周转费、税金、保险费等，按照当前市场价进行计算汇总，测算总体费用支出的资金需要量。

第四步，考虑到存在许多不可预知因素，为确保费用估算的准确度，创业者可以将每项实际费用多估算出一部分，以应对可能出现的意外支出需要。

第五步，合计测算出所需启动资金的总额并进行复查。

由于创业风险较大，创业者经过以上估算可以初步测算出所需启动资金的数量，为提高估算的准确性，创业者可以通过向同行、供应商、行业协会、退休企业高管、连锁加盟机构、创业机构咨询所需启动资金数额，与自己测算数值进行比较，择优确定启动资金数量。

（3）成长期之后的资金需求测算。进入成长期后，创业企业已经具备了企业经营的各项财务数据，可以运用较为精确的定量分析法开展资金需求测算。

①因素分析法。因素分析法是以有关资本项目上年度的实际平均需要量为基础，根据预测年度的生产经营任务和加速资本周转的要求，进行分析调整，来预测资本需要量的一种方法（见图 2.2）。

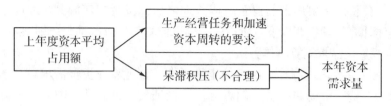

图 2.2　因素分析法

资本需求量=(上年资本实际平均占用量−不合理平均占用量)×(1±预测年度销售增减率)×(1±预测年度资本周转速度变动率)

[例 2.1]　某企业上年度资本实际平均额为 2000 万元，其中不合理平均额为 200 万元，预计本年销售增长率为 5%，资本周转速度加快 2%。试预测本年资本需要量。

本年资本需要量=(2000−200)×(1+5%)×(1−2%)=1852.2（万元）

因素分析法计算简单，容易掌握，但预测结果不太精确，通常用于品种繁多、规格复杂、用量小、价格低的资本占用项目的预测。

②资本习性法。资本习性法是按照资金与产销量之间的依存关系，通过建立回归模型，测算资金需求量的一种方法。按照资本习性可以将资金分为不变资金、变动资金和半变动资金三种。新创的企业可参考同行老企业或相关项目的历史数字，根据企业资金占用总额与产销量之间的关系，把资金划分为不变资金和变动资金两部分，然后结合预期的销售量来预测资金需求量，确定适当的融资资金需求规模。

设产销量为自变量 X，资金占用量为因变量 Y，两者关系可用下式表示：

$Y=a+bX$

式中，a 表示不变资金，b 表示单位产销量所需变动资金。

a 和 b 可以通过回归直线方程求出。

$$\begin{cases} \sum Y_i = na + b\sum X_i \\ \sum X_i Y_i = a\sum X_i + b\sum X_i^2 \end{cases}$$

$$a = \frac{\sum X^2 \sum Y - \sum X \sum XY}{n\sum X^2 - (\sum X)^2}$$

$$b = \frac{n\sum XY - \sum X \sum Y}{n\sum X^2 - (\sum X)^2}$$

[例 2.2]　某企业产销量和资金变化情况如表 2.1 和表 2.2 所示。2015 年预计销售量为 150 万件，试计算 2015 年的资金需要量。

表 2.1　　　　　　　　　　　产销量与资金变化情况表

年度	产销量（万件）	资金占用量（万元）
2009	120	100
2010	110	95

表2.1（续）

年度	产销量（万件）	资金占用量（万元）
2011	100	90
2012	120	100
2013	130	105
2014	140	110

表2.2　　　　　　　　　　　**资金需要量预测表（按总额预测）**

年度	产销量 x（万件）	资金占用量 y（万件）	xy	x^2
2009	120	100	12 000	14 400
2010	110	95	10 450	12 100
2011	100	90	9000	10 000
2012	120	100	12 000	14 400
2013	130	105	13 650	16 900
2014	140	110	15 400	19 600
合计 $n=6$	$\sum X = 720$	$\sum Y = 600$	$\sum XY = 72\,500$	$\sum X^2 = 87\,400$

$$a = \frac{\sum X^2 \sum Y - \sum X \sum XY}{n \sum X^2 - (\sum X)^2} = 40 \qquad b = \frac{n \sum XY - \sum X \sum Y}{n \sum X^2 - (\sum X)^2} = 0.5$$

把 $a=40$，$b=0.5$ 代入 $y=a+bx$ 求得：

$y=40+0.5x$

把 2015 年预计销售量 150 万件代入上式，得出 2015 年资金需要量为：

资金需要量$=40+0.5×150=115$（万元）

③销售百分比法。销售百分比法也称营业收入百分比法。从理论上讲，创业企业的资金需要量与其未来的生产经营规模存在相互关系，即生产规模扩大，销售数量增加，会引起资金需要量增加；反之，则会使资金需要量减少。

销售百分比法假设企业销售收入可以与利润表、资产负债表的各个项目建立起固定的比例关系，并假定这种比例关系维持不变，从而以此为标准，预测未来的短期资金的多余或不足。其中，与销售收入保持基本不变的比例关系的项目称为敏感项目，包括敏感资产和敏感负债项目。敏感资产项目一般包括现金、应收账款、存货等项目；敏感负债项目一般包括应付账款、应付费用等项目。应收票据、固定资产、长期投资、递延资产、短期借款、应付票据、长期负债和投入资本通常不属于在短期内的敏感项目，留用利润也不宜列为敏感项目，因其受企业所得税税率和股利政策的影响。销售收入百分比法的具体测算程序如下：

第一步：测算销售收入、营业成本和利润，编制预计利润表。

①计算基年利润表的各项目与销售收入的百分比。

②预测年度的销售收入预计数乘以基年利润表的各项目与销售额的百分比，得到预测年度预计利润表各项目的预计数。

③利用预测年度税后利润预计数和预定的留用比例，测算留用利润的数额。

留存收益增加额＝预计销售额×销售净利率×（1－股利支付率）

第二步：编制预计资产负债表，预测外部筹资额。

①计算基年资产负债表敏感项目与销售收入的百分比。

②用预计销售收入乘以基年资产负债表敏感项目与销售收入的百分比，得到预计年度的各个敏感项目数。

③确定预计年度留用利润增加额及资产负债表中的留用利润累计数。

④加总资产负债表的两方，资产减负债和所有者权益之差，即为需要追加的外部筹资额。

外部融资需求＝资产增加－负债自然增加－留存收益增加

［例2.3］某公司2014年销售额为2000万元，预计2015年销售额增长10%，达到2200万元。公司销售净利率为10%，股利支付率为50%。假定该公司资本预算、资本结构和股利政策已定。考虑以下两种情况：

第一，除普通股本以外，所有资产和负债项目都随销售额成比例变化，即以新增外部权益融资为追加变量；

第二，资产项目与销售同步变化，原有负债和股本不变，新增负债与股本为追加变量。

表2.3　　　　　　　　　　　　外部融资需求测算表　　　　　　　　　金额单位：元

计划期初资产负债表			试算资产负债表	
项目	金额	占销售百分比(%)	第一种情况①	第二种情况②
流动资产	600	30	660＝2200×30%	660＝2200×30%
固定资产	2400	120	2640＝2200×120%	2640＝2200×120%
资产总额	3000	150	3300＝2200×150%	3300＝2200×150%
短期负债	1000	50	1100＝2200×50%	1000
长期负债	600	30	660＝2200×30%	600
普通股	400	不变	400	400
留存收益	1000	净利的50%	1110＝1000+2200×10%×50%	1110＝1000+2200×10%×50%
负债和权益总额	3000	—	3270	3110
所需外部融资			30	190

情况①外部融资需求量计算如下：

$$D_{t+1} = \frac{资产_t}{销售额_t} \times \Delta\,销售额_{t+1} - \frac{负债_t}{销售额_t} \times \Delta\,销售额_{t-1}$$
$$\qquad - 销售额_{t+1} \times 销售净利率 \times （1-股利支付率）$$

$$D_{t+1} = 150\% \times 200 - 80\% \times 200 - 2200 \times 10\% \times 50\% = 30（万元）$$

情况②外部融资需求量计算如下：

$$D_{t+1} = \frac{资产_t}{销售额_t} \times \Delta\,销售额_{t+1} - \frac{负债_t}{销售额_t} \times \Delta\,销售额_{t-1}$$
$$\qquad - 销售额_{t+1} \times 销售净利率 \times （1-股利支付率）$$

$$D_{t+1} = 150\% \times 200 - 2200 \times 10\% \times 50\% = 190（万元）$$

[例2.4]　某公司的融资需求测算具体数据如表2.4所示。假设该公司销售净利率为4.5%，股利支付率为30%，则外部融资需求量是多少？

表2.4　　　　　　　　　　　　　　　　　　　　　　　　　　　　　　金额单位：元

资产	上年期末实际量	占销售额百分比（%） （销售额为3000万元）	本年计划 （销售额为4000万元）
资产：			
流动资产	700	23.33	933.33
长期资产	1300	43.33	1733.33
资产合计	2000		2666.66
负债及所有者权益：			
短期借款	60	N	60
应付票据	5	N	5
应付款项	176	5.87	234.8
预提费用	9	0.3	12
长期负债	810	N	810
负债合计	1060		1121.8
实收资本	100	N	100
资本公积	16	N	16
留存收益	824	N	？
股东权益	940		？
总　　计	2000		2666.66

留存收益增加量＝预计销售额×销售净利率×（1-股利支付率）

$$\qquad\qquad\quad = 4000 \times 4.5\% \times （1-30\%） = 126（万元）$$

融资需求量＝66.66%×1000-6.17%×1000-4.5%×4000×（1-30%）

$$\qquad\qquad = 666.6 - 61.7 - 126 = 478.9（万元）$$

二、创业融资案例

（一）红高粱神话^①

20 世纪 90 年代初，在外国快餐企业向中国市场进军的号角声中，乔赢以开办"红高粱"中式快餐店，创民族品牌而一炮打响，并很快红遍半个中国。然而，8 年后寄托着无数人民族感情的"红高粱"在一片叹息声中轰然倒下，作为该品牌创始人的乔赢也从红得发紫的大老板沦为风光不再的阶下囚。

1. 解读快餐业的红高粱神话

2002 年 9 月 9 日，制造"红高粱"快餐业神话的原河南省红高粱快餐连锁有限公司总经理乔赢、副总经理弓建军等人非法吸收公众存款 3153 万元，造成损失 2307 万元案一审有果，河南省郑州市金水区人民法院依法判处乔赢、弓建军有期徒刑 4 年，并处罚金 5 万元，两人均表示服从判决不上诉。

至此，这个曾被国内 800 余家媒体连续报道、国外 70 余家媒体相继转载、美国三大有线电视网轮番"爆炒"，"2000 年要在全世界开连锁店 2 万家，70% 在国内、30% 在国外"的麦当劳的挑战者——风靡一时的河南省红高粱快餐连锁有限公司彻底退出了历史的舞台。

经过记者多方采访，沿"红高粱"走过的路，追溯它兴亡的过程，探究美丽神话的产生和破灭，试图破解乔赢及"红高粱"骤起骤落的奥秘。

2. 下海淘金，创办"红高粱"快餐

乔赢于 1976 年参军入伍。在部队训练的间隙，乔赢发奋读书，几乎将团部图书馆的书读了一遍。1980 年，乔赢被选送到解放军坦克学院学习，先后取得了哲学、经济学双学士学位。1987 年，乔赢到解放军信息工程学院当教师，1990 年转业到杜康大酒店任副总经理，后投奔河南省亚细亚集团有限公司，但没有被重用。胸怀大志而善于动脑子的乔赢不甘受此冷落。1994 年乔赢他辞去工作，开始四处寻找挖掘财富的机会。

在北京，乔赢找到了这一机会。麦当劳王府井快餐店人潮涌动的景象吸引乔赢在那里待了整整一天。乔赢的目光和大脑结合成了一架运算器：按进店的人数和人均消费粗略计算，该店一天的营业额竟高达 20 万元左右，"麦当劳"就是一台"超级收款机"。乔赢兴奋不已。

此后的一年时间里，从北京到广州，从深圳到珠海……凡是有麦当劳的地方，都留下了乔赢的身影。乔赢终于破解了仅用 5 年时间就以咄咄逼人之势在中国大地发展了 17 家分店的外国快餐的兴旺之谜——有一个响当当的品牌，有一个能营造欢乐气氛的店堂，有一套行之有效的操作模式和标准化的产品……就是靠这些，被人称之为"垃圾食品"的汉堡包就让国人趋之若鹜。在考察麦当劳时，民族自尊心极强的乔赢也

---

① 资料来源：特许经营中一个失败的案例［J/OL］. http://www.studentboss.com/html/zhidao/2006－08－19/2453.htm.

在思考：中国的软件、汽车等行业不发达还可以理解，因为科技水平落后于西方发达国家，可作为一个"食不厌精、脍不厌细"的几千年文明古国，难道连最优秀、最发达的餐饮业也要落后于西方？中国有那么多好吃的东西，为什么就不能用中式食品制造出麦当劳那样的效果，为中式快餐业争一席之地？乔赢立志要创造一个中式快餐的品牌，当中国的"麦当劳"。

乔赢选中了羊肉烩面，因为羊肉烩面营养丰富，味道鲜美，是 9000 万河南人久吃不厌的食品，仅河南省省会郑州市就有 5000 多家羊肉烩面馆且生意长久不衰。

老郑州人都记得，原先位于市中心的老字号合记羊肉烩面馆，两间小门面房天天食客爆满，后来规模扩大了几十倍，依然天天食客如云，在门口排着长队。合记羊肉烩面贵在汤上，其汤是由 18 种原料精心熬制而成，而原先该馆最善于熬汤的 4 位师傅，现仅存 1 位师傅。于是乔赢就将这位师傅请来一起研究开发羊肉烩面快餐。

在一次文艺界名流的聚会上，乔赢无意中透露了正在创办中式名牌快餐的想法。河南省的一位雕塑家闻此眼睛一亮，问："真搞？真搞我给你起一个名字——红高粱！"

周身的热血一下子涌上乔赢的脑门，他昼思夜想，不就是在等这么一个名字吗？红高粱，火红的红高粱，是黄土地上长得最高的农作物，生长在贫瘠的土地上却又生命力最为旺盛，蕴含着中国人埋在心底深处的一种民族精神。

此后，乔赢于 1995 年注册成立了河南省红高粱烩面公司，开始打造他的红高粱快餐帝国。

3. 一炮走红，被誉为民族快餐业的领头羊

1995 年 4 月 15 日，乔赢筹资创办的第一个红高粱快餐店在郑州市最繁华的二七广场开业了。无巧不成书，40 年前的 4 月 15 日，恰恰是麦当劳开张的日子，是巧合？还是天意？恐怕只有已对麦当劳潜心研究一年有余的乔赢心知肚明了。

这家以经营烩面为主的小店以麦当劳为样板，店堂明亮、员工统一着装、使用快餐桌椅和收银机，一开业就显出了不同寻常：虽然面积不足 100 平方米，但其日营业额从 2000 元逐步上升，不久就冲破了万元大关。媒体的目光自然被吸引过去。开业仅几个月，"红高粱"已经名利双收。首战告捷后，乔赢又在郑州市开了 7 家"红高粱"分店。对于白手起家的乔赢来说，从开始东借西凑的 44 万元启动滚动到 500 万元，时间只用了短短 8 个月，"钱来得真快啊！"钱滚滚而来，远远超出了乔赢的心理预期。此时的乔赢已远远不满足于在郑州市小打小闹了，他要创造中国的名牌快餐，要成为中国的快餐大王。

为了抢占名牌制高点，乔赢在"红高粱"创立还不到一年时间就力排众议，执意进军北京王府井，叫板美国麦当劳。

王府井是中国商业第一街，是中国商业的缩影，在这条街上发生的事情，就是全中国、全世界关注的事情。麦当劳进入中国的第一站首选王府井，看中的就是这一点。

乔赢将"红高粱"安营扎寨到了全北京房租最惊人的一个地方：距麦当劳王府井店 22 米的王府井入口处，日租金为每平方米近 7 美元，乔赢要的是广告效应。乔赢知道中国人有解不开的爱国情结，他也深谙如何与媒体打交道。

1996 年 2 月 15 日，"红高粱"王府井分店开始营业。仅 200 平方米 140 个座位的

"红高粱",与斜对面傲然而立的麦当劳店相比,规模不足其三分之一,气氛也没有麦当劳热闹,但在吸引食客方面,"红高粱"则毫不逊色。北京人喜爱"红高粱",不仅仅是因为羊肉烩面的鲜美可口,更深层的意义在于"红高粱"调动了中国人的民族情感。新闻媒体的渲染,更赋予"红高粱"很深刻的内涵。许多在京的德高望重的老同志都到"红高粱"吃饭,他们说:"要吃就吃咱们中国人的快餐!"

乔赢在"麦当劳"对面开店的这一战略举措,一下子把经营烩面的"红高粱"推到与麦当劳对等较真儿的位置上。一时间,"红高粱挑战麦当劳"、"大碗面叫板汉堡包"、"河南小子挑战巨无霸"的新闻也炸开了锅。"红高粱"一夜之间名声大噪,乔赢也成为新闻人物。

在中央电视台的演播室里,在各大报刊的版面上,教师出身的乔赢找到了用武之地,他大谈特谈"歌德尔定理",说:"没有他的定理就没有我挑战麦当劳的呐喊。"乔赢运用"乔李金系数"计算出中国"平均 300 人将拥有一家快餐店",编造出了"在麦当劳店两公里内开快餐店必死无疑"的说法……乔赢的宣传着实让有着强烈民族感情的中国人亢奋了一阵子,"红高粱"各个店里从早到晚高朋满座,乔赢的"红高粱"被舆论冠以"中国连锁快餐的领头羊"的名号。

4. 高速膨胀,公司发生资金危机

"红高粱"的红火,引起了众多投资者的注意,投资者们纷纷找上门来洽谈合作事宜。1996 年 6 月,乔赢与河南省实力极强的一家公司签订了合资意向书,该公司首期为"红高粱"出资 2000 万元发展 20 个分店,并打算用 3 年时间把"红高粱"做成上市公司,但条件是要占有 60%的股份。该意向书遭到了红高粱公司内部其他管理者的反对,他们坚持反对把控股权让出去。乔赢也害怕对自己一手创办的"红高粱"丧失主导权,有点犹豫了,就放弃了合资,使"红高粱"丧失了一个获得资金的大好机会。

1996 年 7 月,河南省某房地产公司与乔赢签订了合作协议,共同投资 600 万元,联合组建了河南红高粱快餐连锁有限公司,该公司注资 294 万元,占 49%的股份,原红高粱烩面公司出资 306 万元,占 51%的股份,乔赢出任董事长。新"红高粱"注册之后,该房地产公司表示在 3 个月内负责筹资 2000 万元,董事会便决定在全国发展 20 家分店。乔赢很快在海南、天津等地选了 10 个分店的地址,将一年来赚得的 300 余万元和房地产公司的 180 万元预付金全部投了出去,交了 10 个店的押金、租金及部分前期投资,平均一个店 40 万元,启租期为 3 个月。然而,启租期满了,该房地产公司却违约了,所承诺的 3 个月注入的 2000 万元一分钱也没有到位。没有后续资金,各地分店处于停顿状态,催要钱的电话一个接一个。郑州、北京两家直营店赚来的钱刚够应付公司开支,乔赢好不容易从银行贷出了 100 万元,但转眼就花出去了。

这时,一位专家被"红高粱"聘为副总裁。这位专家认为:尽管"红高粱"声名远播,但是"红高粱"此时远未功成名就,郑州店的成功实际上得益于其现代快餐的叫卖形式,北京店的红火则靠的是一个新闻噱头,而"红高粱"自身的管理体系、运作机制还远未成熟。就品种而言,作为主打产品——烩面,全是汤汤水水,拿不出屋,带不出店,98℃的热汤没有 20 分钟根本吃不完,且南北口味不一,仅凭一碗烩面难以打天下;就经营方式而言,从店堂装饰、员工服装、收银机收款等服务方式和其他细节，到处都是对麦当劳的幼稚模仿；就经营运作而言，没有形成一套成熟的、可靠的、有效的连锁经营管理体系和操作系统。于是，这位专家上任伊始就提出一套卧薪尝胆的方案：收缩战线，忍痛割爱，除天津店外，其他半截子工程一律下马；把工作的重点放在快餐品种的研究开发和中央厨房的配套标准化上；将"红高粱"的发展思路从硬件配套为主转变为软件配套为主，使连锁模式、服务模式、管理模式成熟化、标准化。避开新闻界，闭门练兵一年后，再亮出一个令人刮目相看的"红高粱"。先解决最根本的品种问题、配送问题、店堂服务问题，形成规模后，再向外扩张或拷贝。这是当时拯救"红高粱"的唯一方案。只可惜这个方案被领袖意识极强的乔赢否决了，使"红高粱"又一次失去了重整山河的时机。

5. 铤而走险，陷入非法集资深渊

1997年年初，"红高粱"已经到了一个非常危险的境地。是进，还是退？进——需要千万元资金投入，退——社会影响太大。乔赢认为必须把所有的半截子工程都扛起来，才能形成"席卷全国"之势。但没有钱，使得乔赢骑虎难下，既前进不了又后退不得。

为难之时，有人为乔赢推荐了一个"能人"，说一定能帮他筹措资金，渡过难关。乔赢将此人视为高参，深信不疑，并委以副总经理的重任。此人便是日后引领乔赢走上犯罪道路的弓建军。弓建军对乔赢说："乔总，你这是端着金饭碗要饭呢！你看三星、百花等公司'集资'多红火！咱也学学这办法，公司那么多员工，就算每人集资2000元，你算算会有多少钱？"1997年3月，一份百花集团的集资方案拿到了红高粱的高层办公会上，以乔赢为首的红高粱首脑们研究之后认为，高息向社会集资是解决资金问题，挽救"红高粱"，保住这一民族企业品牌的良策。精心策划之后，一份"集资"方案很快出台了。

按照这一方案，"红高粱"成立了隶属于财务部的"红高粱品质管理委员会"，开始以入股的方式招收会员。成为会员的条件很简单：2000元算一股，可以领到一张会员卡，集资期限一年，凭卡每月可领取"工资"50元，此外还可到"红高粱"免费享用烩面两碗，多存不限。刚开始，公司给职工分配了任务，每人都必须存钱。消息传开后，社会上的人也纷纷加入，甚至托熟人来"入会"，因为大家都算了一笔账，月息2.5%也就是年息30%……"红高粱品质管理委员会"悄无声息地吸纳社会资金，为乔赢提供源源不断的动力支援。有了后盾，拖了10个月、枉花了1000余万元的"红高粱"天津店、海口店等10个分店最终开业了。之后，乔赢又风光无限地坐着飞机在全国飞来飞去，四处考察市场，气势磅礴地向新闻界宣称："3年内，红高粱要在全世界开2万家连锁店！哪里有麦当劳，哪里就有红高粱！"

1998年5月，河南三星非法集资案告破，"红高粱"的集资也因集资户的挤兑而终止。没有经济支撑的乔赢不再四处奔波，开始回过头来审视自己种下的一棵棵"红高粱"。他发现千万元的资金已经像水一样地泼了出去，但并没有人为此买单：各地的直营店大多负债累累，几近倒闭，公司总负债达3000多万元。

1998年年底，红高粱在各地的直营店纷纷倒闭，加盟店纷纷解约，债主也都找上门来。此时的乔赢开始行踪不定，躲到北京，连公司的人都见不到他的人影，汇报工作都是电话联络。

1999年以后,乔赢又开始露脸。他在酝酿"二次创业",这次他看中了互联网。乔赢在网上照样"高谈阔论",他认为餐饮业适合发展电子商务。乔赢相信互联网和电子商务给中国餐饮业及中国传统产业带来了前所未有的发展机遇,并宣称"红高粱"正在向电子商务进军,3年后将成为最知名的餐饮及家庭服务的电子商务公司。

与"红高粱"前期造势的情形不同,乔赢口中的一个又一个"妙论"被证明不过是乔赢的一厢情愿。乔赢的"二次创业",有人冷眼旁观,无人捧场喝彩。

6. 举报被查,"乔掌门"落入法网

迫于形势,1998年5月25日红高粱公司停止了集资业务,发出通知在6月25日恢复正常兑付,随之又推迟到7月10日,但仍分文未兑付。10月8日,乔赢又做出了所谓的最后承诺:"1998年12月31日以前兑付本金10%,1999年上半年全部兑付完毕,请大家给我运作的时间和空间。"

直到12月31日,乔赢的最后承诺也没有兑现。当天,红高粱二七店被法院查封,位于黄河北街的红高粱总部关门,留守郑州的员工也不见踪影。

一次又一次被乔赢谎言所欺骗的群众,终于到了忍无可忍的地步,为了讨回自己的血汗钱,他们拿起了法律的武器。

1999年年初,王涛(化名)等83名集资户联名就"红高粱"非法吸收公众存款的行为向中国人民银行郑州市中心支行、郑州市公安局进行了举报。

中国人民银行郑州市中心支行根据群众的举报,对河南红高粱公司涉嫌变相吸收公众存款的问题进行了调查核实,初步认为红高粱公司未经人民银行批准,以招收"红高粱品质管理委员会"会员的名义,向社会不特定对象吸收资金、出具凭证、承诺在一定期限内还本付息,触犯了国务院247号令《非法金融机构和非法金融业务活动取缔办法》的有关规定,属非法金融业务活动,其性质为变相吸收公众存款,遂提请公安机关对红高粱公司变相吸收公众存款行为依法立案侦查。

郑州市公安局金水分局受命立案侦查。民警经多方排查,在北京找到了乔赢的藏身之处。当乔赢开门看到来自家乡的警察时,痛心疾首:"我知道你们早晚要来,可你们为什么不能晚来两天?只要两天,新疆一位合作伙伴就要给我投资,一个亿,我的账就可以还了!"

曾经风光无限的乔赢,曾经极度膨胀的乔赢又回到了常态,内心充满了对社会的悔恨和愧疚。

2002年6月28日,郑州市金水区法院公开开庭审理了乔赢等人非法集资案。在法庭上,乔赢多次对受到伤害的800余集资户表示道歉。"我触犯了保护我们每个公民合法权益的神圣的法律,应该受到惩罚。我希望法律能够在公正判决的前提下,给我一个将功补过的机会,这绝不是为了减轻自己的罪行,而是让我尽快为社会去奉献,去弥补我给人民、给社会带来的损失。我会把这次深刻的教训化作再次创业的财富和动力,用自己后半生的努力工作去偿还我所欠下的债务,我要给社会一个交代,我不愿意带着遗憾走完自己的人生。"

也许是为了向法庭表白自己的决心,乔赢特别讲述了自己在看守所的经历:"被关押的 1 年零 8 个月以来，我每天早上 5：30 就起床，晚上 12：00 以前没睡过觉。我读了大量的书，写了 30 万字的反思，英语也恢复到了大学水平。我坚持洗冷水澡锻炼身体，我自信有能力用后半生的创造来补偿 2000 余万未兑付的集资款。"

7. 掩卷反思，功过是非回头看

"红高粱"虽已败落，但其品牌的塑造过程仍然是中国餐饮业乃至商业史上的奇迹。乔赢旗帜鲜明地提出了"红高粱挑战麦当劳"，用了一年多的时间，用不到 200 万元的宣传费投入，把"红高粱"和一碗烩面做成了全国知名品牌，几乎策动了整个媒体为其摇旗呐喊。可以说，从 1998 年以后，国内再没有第二家企业能够像"红高粱"一样，花小钱造大势的。遗憾的是，乔赢在天时地利应有尽有之时，决策上出现失误，没有把机会转变为踏踏实实的经营，最终毁掉了"红高粱"。究其原因，发人深省。

（1）走入连锁误区，造成企业盲目扩张。连锁理论认为，先建一家成功的店铺做样板，然后复制，越多越好经营，越多越好管理。连锁业犹如建一座大厦，应遵守建筑学的法则——地基的承载力决定层高。同理，连锁体系结构（主要包括资金结构、技术结构和管理结构）决定连锁的规模和速度，违背这个原则，连锁就要失败，就要亏损。"红高粱"就是在企业还未形成其独特的、全套的、成熟的、有效的经营和管理规范时，急于扩张，急于"拷贝"，使得内存极少极其脆弱的企业"死机"。

（2）品牌的"速成"和"万能"观念，导致企业畸形发展。经济快速发展中，一个企业要想做大做好，必须要树立自己的品牌。但是品牌不能速成，品牌是长期追求质量、管理、效率的结果。同时，品牌也不是万能的。乔赢过分地夸大了品牌的作用，认为只要品牌好，就能赚钱，致使企业犯了名牌"速成论"和"万能论"的错误。

（3）务虚不务实，缺少管理功夫。广告、包装、形象宣传、技术装备……所有这些可以买到的东西，别人也可以买到，在经济过剩的年代，这些条件已不再重要，更重要的是企业的管理。例如，海尔公司的质量保证体系和邯郸钢铁公司的成本效率工作法——这才是企业的灵魂和立业之本，才是企业家的成功之道。凡是用钱能买到的"红高粱"都买到了，为什么还失败？因为"红高粱"缺少的就是像海尔公司和邯郸钢铁公司那样的真功夫。

（4）不遵守理财"金律"，导致企业财务恶化。企业财务管理中有一个"金律"：不能把流动负债用于企业的长期投资。然而，经济学科班出身的乔赢竟违反了这个"金律"，把流动负债、短期借款用于固定资产投资，使总部营运资金减少，利息负担加重，最后导致企业运作失灵。说白了，"红高粱"等于把几年之后可能出现的经济效益"提前贴现"，不仅坑害了投资者，也坑害了自己。

（5）不遵守法律政策，直接导致企业垮台。市场经济也是法治经济。一个企业只有在法律法规允许的范围内进行经营，才能受到法律的保护。乔赢作为"红高粱"的最高决策者，平时不注意学习法律常识，没有认识到非法集资是违法行为，直接导致了企业垮台和自己入狱的后果。

"红高粱"在二七广场的中心店早已改换门庭，"红高粱"的老总也被关进了监狱中。我们剖析"红高粱"的兴衰轨迹，试图给人以启迪，使河南商界发生的"亚细亚"、"郑百文"、"红高粱"等一个又一个令国人震惊的商业悲剧和个人悲剧不再重现。

（二）案例分析与点评①

1. 反思一：成长策略选择错误。把小企业当大企业运作，全线出击，四面投资，撒大网捞小鱼，徒劳无功，致使企业运作困难

红高粱公司是1995年4月15日创建的。不足3年时间，就从一间店铺发展到近50间店铺，从一个城市发展到20个城市。红高粱公司从一开始就选择了快速增长的全国性连锁发展模式。当时的想法是，中国快餐市场如此之大却都被外国快餐占领，中式快餐必须迅速崛起，很快做大，超越时空，超常发展。结果没有量力而行，花费了大量的人力、物力、财力，却效益不佳，徒劳无功，陷入财务运作危机。

红高粱公司3年的实践使我们认识到：无论什么企业必须依据自身的能力选择自己的成长策略。作为中式快餐企业，正确的做法是：在起步阶段，应采取稳步增长的区域性连锁模式，缩短战线，把有限的资源集中在一个地区，创造利润，建立体系，造就人才。待成熟后，再拓展新的连锁区域。其实，连锁业是充满风险的，不是越大、越快就越好，速度过快是失败之源。

2. 反思二：对财务管理的错误认识和不正确的管理必将导致企业危机

作为中式快餐企业的经营管理者，无论你是经营一个快餐店，还是经营一个大的连锁集团，不是该不该懂一些财务管理的知识问题，而是必须精通财务管理。从某种意义上讲，一知半解或似懂非懂比一无所知更有害。尤其对总经理来说，一旦自认为懂了一些财务管理知识，就会指挥财会人员服从自己，从而就会欠缺正确与及时的会计资讯，不能正确管理财务，无法改善企业的财务体制。

红高粱公司3年实践表明，由于财务管理上的失误，吃了大苦头。例如，财务管理中有一条"金律"，即不能把银行的短期借款用于企业的长期投资。尽可能用自有资本和长期负债作为固定资产投资和长期投资。然而，红高粱公司的固定资产大部分来自流动负债和短期借款。加之四面投资，财务管理跟不上，总部现金流量（即营运资金）减少，利息负担又重，导致企业运转不灵。红高粱公司3年的实践使我们认识到：谁违背这条财务管理"金律"，谁就要吃苦头。轻者财务危机，重者破产倒闭。从某种意义上讲，亚洲金融危机的原因之一也是国家在财政管理上违背了这条"金律"。

正确的做法是：快餐企业一开始就要用财务管理的专业人才去管理财务。经营者要真正懂得财务管理而不是一知半解。设置合理的会计结构（如财务会计、税务会计、管理会计），建立严格的会计制度。应把财务管理放在企业的核心地位，绝不能违背财务规律去经营企业。

3. 反思三：没有建立利润管理体系，各种资源不能有效、统筹运用，因而造成财务资源不足，发展步履艰难

红高粱公司第一年生意兴隆，效益可观，这时有位经济专家提出，"红高粱"前三年可以先不讲利润，迅速扩张，把企业做大，把资本做大，不要怕负债，要造势，做

① 资料来源：乔赢. 我对红高粱的十大反思 [J/OL]. http://www.izhong.com/boss/article/943D7CEEF98F3E89E040007F01000FE4.

出品牌。然后卖股权，做上市公司。这叫"零利润"经营。"零利润"经营观念对初创时期的企业，对初级阶段的中式快餐企业是不适合的，甚至是有害的。不是专家的观点有问题，而是"零利润"经营不适合中式快餐的发展。因为，我们是小企业，是初级阶段。所谓"小"，所谓"初级阶段"，就是缺少"功夫"。什么是"功夫"？就是抗风险的能力。

4. 反思四：没有准备资金时，项目就轻易启动，结果总是把一分钱当三分钱用造成企业财务困难

做快餐就要投资，没有钱就不能投资，这似乎是个真理。可投资专家们却说："不要等有了钱才投资开业，可行的投资项目总是不会缺钱的。"的确，问题的关键不在于你是否有钱，只要看准市场，没有钱也可以干起来。红高粱公司也是零点启动。决定投资红高粱快餐店时，手头并没有钱，由于看准了市场，第一家店在郑州开业了，经营得很红火，投资半年就收回了。决定投资北京王府井分店时，手头只有 10 万元现金，经过 3 个月的努力，王府井分店又开业了，并引起了各界关注，一年就有上百家中外媒体报道，给公司带来了良好的效益。于是，自我头脑膨胀开始了：在资金不足时，公司仍可以做全国连锁，提出了全国性连锁发展战略，迅速占领北京、深圳、上海、天津、大连、广州、海口等城市。结果，到处寻址，到处投资。由于资金和管理不足，并且又分散使用，总是一分钱当三分钱用，有的店铺前期资金到位，后续资金不足，迟迟不能开业，每月房租一分不少，有的店铺付了房租押金，资金又不足了，为了保证重点，干脆解除合约，造成很大的损失。致使店铺刚一开业就背上了沉重的包袱，给总部带来了财务上的危机。

正确的做法是：投资前必须要有相当周密的计划，并有合适人员去操作。要集中投资，万不可分散使用。

5. 反思五：过分追求"码头效应"，把钱更多地投到地皮上，结果为业主打工，店铺不赚钱，导致财务恶化

无论是战场还是商场，天时不如地利，这的确是普遍的规律。做快餐、做大众生意需要选择好地方、好地段，这些地方当然是寸土寸金。要做快餐，就要舍得在地皮上投资，但要量力而行，不能超出可承受的限度。红高粱公司在这方面的教训是非常深刻的。

正确的做法是：宁愿让别人说你吝啬，也得把算盘背在背上。有利润就干，没利润位置再好也要撤。

6. 反思六：过分夸大品牌的作用，认为只要品牌有名就能赚钱，致使企业犯了名牌"速成论"和"万能论"的错误

红高粱公司 3 年的实践使我们懂得了中式快餐的发展需要创名牌企业、名牌产品。但是名牌不能速成，名牌是质量、管理、效益的标志。没有效益是不能成为名牌企业的。即使你是名牌企业，品牌也不是万能的。生意就是生意，它需要突破一个又一个的"瓶颈"，稳步增长。中式快餐企业不能靠传奇色彩的新闻炒作迅速成为"名牌"，然后就用品牌盲目扩张，迅速加盟连锁。其实，名牌背后是功夫，是从无数次失败中锻炼出来的功夫。无论麦当劳也好，可口可乐也罢，它们的品牌都是千锤百炼出来的。

7. 反思七：过早否定厨师的"手艺"，忽视厨师在中式快餐企业中的地位和作用，结果既缺少"手艺"操作，又缺乏必要的机器设备，造成产品质量下降，销售额下滑

机器与手艺是一对矛盾，是相互对立的两种生产方式。对中式快餐的发展来讲，处理不好这对矛盾，就会影响快餐企业的健康发展。

红高粱公司3年的实践使我们深深地体会到"适度工业化"是中式快餐业的主要特征。我们不能不搞工业化生产，又不能丢掉手艺生产。不搞工业化，中式快餐就没有出路，丢掉手艺生产就没有我们的优势，还是没有出路。把两种对立的生产方式有机地结合起来，不仅是中式快餐发展的主要特征，也是知识经济时代的全新生产方式。

在实践中发现，只要不重视手艺生产的店效益就会明显下降。例如，深圳"红高粱"分店刚开业时，手艺生产和机器生产两者关系处理得比较好，销售额很高。后来招聘了一位在麦当劳做了5年的门店经理，他要求店铺取消厨师的概念，每个工作人员都要在短时间内适应各个工作站的操作程序，结果销售额大幅度下降。刚3个月，该门店经理就提出了辞职。临走前，该门店经理说："看来中式快餐跟西式快餐有很大的不同，用西式快餐的管理办法来管理中式快餐是不灵的。"

红高粱公司3年的实践使我认识到，用麦当劳的快餐理念和用经营餐馆的理念去经营管理中式快餐，都同样有害。正确的做法是：既不能忽视工业化，又不能忽视手艺化。

8. 反思八：忽视产品开发和产品组合，处理不好快餐品种"多"和"少"的关系，导致快餐企业发展缓慢、效益不好

因为麦当劳的品种少、组合简单、标准化，其生意兴隆，于是我们得出结论：中式快餐的品种也不能"多"，要"少"，要标准化、工业化。然而，中式快餐市场的现实是走品种多样化道路的快餐店生意兴隆。如何处理这对矛盾也困扰着我们。刚开始，"红高粱"是走专业化品种的道路。实践中，我们发现这不能满足市场需求。可是走多样化品种的道路，又不利于连锁发展。怎么办？很显然，我们不能从西式快餐的概念出发走麦当劳的品种单一化的道路。因为高度专业化的工业经济时代已告结束，多元化时代已经到来，这也是知识经济时代的特征。中式快餐的发展面临着全新的时代、全新的市场、全新的消费者。单一化道路不符合今天的市场，多样化的道路不便于快餐业连锁发展。我们在实践中体会到，中式快餐企业的品种既不能太多，也不能太少，要适度多样化。要重视产品研发和产品的科学组合。不能认为中国是美食大国，品种极其丰富，就忽视产品开发。只有这样，才能使企业可持续发展。

9. 反思九：没有建立合理的结构就盲目发展，追求速度，有一两家成功，就误认为是成功体系，开始无限制地连锁，致使财务资源流失，企业受损

通过实践我们认识到，连锁业犹如一座大厦，它的发展遵循建筑学的第一法则：地基的承载力决定层高。对连锁业来讲，结构（主要包括资本结构、技术结构和管理结构）决定连锁的规模和店数。这也是连锁业的第一法则。谁违背这个法则，谁就要失败，就要亏损。连锁企业的决策人一定要清醒地认识到自己的现有基础和结构能支撑多少家连锁店，不要因一家、两家乃至几家店的生意火爆，取得了成功，就认为这是个成功的体系，就开始无限制地扩张。就像建楼一样，不能因为5层都很牢固，就

误认为可以在此基础上建10层、20层大楼，结果大厦倒塌。因为你的地基承载力决定只能建5层。要想建10层楼，就要重新打好地基。同样的道理，一个连锁企业要想扩张，就要建立合理的资本结构、技术结构和管理结构，认真评估到底能发展多大规模。

10. 反思十：没有把员工训练作为长期、连贯的经营战略，由于企业训练不足，导致企业管理水平和人员素质不高，缺少发展动力

从某种意义上讲，麦当劳的成功，不是汉堡包的成功，而是训练体系的成功。麦当劳有一个理念：人才流失的主要原因是企业训练不足。中式快餐与西式快餐比，并不是输在工业化、标准化上，而是输在店铺的管理和人员的培训上。训练不足或者没有把训练作为企业的经营战略来抓，则是中式快餐企业目前普遍存在的问题。

【创业融资宝典】

郭去疾经典语录

1. 投资人风格与你是否搭调永远排第一位。

2. 不要在内心里过早给投资人投票，谈判发展很可能出乎你的意料。

3. 估值只是一个条款，真正玄机在其他地方。

4. 雇个好律师。

5. 拒绝对赌，它对双方都不好，它诱惑你做错事。

6. 对过去诚实，对未来自信。

7. 钱没到账前不要向外公布。

六个创业融资的窍门①

王佳原来在一家电脑公司做推销员，后来一位朋友多次鼓动他自主创业，并许诺如果需要贷款可以提供担保。有好友的鼎力相助，王佳便辞去了这份收入不菲的工作，自己注册了一家电脑公司。在好友帮助下，王佳顺利地从当地信用社取得了30万元贷款。信用社的服务非常完善，可就是贷款利率比法定基准贷款利率上浮30%，另外还要从贷款中扣除两笔莫名其妙的"咨询费"和"理财顾问费"。这样，王佳的贷款的实际年利率达到7%以上。当时，王佳没有过多考虑贷款成本，可由于电脑行业竞争激烈，他只能微利经营，到年底一算账，偿还贷款本息后正好不挣不赔。用王佳的话说，等于白白给信用社打了一年工。

许多人在创业初期往往求"资"若渴，为了筹集创业启动资金，根本不考虑筹资成本和自己实际的资金需求情况。但是如今激烈的市场竞争使经营利润率越来越低，除了非法经营以外很难取得超常暴利。因此，广大创业者在融资时一定要考虑成本，掌握创业融资省钱的窍门。

---

① 资料来源：六个创业融资的窍门 [J/OL]. http://www.huobaochina.com/chuangye/chuangyebidu/9201.html.

一、巧选银行，贷款也要货比三家

按照金融监管部门的规定，各家银行发放商业贷款时可以在一定范围内上浮或下浮贷款利率，比如许多地方银行的贷款利率可以上浮 30%。其实到银行贷款和去市场买东西一样，挑挑拣拣，货比三家才能选到物美价廉的商品。相对来说，国有商业银行的贷款利率要低一些，但手续要求比较严格，如果你的贷款手续完备，为了节省筹资成本，可以采用个人"询价招标"的方式，对各银行的贷款利率以及其他额外收费情况进行比较，从中选择一家成本低的银行办理抵押、质押或担保贷款。

二、合理挪用，住房贷款也能创业

如果你有购房意向并且手中有一笔足够的购房款，这时你可以将这笔购房款"挪用"于创业，然后向银行申请办理住房按揭贷款。住房贷款是商业贷款中利率最低的品种，如 5 年以内住房贷款年利率为 4.77%，而普通 3~5 年商业贷款的年利率为5.58%。如果创业者已经购买了住房，也可以用现房做抵押办理普通商业贷款，这种贷款不限用途，可以当做创业启动资金。

三、精打细算，合理选择贷款期限

银行贷款一般分为短期贷款和中长期贷款，贷款期限越长利率越高，如果创业者资金使用需求的时间不是太长，应尽量选择短期贷款，比如原打算办理两年期贷款可以一年一贷，这样可以节省利息支出。另外，创业融资也要关注利率的走势情况，如果利率趋势走高，应抢在加息之前办理贷款；如果利率走势趋降，在资金需求不急的情况下则应暂缓办理贷款，等降息后再适时办理。

四、用好政策，享受银行和政府的低息待遇

创业贷款是近年来银行推出的一项新业务，凡是具有一定生产经营能力或已经从事生产经营活动的个人，因创业或再创业需要，均可以向开办此项业务的银行申请专项创业贷款。创业贷款的期限一般为 1 年，最长不超过 3 年，按照有关规定，创业贷款的利率不得向上浮动，并且可按银行规定的同档次利率下浮 20%；许多地区推出的下岗失业人员创业贷款还可以享受 60% 的政府贴息；有的地区对困难职工进行家政服务、卫生保健养老服务等微利创业还实行政府全额贴息。

五、亲情借款，成本最低的创业"贷款"

创业初期最需要的是低成本资金支持，如果比较亲近的亲朋好友在银行存有定期存款或国债，这时可以和他们协商借款，按照存款利率支付利息，并可以适当上浮，非常方便快捷地筹集到创业资金，亲朋好友也可以得到比银行略高的利息，可以说两全其美。不过，这需要借款人有良好的信誉，必要时可以找担保人或用房产证、股票、金银饰品等做抵押，以解除亲朋好友的后顾之忧。

六、提前还贷，提高资金使用效率

创业过程中，如果因效益提高、货款回笼以及淡季经营、压缩投入等原因致使经营资金出现闲置，这时可以向贷款银行提出变更贷款方式和年限的申请，直至部分或全部提前偿还贷款。贷款变更或偿还后，银行会根据贷款和贷款金额据实收取利息，从而降低贷款人的利息负担，提高资金使用效率。

【案例思考】

> 1. 创业融资资金需求测算有什么作用？
> 2. 创业融资资金需求测算的方法还有哪些？

三、创业融资实训

（一）实训目标

体会团队合作价值，训练团队合作精神，掌握团队合作基本技巧。

理解创业融资资金需求测算常用方法的基本原理，掌握创业融资资金需求测算基本技能。

（二）实训活动

1. 活动内容

运用专家意见法预测创立期企业资金需求规模。

2. 活动形式

5~6 人一组为最佳。

3. 活动时间

50 分钟。

4. 活动地点

教室。

5. 适用对象

全体学生。

6. 活动目标

训练对专家意见法的基本操作技能，训练学生团队合作能力。

7. 活动程序

（1）每个小组 1 分钟竞聘确定总经理，总经理分配成员角色。

（2）总经理带领团队开展 5 分钟头脑风暴，设计创办一个花生油生产企业的资金需求规模测算开放式调查表。

（3）总经理重新组织团队成员，分配 4 人担任专家角色，自己作为组织者，向专家发放第一轮调查表，向专家提出预测问题，请专家围绕预测问题提出预测事件，开展第一轮调研。

（4）总经理回收第一轮专家调查表，归并同类事件，排除次要事件，用准确术语提出一个预测事件一览表，并作为第二步的调查表发给专家，进入第二轮调研。

（5）专家对第二步调查表所列的每个事件做出评价，说明事件发生的时间、争论问题和事件或迟或早发生的理由。

（6）总经理回收调查表，整理第二步专家意见，形成第三张调查表，进入第三轮调研。第三张调查表包括事件、事件发生的中位数和上下四分点，以及事件发生时间在四分点外侧的理由。

（7）总经理发放第三张调查表，请专家重审争论，对上下四分点外的对立意见做一个评价，给出自己新的评价（尤其是在上下四分点外的专家，应重述自己的理由）。如果修正自己的观点，也应叙述改变理由。

（8）总经理回收专家们的新评论和新争论，与第二步类似地统计中位数和上下四分点。

（9）总结专家观点，形成第四张调查表，重点在争论双方的意见，进入第四轮调研。

（10）总经理发放第四张调查表，专家再次评价和权衡，提出新的预测。

（11）回收第四张调查表，计算每个事件的中位数和上下四分点，归纳总结各种意见的理由以及争论点，形成最终的资金测算结果。

8. 训练要求

（1）各组总经理负责本组活动的组织和管理，要求每位成员必须分担不同的角色和职责。

（2）各组必须在规定时间内提交专家意见法四轮调研的调查问卷和最终的测算结果，逾时不予考评。

四、创业融资深度思考——推荐阅读

创业企业融资需求预测新视野——修正的可持续增长模型预测方法①

摘要：本文在分析了创业企业融资特点的基础上，对传统的可持续增长模型进行修正，探讨了一种符合创业企业实际情况的融资需求预测方法，即修正的可持续增长模型融资预测模型；对该预测方法的预测程序以及预测的特点进行了分析；同时本文采用这种方法对一个创业企业的融资情况进行预测。

关键词：创业企业融资　可持续增长　修正的可持续增长模型

创业企业的特点决定了创业企业融资需求预测与传统的企业融资需求预测不同，它主要体现为启动资金预测以及采取经营风险与财务风险反向搭配的特点。传统的企业融资需求预测方法相对成熟，主要有持续增长模型法和财务报表法，但专门研究创

---

① 资料来源：孙璐，熊金粮. 创业企业融资需求预测新视野——修正的可持续增长模型预测方法［J］. 法制与社会，2007（4）.

业融资需求预测方法的文章很少，而实践中广大的创业者非常需要这方面的指导。本文基于创业企业融资独有的特点和传统的融资预测模型，探讨符合创业企业实际情况的融资需求预测方法。

一、创业企业融资的特点

（一）启动资金的预测是创业企业融资预测的核心

任何企业的创业阶段都需要启动资金，有时需求量还很大。制造性企业尤其明显，它们需要购买或租赁机器设备，购买原材料，雇佣生产者、管理者，然后进行产品生产——这一过程中不断地发生现金支付，这些支付都发生在企业产生收入之前。

（二）创业企业进行债务融资相对困难

创业企业由于没有历史数据、信用纪录以资考察，也没有资产提供抵押保证，融资相对艰难。因此，一般而言，创业企业初始资金投入量的预测前提是在一定的初始资金量支持下的内部资金增长。也就是说，测算在依靠内部资金增长的前提下，企业需要的初始资金投入量。

（三）经营风险和财务风险反向搭配战略

融资成本是指企业为筹集和使用资金而付出的代价，体现为融资来源所要求的回报。基于创业企业经营有着极大的不确定性，即有着很高的经营风险，创业企业必须给投资该企业的投资者很高的回报才能吸引资金，这就大大增加了企业的融资成本。如果此时创业企业再以较大比例进行债权融资，则会增加企业的财务风险。

因此，为了控制企业的总风险，创业企业应该遵循经营风险和财务风险反向搭配战略，即在高风险的创业阶段较多地使用权益资本而非债权资本以降低财务风险，从而实现控制企业总风险的目标。

（四）创业企业实行零股利政策

根据创业企业进行债务融资相对困难的特点，除了初始投资外，创业企业主要是依靠留存收益的增长来满足企业发展的需求，因此实行零股利政策。创业企业融资预测的核心在于初始投资额的预测，而且创业企业难以以自身的名义进行债务融资，因此只能靠自身留存收益的增加以及创业者资金投入来维持生产经营活动。创业企业这种特点决定我们不能采用传统企业的融资预测的方法来进行创业企业的融资预测，本文试图据此对传统的可持续增长模型进行修正，建立了一种符合创业企业实际情况的融资预测方法。

二、修正的可持续增长模型法

传统的可持续增长率是指不增发新股并保持目前的经营效率（体现于资本周转率和销售净利率）和财务政策（体现于资产负债率和销售净利率）条件下公司销售所能增长的最大比率。

传统持续增长的假设条件如下：

（1）公司目前的资本结构是一个目标结构，并且打算继续维持下去；

（2）公司目前的股利政策是一个目标股利政策，并且打算继续维持下去；

（3）不愿意或者不打算发售新股，增加债务是其唯一的外部筹资来源；

（4）公司的销售净利率将维持当前水平，并且可以涵盖负债的利息；

（5）公司的资产周转率将维持当前的水平。

依据理论框架和相关的假设前提，我们可以推导得出如下公式：

$$g^* = \frac{[EBIT-r(A-E)](1-t)}{S} \times \frac{S}{A} \times \frac{A}{E} \times R \tag{1}$$

g 代表一年期的股权增长率；E 代表股权期初数；S 代表销售收入；A 代表资产；$EBIT$ 代表息税前利润；$A-E$ 代表债务融资量；r 代表债务融资的利息率；t 代表综合税率；A/E 代表权益乘数，是负债率的另一种表达。

从持续增长模型中我们可以看到，融资需求预测的结果依赖于创业者的三个重要财务政策，即在企业预测期间是否吸收额外股权投资，安排怎样的财务杠杆比例，财务成果的分配比例。

根据创业企业融资的特点，我们可以知道创业企业主要依靠内部资金来支撑企业的发展，因此我们的预测前提是在一定的初始资金量支持下的内部资金增长。也就是说，测算在依靠内部资金增长的前提下，企业需要的初始资金投入量。因此，本文的"持续增长"是指当初始启动资金达到一个合理的数量和资本结构时，企业可以在一定时期内保持自行的持续增长，这种增长体现为股权的增长。

预测目标为创业企业在某年达到某一具体的销售规模所需要创业者投入的原始资金以及创业者除自有资金外所需要借入的资金。

预测过程如下：

（1）假设初始投资量为未知数，初始投资量减去创业者自有资金外就是创业者所需要借入的资金；

（2）根据相关数据代入上面可持续增长模型的公式求出第一年的权益增长率 g，根据公式次年的权益资金 $E_I(1+g)E_{(I-1)}$ 可以测算出次年的权益资金，由此类推，我们可以得出第 n 年（即需要达到目标的那年）的权益资金额；

（3）由于某个行业的资产周转率是可以预测的，我们可以根据我们预定的销售目标得出所需要的资产投入，当年的资产投入等于当年的权益资金加上负债，我们就可以测算出初始投资所需要的创业者个人负债。

本文修正的可持续增长模型有以下特点：

（1）期初投入权益资金 E_0 和负债 B（指创业者初始投资的个人借入资金），除了初始资金安排外，企业在预测期内不再有额外融资，仅靠留存收益资金的增长来达到目标，也就是说企业各会计期间的资本结构是变化的，这是修正的可持续增长模型区别于传统的持续增长模型的最大特点。

（2）由于各期的资本结构发生了改变，可持续增长率的前提条件受到破坏，因此在本修正模型中，我们以传统的模型计算出来的各期的权益增长率不再是一个固定的值，也就是说由于企业仅靠留存收益的增长是无法做到保持一个稳定的增长率的，即以上模型中计算出来的 g 是一个各期都变化的值。这一前提是修正的可持续增长模型区别于传统的持续增长模型的又一特点。

（3）对一个特定的项目而言，息税前的销售收益率、综合税率、利率以及特定行业的资产周转率一般是特定的，是可以通过细致的预测工作而预测的。在本文中我们对此不进行讨论。

（4）根据创业企业的特点，创业企业在经营初始阶段只有现金流出，不可能分红，因此企业的股利分配可能为零分配，在此我们假设模型中的 R 为 1。

三、修正的可持续增长模型法案例分析

创业者张先生准备投资一个网上游戏项目"书虫"，并准备以自有资金 50 万元作为初始投资。经过市场调查、战略规划和销售预测，张先生确定企业的第一发展阶段为 3 年，3 年期满达到 200 万元销售收入的经营目标。同时，除初始资金投入外，张先生不打算在 3 年经营期间额外融资。假设企业经营的前 3 年内所有收益留存企业，资金周转率为 2，息税前的销售收益率 $EBIT/S$ 为 10%，综合税率为 35%。张先生想知道：第一，自己的 50 万元初始资金是否能满足 3 年 200 万元销售收入的经营目标？第二，如果不够，需要补充多少初始资金投入？其中，股权融资、债权融资各需要多少？创业融资需求测算期为 3 年。

由于除初始资金投入外，张先生不打算在 3 年经营期间额外吸收融资，张先生只关注初始的融资需求，因此可以选择可持续增长模型法测算企业资金需求。

（一）第一步：测算持续增长率

我们已知销售收入利润率（此时企业无债权融资）为 10%，综合税率为 35%，资金周转率为 2，权益乘数为 1（无债权融资），企业留存收益率 R 为 100%，由此可以计算企业持续增长率 g^*。

$$g^* = 10\% \times (1-35\%) \times 2 \times 1 \times 100\% = 13\%$$

就是说企业在以上假设条件下，可以按每年 13% 的增长率增长。

（二）第二步：测算 50 万元初始资金是否能达到企业经营目标

我们想知道 50 万元的初始资金量（全为自有资金，意味着资产 A = 权益 E）和资金周转率为 2（即 $S/A=2$）能否达到 3 年期满 200 万元的销售收入呢？要回答这个问题，我们需要测算 50 万元初始资金按 13% 的增长率，在 3 年期满时能达到多少销售收入。测算如下表所示。

"书虫"网上游戏项目 3 年销售收入测算表　　　　单位：万元

项目	第 1 年年末	第 2 年年末	第 3 年年末
权益资本额 E $E_i = E_{i-1} \times (1+g)$	50×（1+13%） = 56.5	56.5×（1+13%） = 63.85	63.85×（1+13%） = 72.14
销售额 S $S_i/E_{i-1}=2$	56.2×2=113	63.85×2=127.7	72.14×2=144.28

我们看到，通过测算，50 万元初始资金按 13% 的增长率，在 3 年期满时达到 144.28 万元的销售收入，这远远低于 200 万元的经营目标。这意味着张先生自有的 50 万元资金投入不能保证经营目标的实现，他还需要增加投资量，他需要向外融资。

（三）第三步：外源股权融资量分析

外源股权融资量分析也就是测算初始股权资金的投入量，这时，由于没有债权融

资的因素和不分配股利，企业可以保持 13% 的增长率。利用公式计算在 13% 增长率和 200 万元销售收入目标条件下的总的股权资金投入量。

根据 $E_i = E_{i-1} \times (1+g)$，可以知道第三年年末的权益资本额 $E_3 = E_0 \times (1+g)^3$

g 为 13%，又已知周转率 $S/A = 2$，$A = E$（无债权融资），求得 E_3 为 100 万元，从而可得出 E_0 为 69.3 万元。因此，要达到 3 年期目标，张先生需要初始股权投资 69.3 万元。

由于张先生只有 50 万元的初始投资，他就必须对外筹集 19.3 万元的股权资金，这 19.3 万元就是外源的股权融资量。

（四）第四步：外源债权融资量分析

由于估计该企业是一个很快盈利的企业，盈利会涉及企业所得税的问题。如果考虑负债的税盾作用，张先生也不妨考虑债权融资方式。该问题的思路是：以 50 万元初始股权资金为基础，初始负债额 B 为多少才能保证企业达到 3 年后 200 万元的销售目标？

假设前提如下：

（1）期初投入自有资金 E_0 和负债 B，以后各期不再投入资金，仅靠留存收益资金的增长来达到目标；

（2）资金周转率为 2（即 $S/A = 2$）；

（3）留存收益率 R 为 100% 或 1，即每年不分配股利；

（4）负债利率 r 为 10%；

（5）综合税率 t 为 35%；

（6）息税前销售收益率 $EBIT/S$ 为 10%。

由于各期的权益增长率是变化的，将以上的相关数据代入公式（1）可求得每年的权益增长率。

四、案例分析结论

第一，该方法基于企业增长与资金需求的关系模型来测算创业企业的初始资金需求和结构，重要的假设是除了初始资金安排外，企业在预测期内不再有额外融资。

第二，预测工作较繁杂，而且需要相关假设前提，如资金周转率、息税前的销售收益率、综合税率等，同时还必须有企业的经营目标（本案例为 3 年期满销售收入达到 200 万元），这些数据也需要细致的预测工作。

第三，在税后债务融资成本低于企业实际的资产收益率情况下，更多的债务资金会提高企业增长速度。在相同条件下，债权资金筹集量要小于股权资金筹集量。应该选择股权融资还是债权融资，除了考虑企业融资成本等因素外，还要考虑企业发展战略等其他因素。

第三章　自我融资

【学习目标】

通过本章知识学习，理解自我自主资金在创业活动中的作用和影响；清楚父母和亲朋好友的财力支持在创业活动中的关键作用；掌握向亲朋好友融资应当遵循的原则。通过教学案例思考与分析，理解自己创业融资的优势和不足。通过实训活动，磨炼自己创业融资的胆识和方法。通过深度思考，端正和提高自己创业融资的态度和信心。

一、创业融资自我融资知识

（一）自我融资渠道

对于大多数处于种子期和创业初期的创业企业来说，凭借创业者个人拥有的自我资金和合作者带来的资金开展创业活动，应该是最有保障、风险最低的资金来源。同时，创业者不投入自己的资金或者拥有的自我资金偏少，在其他融资渠道方面也缺乏保障，影响资本性融资和债务性融资规模。也就是说，创业者投入多少自我资金影响着创业者与外部投资者谈判时的谈判地位。

1. 个人资产

个人资产是指所有权在创业者个人名下的动产及不动产，包括银行存款、有价证券、运输车辆、房产以及其他财产。

银行存款是由银行出具，说明创业者个人目前在银行的存款金额和存取款记录。银行出具的个人资信证明是创业者证明自己个人银行存款和资信活动的重要凭证。

有价证券是指标有票面金额，证明持有人有权按期取得一定收入并可自由转让和买卖的所有权或债权凭证。有价证券是虚拟资本的一种形式，它本身没价值，但有价格。

资本证券是有价证券的主要形式，狭义的有价证券即指资本证券。在日常生活中，人们通常把狭义的有价证券——资本证券直接称为有价证券。广义的有价证券包括商品证券、货币证券及资本证券。

商品证券是证明持券人有商品所有权或使用权的凭证，取得这种证券就等于取得这种商品的运货单所有权，持券者对这种证券所代表的商品所有权受法律保护。属于商品证券的有提货单、运货单、仓库栈单等。

货币证券是指本身能使持券人或第三者取得货币索取权的有价证券，货币证券主要包括两大类：一类是商业证券，主要包括商业汇票和商业本票；另一类是银行证券，主要包括银行汇票、银行本票和支票。

资本证券是指由金融投资或与金融投资有直接联系的活动而产生的证券。持券人对发行人有一定的收入请求权，包括股票、债券及其衍生品种如基金证券、可转换证券等。

创业者个人拥有所有权的运输车辆、房地产一般需要由当地的有关机关出具的房地产评估报告来体现，也可以通过会计师事务所审核的有关企业的财务报表里反映出来，还可以通过专业资产评估事务所进行公司的市值评估。

其他财产如公司资产。公司资产是指申请人拥有一项生意或在公司占有一定比例的股份，则其在公司所占资产的部分可以作为个人资产的一部分。

2. 父母赠与

新创企业早期需要的资金量少且具有高度的不确定性，对银行等金融机构缺乏吸引力，这使得来自创业者父母的资金支持成为创业者此时可选的主要融资渠道之一。父母除了可以直接提供资金外，更多的是为创业者提供贷款担保。父母的特殊关系使得这一融资渠道有效克服了信息不对称问题。

国内权威的大学生就业调查机构麦克思公司于2009年发布的调查报告《大学生就业蓝皮书》显示：2008届本科大学毕业生的创业资金82%来自于个人和家庭的资金。该公司通过3年的研究发现，尽管有创业意向的人数比例一直较高，但实际创业的人数偏低。多数想创业的大学毕业生，基本实现不了创业梦想。阻挡在大学生创业者队伍面前的最大障碍就是缺少来自父母的资金支持。

3. 亲朋好友的资金

有一个有钱的父亲，当然是创业者创办企业的天然优势，但是绝大多数创业者没有这样的平台。任何创业者总会有几个有钱的亲朋好友吧。寻求他们的帮助和支持，也是创业者可以开展的重要融资活动。向亲朋好友融资包括亲朋好友赠与、亲朋好友入股和向亲朋好友借款等几种方式，关键在于你是否有一个令人信服的创业项目。需要注意的是，由于亲朋好友这一裙带关系的存在，使得这一融资渠道很容易引发纠纷。因此，应将家庭或朋友提供的资金与其他投资者提供的资金同等对待。

（1）亲朋好友赠与。亲朋好友赠与是亲戚、朋友作为赠与人将自己的财产无偿给予创业者，创业者作为受赠人表示接受的一种行为。这种行为的实质是财产所有权的转移。赠与行为一般要通过法律程序来完成，即签订赠与合同（也有口头合同和其他形式）。

亲朋好友的赠与行为本质上和父母的赠与没有区别，但是亲朋好友的赠与行为经常是以创业者的父母为受赠人而发生的。在现代社会，赠与仍可以沟通赠与双方当事人的感情，进而融洽亲情和友情。赠与合同是典型的无偿合同和单务合同，即赠与人无对价而支付利益，受赠人不负担任何对待给付义务便可获得利益，这一合同关系导致合同双方的权利义务严重违反公平和等价有偿的交易原则。

接受亲朋好友的赠与，要注意有以下三种情况的法定撤销权：

①受赠人严重侵害赠与人或者赠与人的近亲属。受赠人严重侵害赠与人或赠与人的近亲属，表明赠与合同赖以存在的感情基础将不复存在，与之相适应，赠与合同也将失去存在的意义。因此，法律赋予赠与人有权撤销赠与。

②受赠人对赠与人负有扶养义务而不履行。对赠与人有扶养义务而不履行的，赠与人可以依法行使撤销权。

③受赠人不履行赠与合同约定的义务。受赠人如果不按约定履行该负担的义务，是一种对自己诺言和对赠与人意愿的违背，从某种角度上讲，也是有损赠与人的利益的。为此，法律特别赋予赠与人以法定撤销权。

（2）亲朋好友入股。亲朋好友入股有两种形式，一种是合伙企业组织形式，就是由两个或两个以上的自然人通过订立合伙协议，共同出资经营、共负盈亏、共担风险的企业组织形式。我国合伙组织形式仅属限于私营企业。另一种是创业企业股份制组织形式，就是以入股方式把分散的，属于不同人所有的生产要素集中起来，统一使用，合伙经营，自负盈亏，按股份分红的一种经济组织形式。

发动亲朋好友入股，主要优势表现在以下几个方面：

与个人独资企业相比较，合伙企业可以从众多的合伙人处筹集资本，合伙人共同偿还债务，减少了银行贷款的风险，使企业的筹资能力有所提高；

与个人独资企业相比较，合伙企业能够让更多投资者发挥优势互补的作用，如技术、知识产权、土地和资本的合作，并且投资者更多，事关自己切身利益，大家共同出力谋划，集思广益，提升企业综合竞争力；

与一般公司相比较，由于合伙企业中至少有一个负无限责任，使债权人的利益受到更大保护，从理论上来讲，在这种无限责任的压力下，更能提升企业信誉，与一般公司相比较，从理论上来讲，合伙企业盈利更多，因为合伙企业交的是个人所得税而不是企业所得税，这也是其高风险成本的收益。

发动亲朋好友入股，主要劣势表现在以下几个方面：

由于合伙企业的无限连带责任，对合伙人不是十分了解的人一般不敢入伙；

就算以有限责任人的身份入伙，由于有限责任人不能参与事务管理，这就产生有限责任人对无限责任人的担心，怕他不全心全意的干，而无限责任人在分红时，觉得所有经营都是自己在做，有限责任人就凭一点资本投入就坐收盈利，又会感到委屈。

因此，合伙企业是很难做大做强的。虽说连带责任在理论上来讲有利于保护债权人，但在现实生活中操作起来往往不然。如果一个合伙人有能力还清整个企业的债务，而其他合伙人连还清自己那份的能力都没有时，按连带责任来讲，这个有能力的合伙人应该还清企业所欠所有债务。但是，他如果这样做了，再去找其他合伙人要回自己垫付的债款就麻烦了。因此，他不会这样独立承当所有债款的，还有可能连自己的那一份都等大家一起还。

（3）向亲朋好友借款。如果你看准了一个项目，自己没有启动资金，最便利的融资渠道就是向亲朋好友借钱了。有报道称，30%的创业者依赖向亲朋好友借款获得企业的启动资金，但是向亲朋好友借款这一融资渠道实际上是非常困难和充满风险的。向亲朋好友借款有两个方面是最重要的：一方面是创业者的人品素质；另一方面是创业项目的可行性。

（二）自我融资的资本和前提

2014 年 3 月 9 日，中共中央总书记、国家主席、中央军委主席习近平就深入推进作风建设，对各级领导干部提出"严以修身、严以用权、严于律己，谋事要实、创业要实、做人要实"的要求。其中，创业要实、做人要实就是创业者融资的资本和前提。

1. 做人要实

习近平指出，做人要实，就是要对党、对组织、对人民、对同志忠诚老实，做老实人、说老实话、干老实事，襟怀坦白，公道正派。无数的案例表明，向亲朋好友借款，担保的是自己的人品、信用。

做老实人、说老实话、干老实事是对每一个创业者的基本素质要求，创业需要老老实实做人、踏踏实实干事、兢兢业业工作，要成为公道正派的人，要规范自己的言行，不该拿的不拿、不该去的不去、不该办的不办，敢言慎言，敢为慎为。

人品是排在创业者所有素质第一位的素质，超过了智慧、创新、情商、激情等，在现在这个社会，保持良好的人品是很难的问题。做人要实不是说每一个人都要做圣人，而是希望每一个人都有职业道德。亲戚朋友对创业者的人品的要求不是为了道德，而是为了自身的利益，人品有问题的创业者会对亲朋好友产生莫大的伤害。微软对员工期望的核心价值观中，诚信被列为第一位。诚信也是亲朋好友对创业者最基本的要求。

2. 创业要实

习近平指出，创业要实，就是要脚踏实地、真抓实干，敢于担当责任，勇于直面矛盾，善于解决问题，努力创造经得起实践、人民、历史检验的实绩。

创业要实包括创业者要深入了解该项目是否符合国家支持的产业政策；是否有发展该项目的资源优势或有利条件；自己的能力和专长能否站稳市场，并承担社会的责任；社会效益和企业经济效益的评估；创业项目前景展望。

创业项目的可行性要求有市场、有产品、有资金、有团队。

有市场就是对市场需求情况的深入分析，如果不能确定某种产品的需求曲线，就不能确定产业产品的产销和利润。

关于有产品，创业者一定要把握住一个重点，那就是要明白产品本身的技术标准，在选择制作方法时，最好不要选择尚在试验阶段的方法。选择生产设备时，也不要选用国际间刚上市的机械设备，尤其是重大而精密机件。

有资金就是财务融资方面的可行性。要说服亲朋好友借钱，就必须把关于资金筹措方案以及债务偿还方式都说清楚。关于年度利润计划与投资报酬率的预估以及财务目标要做一套可行的计划，于一定的期限内将亲朋好友的资金按时、足额偿还，其中还要包括应计利息。

有团队就是在创业之初，对志同道合的创业人才延揽的可行性，凡有志创业者，尤须凭靠各种人才由衷的相助，方能成为成功的创业家。用人之可行性研究，则在于知人善任，以及如何做好对员工的培训。

（三）如何赢得亲人的信任和支持

赢得父母和亲朋好友的信任和支持是创业者创业融资的第一堂课。

1. 与父母的亲情沟通

平时有什么事情要主动和父母探讨，一定要把自己的心里话说出来，告诉父母。尽自己的能力和自己的父母成为朋友，并尊重对方。帮自己的父母做点家务或者其他小事情，增进交流，让父母也把他们的一些想法告诉自己。

2. 尊重父母

需要得到父母的尊重，同样父母也需要得到你的尊重。因此，不管你出于什么事情、什么观点，你都应该首先保持对父母的尊重。

3. 说真话

说谎是创业之大忌。不说真话只会使问题变得更大，实质的问题永远得不到解决。如果你说谎，你的父母可能以后都不会信任你。如果你做错了什么事情，试着用说谎来弥补的话，对事情本身、对父母、对自己都不是好事。

4. 用能力说话

如果你觉得某件事情是对的，你的父母可能还是不太信任你的能力，没关系，把你的想法告诉你的父母，说明你要如何做和为什么这么做。通过你的努力证明给父母看，你会赢得你该有的信任。

二、创业融资案例①

（一）刘备创业的先天优势与先天不足

每一个胸怀大志而又白手起家的男人，创业的第一桶金尤为重要。对于志在四方的刘备来说，要想攫取创业的第一桶金，必须拥有两方面的前提条件，即内在的因素与外在的条件。内在的因素包括个人的意愿及自身的能力；外在的条件则涵盖时运、人脉、资金、人才等方面。刘备创业的先天优势主要体现在志向、血统、相貌及信义四个方面。

刘备的先天不足，最突出的便是他年幼丧父，无法得到父辈的教导与庇护，无权无势无钱无背景。这样的出身使得他的人生起步阶段步履蹒跚，相较于曹操的官宦出身与孙权的继承家业来说，更是异常艰难。年幼失怙加一贫如洗，使得刘备的童年阶段度日如年，他没机会享受较好的私塾教育，被迫随母亲在涿县街头以编织、贩卖草

---

① 资料来源：乐云. 刘备是怎样攫取创业第一桶金的［J］. 学习月刊，2012（11）.

鞋、草席为生。如此凄凉的少年记忆，使得他性格发生较大变化，锻造了他沉默寡言、喜怒不形于色的性格，同时也养成了他不甚乐读书，喜狗马、音乐、美衣服。

（二）刘备创业的第一桶金

作为一个白手起家的创业者，创业的时机把握殊为难得。选择一个好的时机创业，有时会起到事半功倍的效果。刘备生活在一个动乱频繁的年代，从周边的大环境来看，汉末朝纲不振，盗贼蜂起，最终酿成黄巾大起义。汉室朝廷为对付黄巾军，令地方政府招募义军，这便为刘备从军、自立门户创造了绝佳条件。虽然黄巾起义很快被镇压了下去，但各地诸侯群起，相互争斗，东汉政府已名存实亡，正是在这样天下动荡、群龙无首的时代，身为底层的刘备才有可能获得向上的快速通道。

刘备要获取创业的第一桶金，必须拿出比其他人更特别、更令人信服的实力，这个实力，首先便表现在知人善任上。刘备会用人，能团结人，终成大事，这是他成功的关键，对于刘备来说，想获取创业的人才和资金相当困难。专好结交天下豪杰的刘备遇上了他一生最重要的两大帮手：关羽和张飞。对于白手起家的刘备而言，最初创业的同伴非常重要，必须具备几个基本条件：一是对老板毫无保留的忠诚；二是对老板事业的高度认同；三是具备老板需要的人才的基本素质。事实证明关羽和张飞两个人在这三点上高度契合了刘备最初创业的人才需求，成为他创业成功的坚定支持者和忠诚下属。

人才问题解决了，还需要解决的便是资金问题。刘备创业的第一笔资金主要来源有两个：一个是张飞变卖家产所得；另一个是中山大商人张世平和苏双的资助。这使刘备的队伍扩编到500余人。前者来源自不必说，张世平和苏双两人每年往北方贩马，因寇盗频发而返回，正好途经涿郡。刘备请两人到庄置酒管待，诉说欲讨贼安民之意，两人大喜，奉送给刘备良马50匹，金银500两，镔铁1000斤。正是由于拥有这些本钱，才使得他可以顺利地投奔校尉邹靖讨伐黄巾军，从此踏上他兴复汉室、定国安邦之路。

（三）刘备创业的现代启示

从最初创业的基础条件来说，刘备的条件并不理想，没有"拼爹"的本钱，甚至没有正儿八经读过书，个人能力也并非上乘，相较于聪慧绝伦的曹操与孙权来说，刘备的智谋能力差强人意。因而陈寿说他"机权干略"不如魏武，然而刘备却能在艰苦创业的大道上一路狂奔，虽历经千难万阻，终成就蜀汉伟业。

刘备的成功告诉我们，胸怀大志和坚强的意志是创业者成功的必备；仁德宽厚与忠诚信义是每一个创业成功者的思想利器；慧眼识才和礼贤下士的人才战略是创业成功的生命线；有勇有谋和审时度势是对创业者的能力要求。

三、创业融资实训[①]

(一)自己的社交圈子(20分)

一些大学教授、培训教师、记者、演员、作家,他们绝大部分是从自己的知识圈子走向创业成功的。成龙、周星驰等人都是从自己大半生的演艺生涯成功地步入了导演的创业道路;有一些大学教授、培训师正是根据自己在专业知识行业里的地位和影响力成功地走向了职业培训业的创业道路。类似的创业成功的案例还很多,当然也有很多人的创业走向失败。在演艺圈子里有不少人依仗自己充裕的资金开创了餐饮公司,虽然在很大程度上名气起到了招揽客户的作用,但还是因为与自己的知识圈跨越太大不能有效管理而导致血本无归的大有人在。

- ☐ 给自己的社交圈子(20分)打分
- ☐ 自己在宿舍内具有较强的影响力——5分
- ☐ 自己在班里具有较强的影响力——10分
- ☐ 自己在学院里具有一定的影响力——15分
- ☐ 自己在学校里具有影响力——20分

(二)自己的技术圈子(30分)

我国在20世纪90年代初大力鼓励个人创业,一大批专业技术人员从稳定的技术岗位走向了创业的道路,尤其在沿海一带这样的例子更是不胜枚举。很多建筑人才创办的装潢公司、建筑设计公司;律师创办了律师事务所;财务人才创办了会计师事务所;服装师就开服装店;厨师就开餐饮店;甚至一些下岗工人做保姆,时间做长了也有丰富的经验了,干脆就开个家政公司等。这也是创业的基础圈子,一般新型的技术人员创业成功率比较高,技术越是发展到普及程度创业的成功率就越低。在20世纪90年代初开广告公司的基本个个都成功了,就是因为那时候广告业技术刚刚兴起,而市场的需求却是远远高于市场的供应。而现在步入广告行业创业的新企业成功率还不到20%。类似的行业如房地产行业、建筑行业、网络行业、餐饮行业、服装行业、职业中介行业等。因此,在这些热门行业有一技之长的朋友要创业就需要认真评价一下自己的其他圈子的资源,只有在几个圈子拥有多元化的优势才能有成功的创业机会。

- ☐ 给自己的技术圈子(30分)打分
- ☐ 自己的专业知识掌握扎实——5分
- ☐ 参加创新创业比赛获得优异成绩——10分
- ☐ 参加创业企业活动获得一定经验——15分
- ☐ 独立创办过创业企业——20分

---

① 资料来源:创业前给自己的四大资本打分. http://www.studentboss.com/html/news/2009-11-28.

(三)自己的人际圈子(30分)

在自己的人际圈子里创业的人成功率一般比较高,而且比较轻松。据统计,所谓的暴发户绝大部分都是属于在这类圈子里创业成功的人。有很多人利用自己的家族地位、关系等优势结合自己的圈子创业而走向成功。

- ☐ 给自己的家庭圈子(30分)打分
- ☐ 父母家人具有一定的社会地位——5分
- ☐ 父母从事专业技术、管理活动——10分
- ☐ 父母支持自己从事风险活动——15分
- ☐ 父母拥有自己的创业企业——20分

(四)自己的经济圈子(20分)

没钱的人用身体和脑子赚钱,有钱的人用钱赚钱。要做一名成功的商人一定要学会用钱赚钱。其实在自己的经济圈子里创业的成功率也是非常高的,但是从这个圈子里进行创业的人却不是很多,因为很多人在创业的问题上把这个圈子作为附属条件总是捆绑在其他的圈子上,重点依附于其他的圈子创业,结果导致失败。笔者经常遇到很多的朋友、陌生人谈到自己这几年有一点积蓄想找些投资领域自己创业,可是由于技术力量不够以及综合能力不强而茫然没有头绪,即使匆忙地走向创业的道路,结果还是竹篮打水一场空,赔了夫人又折兵。现在有很多的社会金融投资渠道,如股票、资金、国债、黄金等,有很多人利用自己的经济优势抓住正确社会投资信息而发家。笔者在多年的研究分析中发现,利用自己资金投资成功的渠道基本上有两种:第一种是自己创业,利用其他的圈子优势,又有足够的资金优势,锦上添花,自然成功率很高。这种创业的人一定要把握好一个投资比例,就是自己其他圈子的能力与自己投入资金的比例是否吻合。第二种就是利用自己的资金优势参与金融投资,找理财行家帮助理财投资,或者嫁接于别人的投资事业从事融资投资。现在有很多风险投资公司以及很多风险投资个人就成功做到了这点。

- ☐ 给自己的融资圈子(20分)打分
- ☐ 自己积攒下了一笔不小的资金——5分
- ☐ 父母同意资助一笔不小的资金——10分
- ☐ 亲朋好友同意资助一笔不小的资金——15分
- ☐ 风险投资基金同意资助一笔不小的资金——20分

(五)判断

1.自己的总分是多少?
2.自己的优势在哪里?

(六)问题

1.总分高低与创业成败正相关吗?
2.优势到底是创业的资本,还是创业的包袱?

四、创业融资深度思考——推荐阅读[①]

上海"富二代"超级创业俱乐部

"富二代"，简单地说他们是"富一代"的子女。"富一代"是改革开放后首先富起来的一批民营企业家，他们的子女大多在20世纪80年代出生，生活条件优越，接受过良好的教育，拥有丰富的社会资源。然而，随着"富一代"逐渐老去，接受海外教育的"富二代"们如何继承家族企业和财富等问题随之出现，这个特殊的群体逐渐引起人们的关注。

一、"富二代"的类型

第一种属于有知识成功型。这种类型的"富二代"的父母意识到公司的发展与知识是分不开的，于是对子女的教育就非常重视，这些孩子也非常珍惜父母打拼所积累的家业，努力学习，不断获得成功。这些获得成功者大约占"富二代"的20%。其中，一部分"富二代"不局限于父辈的传统行业，投身于科技含量高的新兴行业，如信息技术产业、软件开发、广告传媒等。

第二种属于纨绔子弟败家型。张旭光认为这种现象在"富二代"中很普遍，起码占50%。很多民营企业家在打拼创业中吃了很多苦头，因此就不愿意让子女吃苦，使子女生活条件太过优越。父母积攒的家业毕竟很有限，由于这些占半数的"富二代"们往往不思进取、坐吃山空，很多学业未完成，大多家业都破产了。

第三种属于顺其自然型。第一代创业浪潮中的掘金者，虽说赚了点钱，但也不是太有实力，就比普通人富裕一些。他们平稳发展的同时，对子女的要求也不是很高，在这种不温不火中，他们的孩子有60%学业是成功的，既能创业又能守业，而和真正的富人相比，规模不会很大，估计在18%左右。

第四种占12%属于父衰子落型。由于父辈在那种特殊时期，钱来得太快，但在市场经济体制不断改革完善中，所遇到的形势和原来完全不一样了，自己不具备相关知识水平和资质能力，在以后的市场竞争中就处于劣势，还没等到"富二代"登上舞台，就沦为平民了。

二、"富二代"的竞争力

中国有多少"富二代"？2004年中国财富管理论坛上，全球最大投资银行之一美林集团发布的报告显示，中国大陆的千万富翁接近24万人，中小规模的家族企业则更多。

浙江大学经济学院教授、浙江大学城市学院家族企业研究所所长陈凌告诉中国《新闻周刊》的记者，2003年年底，他们曾经在浙江8个县（市）做过一个企业调研，312家企业中，三分之二的企业属于家族企业，这些企业2002年的销售收入都在500万元以上。如果按照正常的家族代际传承，那么有资格成为百万富翁乃至千万富翁的

---

① 资料来源：上海富二代超级创业俱乐.http://baike.soso.com/v9965764.htm.

新中国"富二代"将数不胜数。

眼下的这批中国"富人",财富大多尚不及三代。陈凌介绍,由于计划经济时代不允许私营企业存在,新中国成立后对过去的工商企业采取了社会主义改造,历史上存在的家族企业都销声匿迹了,因此改革开放以后不断涌现的民营企业都是完全崭新的,只有极少的企业可以追溯到1978年以前。

同样,新"富二代"们虽然有可能承继巨额的财富,但是仍然缺乏由富而贵的历史积淀,皆是从草根阶层向富裕阶层过渡的先锋军。新"富二代"们承受了父辈在事业上更多的期望,因此对他们的教育被父辈列为头等大事。

"中国的富豪们目前在忙三件事,一是发展企业,二是与政府打交道,三是教育孩子。即使是很年轻的老板,也把培养孩子提上了议事日程,而80%的人,都希望自己的孩子将来能够继承自己的事业。"中国社会科学院公共政策研究中心副主任陆建华介绍,他与众多的富豪们打过交道,结果发现大部分富豪把子女送到了国外,而且是最好的大学,如英国的剑桥大学、美国的哈佛大学与耶鲁大学。有趣的是,文化素养高一些的富豪往往把孩子送到英国,而相对文化较低的富豪则把孩子送到了美国。

陆建华说,"富二代"脚下是金子做的垫脚石。这使得他们在社会竞争力上天然的要强于普通人,这是一个马太效应,即越有资源的人,越可以利用资源为自己、为孩子创造机会。以让孩子受教育为例,99%的"富二代"们进了最好的学校,而中产阶层的子女进入最好的学校的比例不超过50%,大量的温饱阶层的孩子通过努力后进入最好的学校的比例可能只有5%。这种资源的承继使得"富二代"在知识、技能方面远远领先,又客观上增加了他们的竞争力。无论是文化程度、眼界,还是跟政府打交道的熟练程度,"富二代"都要比父辈优秀得多,他们的优势在于再也不用从最底层开始。

但陆建华不认为中国的"富二代"能够成为像20世纪初期一样的富贵阶层,他认为那是一个特殊的年代,知识阶层还在贵族的生活方式和生活氛围中起着至关重要的力量。

对于"富二代"的竞争力,浙江大学城市学院家族企业研究所所长陈凌给予了积极的评价:"企业家家族容易出现更多的企业家,家庭内部积极创业的氛围、教育甚至遗传基因都会起作用,随着财富的传承,我们不能够忽略的是管理经验也同时得到了传承。"陈凌介绍,只要企业的生存环境适宜,竞争有序,"富二代"就完全有可能全面超越父辈。

某种程度上讲,"富二代"阶层动摇了中国人的财富观和价值取向。陆建华认为,这意味着,在中国,不通过自我奋斗就成为有产者不再是一件可耻的事。财富的合法继承也将受到法律保护。而在生活方式上,成长条件极其优越的"富二代"很容易就接受了奢侈品消费,这将对其他阶层,特别是中产阶层消费产生巨大的示范作用。

三、"富二代"的生活

中国媒体就富豪阶层致富之路有很多争议,认为有些其实是钻了政策的空子,通过不正当渠道致富,因此他们致富具有"原罪"。对于"富二代"来说,负面新闻更是不断。

调查还显示,对于"爱显摆的都是什么富豪"的调查中,72%的网友都认为是资产仅百万的小富豪,而认为资产过亿的大富豪爱显摆的只有7%。其中,网友们认为这些爱显摆的小富豪中,以暴发户和"富二代"为主,占去总数的84%。心理学家周矩分析,"富二代"在溺爱中长大,价值观和上一辈会很不一样。而暴发户的知识体系、生活阅历跟不上外在的物质变化,因此喜欢用极端的方式炫富引起注意,但是在上海"富二代"超级创业俱乐部,会员都非常鄙视那些炫富的年轻人,并以与之为伍而感到耻辱。对于奢华的生活,这只是个人生活条件优越赋予的选择,每个人都有追求物质条件生活的权利,在"富二代"超级创业俱乐部里的每一个成员都心存着谦卑的生活姿态,并非所有"富二代"都喜欢刻意炫富,当他们有所经历后,心理会慢慢成熟,有人引导加上"富二代"超级创业俱乐部足够的资源便能成就一番事业。

四、"富二代"超级创业俱乐部中"富二代"的学识观念

透过富家子弟的标签,杭州飙车事件的关键是"富二代"的学识观念问题。飙车事件的背后是"富二代"们家庭教育的缺失。有些父母在创业打拼中吃够了苦头,有钱后就不愿意让子女再吃苦,一味溺爱孩子,天塌下来家长顶着,让子女养成不思进取、坐吃山空、不负责任的恶习。与生俱来的富足,使"富二代"们缺乏正确的人生价值观,玩物丧志、玩世不恭。他们不懂宽容和感恩,不知勤勉与节约,过度追求"个性张扬",甚至为寻求刺激而漠视别人的生命。

社会教育要把"精英训练"和"贵族教育"从知识灌输向教育青少年做有责任的人上转移,不让他们在成长上迷失方向。家长、老师、社会要运用优秀传统文化的潜移默化,引导孩子们积极向上。更重要的是,要营造一个健康的社会环境,清除各种潜规则,坚决打消"富二代"中根深蒂固的"有钱能够摆平一切"的念头。

其实很多"富二代"并不缺乏常识,只是色彩缤纷的世界让其分不清未来的方向以及当下的主次。在"富二代"超级创业俱乐部中,所有的"富二代"都坚定地相信自己只有通过实践才是最宝贵的成长经验,与其花几千万元去挥霍,最后一事无成,还不如和伙伴们一起小投资实践,这种成功的快感远比300迈时速和一夜喧嚣的快感来得刺激,即便是一次次的失败,回味的亦是成长的自豪与情怀。"富二代"超级创业俱乐部中的"富二代"愿意自己去亲身体验和尝试,他们经得起失败,他们坚信在社会中的实践才是最有用的学习和收获,而他们收获的也将是成为未来的商业名流甚至成为商业领袖。

五、"富二代"超级创业俱乐部的创立

在江苏"千名民营企业家后备人才培养计划"遭遇参加培训的"富二代"质疑的同时,在浙江温岭市,72位"富二代"组建了"未来企业家创业俱乐部"(以下简称创业俱乐部)。创业俱乐部第一届理事会理事长丁世前于2009年8月20日接受《每日经济新闻》记者采访时表示,72人中自主创业青年占7位,"余下65人都是企业家接班人,基本都是80后,最小的22岁,最大的也不过32岁"。2010年,上海超跑俱乐部创始人组建了首个"上海富二代超级创业俱乐部"(FeSC),从此引发国内对于"富二代"动向的极大关注,各大媒体纷纷争相追逐探究,但都无功而返,不过这使得该俱乐部的保密性也面对巨大考验。

六、"富二代"俱乐部控制千亿资本,"富二代"平均身家过亿

1月底,广东省工商联发布全省首份"富二代"调查报告,报告称,未来5~10年将是非公有制企业主交接班的关键时期,30.5%的非公企业计划由子女接班。广东省工商联建议政府依托党校、行政学院和高等院校,对"富二代"分期分批进行轮训。

从"70码事件"到"校园选妻",与"富二代"这个群体相关的新闻总是弥漫着金钱的色彩,并伴随着巨大的争议。

然而,"富二代"中有一群人,正意欲为自己正名。在外人眼里,他们含着金汤匙长大,拥有将梦想直接转化为现实的资源;他们开跑车、穿名牌、买豪宅,轻轻松松。但他们说,他们有着人们无法理解和未曾体会的压力,他们很孤独。

宏观层面上,广东省民营经济约占全省经济总量的42%,而企业主的个人素质是民营企业成败的关键。走进并了解"富二代"这一群体,无疑可在某种意义上了解未来5~10年广东全省乃至全国的经济走向。上海市苏州河边,一幢外表并不起眼的二层小楼,"接力中国"的四字招牌低调地挂在楼梯口。

(一)他们能够控制的资本高达上千亿元

2010年1月底的那个周末,小楼铁门紧锁,步入其中,却别有洞天。装修未必算得上豪华,却很周全细致。大厅里摆放着精致的台球桌和超大屏的液晶电视。一个"X-BOX"游戏机像个标签,证明这里是年轻人的领地。

大厅一角,专门开辟了阅读空间——从叔本华的哲学名著到《货币战争》,几百本书籍的主题涵盖人文和商业。

到过此楼的人都说,平时总能见到身穿正装、手夹皮包的中年人正襟危坐,冷静中略带不安。很多人都是揣着项目书来的,拜访这里的"孩子们",从中争取可能的合作者。

"接力中国",全称"接力中国青年精英协会"——一个聚集了100多位中国"富二代"的非盈利性组织。

这里聚集了长三角、珠三角和福建等地三四十名处于接班前后的企业二代掌门人。有的父辈是各省首富、业界大王,拥的多家上市公司。保守估算,他们平均身家超过1亿元,而他们能够控制的资本,高达上千亿元。

(二)校园创业的"千万富翁"

1月30日,旁听完市里的两会,陈豪就赶到了苏州河边的"接力中国"总部。他是"接力中国"理事长,也是发起人之一,他本人的身份是浙江嘉兴的"富二代"。他的父亲是当地的超级富豪,涉足制造业、房地产等多个商业领域。这个1982年出生的年轻人,在朋友的眼里属于"少年老成"。

"我们并不像外界想的那样含着金汤匙出生,我们看着父母从小作坊慢慢做起来。"陈豪说,作为家里的独子,传承的压力从他读书懂事起便已觉察到了。"接班,还有企业将来的转型,我们都需要比第一代更高的素质。"

陈豪选择了自己创业。在上海华东理工大学读书时,陈豪拿家里给他的学费作为启动资金。他在学校租了两个店面,鞋子、化妆品、文曲星、手机、电话卡,学校里能卖的,他都卖。大三、大四时,他"有幸参与了一把"无线增值业务,销售额高达

1000 万元，交税就交了 100 多万元。毕业后，陈豪没有去父亲的公司，而是转行做了投资人。"一开始用的是父辈朋友的资金，这两年已经逐渐市场化。"

虽然选择创业，陈豪仍然将他的个人选择纳入整个家族的发展战略中。"我在做的实际上也是铺路的工作，为家族将来的转型做准备。父辈也在尝试投资矿产。"

陈豪说道："家族传统制造业的利润率只有 5%。我希望我的投资每年的回报率能达到 20%~30%。"

（三）为实现心中的梦想

Natalie（注：应本人要求，采用其英文名）坐在属于她的酒店里，温婉地笑着。她一边接受采访，一边招呼着到访的客户，还抽空问候了生病的员工。

她是"接力中国"的成员之一，2006 年回国后，Natalie 选择自己创业，说服投资者开了这家设计酒店。Natalie 亲自设计、装修这家酒店，还亲自管理，准备打造"鸿·酒店"这个品牌。"酒店就像我的一个孩子。"Natalie 还记得设计施工时，自己开着迷你 Cooper 轿车，为酒店马桶杀价时的尴尬。从留学归国的千金小姐到酒店行业的女企业家，Natalie 只用了两三年时间。她还拜了如家和汉庭的创始人季琦为师，希望把自己的"鸿·酒店"打造成为设计类的连锁酒店。

Natalie 喜欢一切健康、快乐、积极向上的东西，平时很喜欢看书、考察酒店。加入"接力中国"后，她找到了很多志同道合的同龄人，"就像找到了组织"，"以前工作没有归属感，现在大家在一起就像上学时的班级"。

（四）入会程序非常严格

进入"接力中国"的条件是非常严格的。首先要有两位会员共同举荐，然后要经过 3 个月到半年的考核，最后全体理事表决。

温州日丰打火机有限公司的 Lily（注：应本人要求，采用其英文名）曾比喻自己"身上的责任就好像十字架，永远没办法卸下"。

"这个群体的问题是旁人不明白的。有这样一个平台，大家都好像找到了组织"陈豪说。

2008 年，在陈豪和几个朋友的张罗下，"接力中国"成立。从此，陈豪和朋友间的交流方式从吃饭、喝茶、唱歌，变成了主题活动，每次都请专家来座谈。

"刚认识时，大家没这么忙，两年下来，大家都越来越忙，见面的次数少了。因为你看到别人都在努力，都在前进，不抓紧时间不行。"这段时间，他们中间流行的书籍是《五项管理》。在"接力中国"，每个月的读书会都由一名会员推荐一本书，然后负责购买送给大家。

陈豪说，外界想象地过着安逸生活、责任心没那么强的"富二代"不是没有，"就是在我们的第一批成员中也有"。"实际上，加入'接力中国'后，团体鞭策着个体。"

"接力中国"的 100 多名会员，主要是出生于 1975—1985 年间的年轻人，年龄最小的 21 岁，最大的 44 岁；男女比例为 7：3；家族产业主要是制造业。值得关注的是，70%~80% 的会员有留学背景。

"接力中国"的成立得到了会员父母们的支持，只要有需要，他们还会帮忙宣传。也有人托关系，让子女加入。实际上，这里已经成为两代富人交际圈的交会点。

在采访过程中，很多人都对记者说在这里找到了"归属感"，以前那种"个体面对社会的孤独感"正日益减弱。

（五）接班还是创业

"我希望，我们这个组织 5~10 年内能走出马云、郭广昌这样标志性的人物。"陈豪满怀憧憬。从小，"富二代"身上就被寄予厚望，而金钱在他们眼里从来不是问题；从小，他们顶着家族的荣耀光环，在旁人异样的眼光中成长；从小，是轻松地当"败家子"还是延续父辈创下的奇迹，他们一直在这两个选择中徘徊。

"我其实从小就特别怕被人叫'败家子'。因为我特别崇拜我的父母，他们让我一出生就与众不同，但他们肯定没有我这样的成长机会，所以我特别崇拜他们能够创立一番事业。我最大的噩梦就是因为我自己的不负责任，毁掉了父母这十几年创立的一切。"北京伊利诺伊集团叶志文曾说。

"富二代"中的很多人都曾经迷茫过。有一天，他们终于长大了，终于要做出抉择了。

Lily 想过留学回国后去外企工作两三年锻炼，但考虑再三，还是听从父母的劝告直接进入家族企业。

"70%的人是要接班的。"在此前"接力中国"做的"富二代"调查中，已经进入家族企业的"富二代"中，61%的人进入了决策层；29%的人已担任经理以上级别的管理者职位；6%的人在单位中担任部门主管类职位；仅有4%的人作普通员工。

而整个"富二代"群体中，有54%的人选择了自己创业。和普通人不同，"富二代"很容易跨越创业门槛。创业资金额在 50 万~100 万元的，占53%；在 100 万~200 万元的，占22%；50 万元以下的，占25%。

创业就有赚有赔。"其实我们还算坦然。去年有一些项目是停掉了。但是都没有到一下子崩盘的地步，也不会伤筋动骨。我们的创业，是父母在可承受范围内允许我们去探索。"对于去年传出的"富二代"卖掉家族工厂的事，陈豪不以为然："我们没有这样的事。第二代还没有卖厂的决策权呢。"

在父辈心中，让"富二代"创业只是让他们"捶打"一下，最终是要进入家族企业的。一位会员的创业梦就是以"自己的企业被家族企业收购"而终结的，母亲给了他一份收购文件，并且告诉他："总公司两个部门，你直接去管理。"

（六）进入商业王国

"富二代"逐渐接班的过程中，两代人的经营理念时常发生冲突。父辈打拼下的商业王国，庞大而复杂，即使顶着"接班人"的光环，也仍然会有这样或那样的困难。

初进公司，有时会像无头苍蝇，不知从哪里着手。即使开会时很想发表意见，但刚毕业的他们对很多问题都可能是外行。这让"富二代"觉得沮丧，留学背景和高学历似乎没有用武之地。而从基层做起，却因为有着接班人的光环，与旁人的沟通总难免带有隔膜。

Lily 的父亲告诉她，做人不能太自私，要多想想周围的人，多听、多看、多做、少说。摸索了半年多，Lily 和父母达成了协议。现在，公司每天进出账目，她都会看，工作已经渐入佳境。

2009 年，温州江南矿业的郑坚从家族企业的基层开始干起：穿员工制服、学做包装、拿锤子钉板。身边的员工，有的顺从，有的也会故意刁难他。装箱的时候要写装箱单，看似简单，但货的种类有几百种，每种的数量又不一样，每次要写上五六百张。"我就知道这是对我的考验。我们这代人打字多，但这个工作就是要用笔写，一天下来，连捏筷子都没力气了。"

"富二代"逐渐接班的过程中，两代人在经营理念上的冲突，时常会发生冲突。上一辈的经验和稳健，以及吃苦耐劳的精神，都是"富二代"亟须的财富。同时，有着海外留学背景、接受过高等教育的 80 后，则不断地带来新的想法和创新的生意模式，也更多地涉足传统制造业以外的金融、房地产等行业。

一位在鞋业打拼天下的"富一代"希望儿子早一天承担起家族企业的责任，自己到时就可以退休了。不过，对于 80 后企业家接班人群体，他觉得，"大部分还不够敬业，也没有把工作放到第一位。相对我们这代，他们从小一帆风顺，挫折很少，经验都不足，在为人处事上也单纯"。自身的不成熟反映在企业管理中，资历、经验和智慧都不足以服人，因此在如何用人、如何调动员工积极性、如何贯彻执行力、如何凝聚人心等方面都有欠缺。

在陈豪眼里，"富二代"接班遇到的最大难题是"人"。"父辈打拼多年，已经有了一个成熟的团队。他们也会有意将社会关系引荐给我们，但是可能两代人之间还是有代沟，我们需要建立自己的社交圈子，构建自己的团队。"

（七）"富二代"太负面

"富二代"最受争议的，莫过于其奢华、张扬的生活方式。

"现在，'富二代'这个提法太负面了。其实，有炫富的那一种，也有积极向上的那一种。大部分是积极向上的。其实，大家都需要一个成长的过程，你要给他时间和空间，需要有这样一个机制。再过几年，他们也会有变化的。"陈豪和朋友们正在计划宣传以"新一代企业家"的新提法代替"富二代"这一"负面称谓"。

浙江、江苏等地都先后对"富二代"进行培训，广东也有相应建议。"其实这两年各种培训都有，也有各种机构来找我们合作。这样的培训，出发点是好的，希望引导我们朝一个健康的方向发展。大家都在摸索，最后还是要从我们自身真正的需要出发。"

（八）珠三角"富二代"相对低调

是不是独生子女直接影响企业的接班形式和"富二代"的成长教育环境。"长三角、珠三角'富二代'的不同，主要还是体现在文化上。珠三角的相对低调。我们去广东做调研，大家聊起金融危机，能感觉到，他们面对危机时更加沉着。而且珠三角的企业更加市场化，也更国际化。"

陈豪说，长三角的"富二代"中，独生子女少，而珠三角相对较多。是不是独生子女，看似无关，实际上却是这个圈子关心的大事，因为这会直接影响企业的接班形式和"富二代"的成长教育环境。"如果小孩多的话，父母会对孩子们有所分工，然后定向培养，比如有的孩子做财务，有的做市场策划；如果是独生子女，就要求孩子是个全才，而在企业交接班时，倾向于引进外部资源进行管理，实现经营权和所有权的分离。""珠三角的,已经参与企业具体管理了,整体诉求是在原有基础上进行创新。"

这场金融危机,2009年一直是"富二代"的焦点话题。"危机对我们的影响最大,但是我们没有太悲观,只是更深刻地认识到转型的必要性。"

而在转型方向上,珠三角、长三角的"富二代"也表现出了不同的兴趣点。陈豪总结:"珠三角是资本输入型,倾向于引进资本,在原有行业上做强做大;长三角则是资本输出型,不仅投资金融、房地产,也投资实业。"

说到这里,陈豪想起了之前会员组织去湖南三一重工和远大空调实地调研的情形。"三一提出的口号是'振兴民族工业',远大提的是'保护生命'。人家的境界更高一层。"

100多位"富二代"聚在一起,彼此之间做生意是很普遍的。"以前大家集中在一个地方、一个行业,聚在一起后眼界打开了。而且,这里产业上下游基本都齐了。即使不是实质性操作,只在信息层面沟通也有很大帮助。都是朋友,原本敏感的行业价格问题就显得不那么敏感了。"

七、80后"富二代"生存状况调查

(一)学历

研究生以上的占17%,本科占78%。他们所学的专业中,经济管理和商科所占的比重为59%,以下依次为理科(17%)、文科(14%)、工科(10%)。接受深度访谈的"富二代"在解释选择专业的原因时,提到无论是父母要求还是个人选择,都考虑了未来接掌企业的因素,因此大部分人选择了经济管理和商科类的专业。受访对象中,52%的人有海外留学经验,其中欧洲留学的占到43%,22%的受访者在美国留学。

(二)经管理念

有49%的受访者不赞同父辈的经营理念,但能和他们有效沟通;还有44%的受访者基本赞同父辈的经营理念;持"非常赞同"和"非常不赞同"观念的各占4%和3%。

(三)消费

接受调查的"富二代"收入普遍都很高,但也有25%的人月收入低于8000元。同样,根据对他们的消费情况进行的专门统计,月消费水平在5000~10 000元的占多数,为53%;10 000~20 000元的占17%;20 000元以上的占6%。

通过进一步分析,这些受访者每个月的消费中比例最大的是工作应酬,占38%;其次是休闲娱乐,占29%;排在第三位的是进修费用,占16%。

(四)业余生活

业余生活中排在前三位的活动分别是聚会泡吧(33%)、户外活动(28%)、阅读(19%)。

第四章　风险资本融资

【学习目标】

通过本章知识点的学习，了解创业企业进行风险资本融资的类型及特点，掌握吸引天使投资和风险投资的方法；通过案例学习，理解天使投资与风险投资的取得方式；通过实训活动，掌握风险资本融资的具体方法；通过深度思考，正确理解风险资本融资对于创业企业的作用和价值。

一、创业融资风险资本融资知识

（一）天使投资的相关概念

一般来说，一个公司从初创到稳定成长期，需要三轮投资。第一轮投资大多是来自个人的天使投资作为公司的启动资金；第二轮投资往往会有风险投资机构进入为产品的市场化注入资金；而最后一轮则基本是上市前的融资，来自于大型风险投资机构或私募基金。

天使投资（Angel Investment）是权益资本投资的一种形式，是指富有的个人出资协助具有专门技术或独特概念的原创项目或小型初创企业，进行一次性的前期投资。天使投资是风险投资的一种形式，门槛较低，有时即便是一个创业构思，只要有发展潜力，就能获得资金。对刚刚起步的创业者来说，既吃不了银行贷款的"大米饭"，又沾不了风险投资"维生素"的光，在这种情况下，只能靠天使投资的"婴儿奶粉"来吸收营养并茁壮成长。

天使投资人（Angels）通常是指投资于非常年轻的公司以帮助这些公司迅速启动的投资人。天使投资人通常是创业企业家的朋友、亲戚或商业伙伴，可能是曾经的创业者、富翁或跨国公司高管。由于他们对该企业家的能力和创意深信不疑，因而愿意在业务远未开展起来之前就向该企业家投入大笔资金，一笔典型的天使投资往往数额很少，是风险资本家随后可能投入资金的零头。

1. 天使投资的特点

（1）天使投资的投资额相对较少。天使投资一般只提供第一轮的小额投资。天使投资一般由个人投资，属于个体或者小型的商业行为，因此金额一般较小。在我国，每笔投资额约为50万元到500万元，甚至更少。天使投资人只是利用了自己的积蓄，不足以支持较大规模的资金需要，因此那些处于最初发展阶段的创业计划能够受到青睐。

（2）天使投资的投资审查程序简单。由于投资金额较小，天使投资对于创业项目的考察时间相对较短，审查不太严格，大多都是基于投资人的主观判断或喜好而决定。手续简便，交易成本低，方式灵活，投资人一般不参与管理。正是基于上述特点，天使投资成为发育完善的资本市场中不可缺少的重要组成部分。

（3）天使投资往往带有鲜明的个人行为特征。创业者说服"天使"的过程常常需要一定的感情基础，创业者与"天使"之间大多是志同道合的亲朋好友，或者得到了熟悉人士的介绍等。投资者追求的不仅仅是投资带来的金钱回报，而是通过其准确的商业眼光，去判断和帮助一个企业的发展，这种成就感无可比拟，这一点明显区别于风险投资。

（4）天使投资者可以提供丰富的附加资源。天使投资者提供的不仅是资金，大多数的天使投资者拥有丰富的经营和融资经验、专业特长、身后的人脉关系等资源，这些是孵化一个创业企业成功的重要因素。典型的天使投资者中的许多人就是企业家或曾是企业家，并乐意向处于启动或初创阶段的企业投资。

（5）天使投资是创业企业种子期的主要融资手段。创业企业的发展过程包括五个阶段：种子期、初创期、扩张期、成熟前期、重建期。风险投资一般投资于后四个阶段，处于种子阶段的创业企业由于风险很大，一般情况下规模也比较小，因此企业资本极少涉足。投资者使用自己的资金进行投资，对投资回报的期望较高。即使是最激进的风险投资机构对种子期的投资也不会超过5%，形成创业投资领域的真空地带，而天使投资恰恰填补了这个空白。

2. 吸引天使资本的步骤

寻找"天使"并非易事，天使投资者基本都是富有者或创业成功者，要识别他们并和他们建立联系需要创造性的技术。创业者在自己的商业伙伴网和其他接触人员中打听寻找天使投资人，许多税务律师、会计师、银行家和其他专业人士也会认识他们。除了意外发现之外，找到天使投资者最好的方法是寻求律师、会计师、商业伙伴、大学教师和与新企业打交道并可能认识天使投资人的创业者的推荐。因为这些投资者是从他们的商业伙伴、创业者同伴和朋友那里得知投资机会的，并且因为许多天使投资者都在一起投资，所以许多新企业设立时，创业者大致都通过一个天使投资者来接触到其他天使投资者的。

（1）联系投资者。如果已经有人向某创业者推荐人选，则创业者需要获得推荐人的允许，允许他在和被推荐的投资者联系时提推荐人的名字，然后才可能安排与该潜在投资者的会面。会谈中，创业者必须简单明了地描述一下将创立的企业的重要特征。

然而，创业者必须避免在同一时间会见两个以上的天使投资者。与两个以上投资者会面通常会出现一名投资者提出消极观点，而另一名投资者跟着表示赞同的情况。并且，一次只处理一个投资者的消极反映和问题较为容易。把注意力集中于一方，成功机会将大大增加。

不论会面的结果是否有投资意向，创业者都要从会面中尽量获取其他潜在投资者的名字。这样，创业者就能获得越来越多的潜在投资者的信息，进入一个或多个天使投资者的网络。

如果会面的结果是积极的，通常一名对产品和市场颇为了解的投资者的参与会引来其他投资者的参与。

（2）评估过程。一名天使投资者会希望审阅商业计划，会见整个管理团队，查看任何可能被投入生产的产品原型或设计等。投资者会做企业团队及其产品潜力的背景调查，通常通过他认识并且也应该认识该创业者而又了解该产品的人了解信息。这个过程和专业投资者所应有的勤奋没有明显不同，但不是很正式，结构也不十分明确。

（3）决策。若投资者想投资，会要求签订某种由专业律师起草的投资协议。该协议可能比由专业投资者（如创业投资公司）出具的协议要简单些。很可能与某天使投资者签订的投资协议会变成某种形式的"股票出售权"，即投资者有权要求企业在指定的年限后按指定价格重新买回他手中的股票。如果该企业没有获利，股票出售权将为投资者提供现金回报。

4. 吸引天使投资应注意的问题

（1）寻找"天使"。要想得到天使投资者的融资，首先必须要寻找到能作为"天使"的投资者。一般而言，创业者可通过以下方法寻找天使融资的"天使"：

①通过朋友介绍；

②直接去找自己心目中的"天使"；

③参加诸如民营企业家聚会、财经论坛、主题研讨会、沙龙活动等类似"天使"聚会的活动；

④利用自己的财务顾问、法律顾问或者有关的金融咨询机构等中介组织；

⑤通过诸如工商联商会、行业协会、投资公司等各种行业组织搜寻"天使"名录。

（2）了解"天使"对投资项目的评判标准。要想获得天使投资的青睐，创业者还要了解天使投资者对投资项目的评判标准。主要有以下几点：

①是否有足够的吸引力；

②是否有独特技术；

③是否具有成本优势；

④能否创造新市场；

⑤能否迅速占领市场份额；

⑥财务状况是否稳定，能否获得 5~10 倍于原投资额的潜在投资回报率；

⑦是否具有盈利经历；

⑧能否创造利润；

⑨是否具有良好的创业管理团队；

⑩是否有一个明确的投资退出方式等。

（3）针对"天使"的特点做好谈判准备。在与"天使"谈判之前，需要提前做好的准备工作主要包括资料准备和心理准备两个方面。

①资料准备。在准备和创业投资人洽谈融资事宜之前，应该准备好并递交"创业计划书"，阐明以下内容：

第一，"投资建议书"（Business Proposal），对风险企业的管理状况、利润情况、战略地位等做出概要描述；

第二，"业务计划书"（Business Plan），对风险企业的业务发展战略、市场推广计划、财务状况和竞争地位等做出详细描述；

第三，"尽职调查报告"，即对风险企业的背景情况和财务稳健程度、管理队伍和行业做出深入细致调研后形成的书面文件；

第四，"营销材料"，这是任何直接或间接与风险企业产品或服务销售有关的文件材料。

②心理准备。在和天使投资者正式讨论投资计划之前，创业者需做好必要的心理准备，主要包括以下内容：

第一，准备应对考查投资项目潜在的收益和风险；

第二，准备应对天使投资人对管理的查验；

第三，做好放弃部分业务的思想准备；

第四，做好在必要条件下妥协的准备。

创业者应该明白，自己的目标和天使投资人的目标不可能完全相同。因此，在正式谈判前，创业者要做好充分的心理准备。

（4）遵循天使投资的融资谈判行为准则。在天使投资的融资谈判过程中，要遵循"六要"和"六不要"的行为准则。

"六要"是指：要对本企业和本企业的产品或服务持肯定态度并充满热情；要明了自己的交易底限，如果认为必要甚至可以放弃会谈；要记住和创业投资人建立一种长期合作关系；要对尚能接受的交易进行协商和讨价还价；要提前进行一些了解如何应对创业投资人的功课；要了解创业投资人以前投资过的项目及其目前投资组合的构成。

"六不要"是指：不要逃避天使投资人的提问；回答天使投资人的问题不要模棱两可；不要对天使投资人隐瞒重要问题；不要希望或要求天使投资人立刻就是否投资做出决定；在交易定价问题上不要过于僵化；不要带律师去参加会议。

（5）运用技巧与"天使"进行谈判。在谈判时，要用天使投资者想听的话去打动他。在实践中，融资谈判通常需要注意以下几个问题：

①要尽可能让天使投资者认识、了解本企业的产品或服务。创业者要提供一份思路清晰、论证充分、观点鲜明的"创业计划书"，并能给出10~20倍回报或在5年内提供5倍回报的亮点，吸引天使投资者的"眼球"。

②要始终把注意力放在"创业计划书"上。在谈判过程中，不要过多地畅谈关于未来的宏伟计划，或者"创业计划书"中并未提及的产品。否则，会让天使投资者认为你是一个幻想者或是一个急于求成的人而产生对你的不信任。

③要发挥自己个人的能力来"动之以情"。天使投资更看重创业者个人的素质和品质，带有强烈的感情色彩，因此创业者要说服天使投资，不仅仅需要以好项目、好方案、好产品、好技术来"晓之以理"，更要发挥自己个人的能力来说服投资者。

（二）风险投资

1. 风险投资的概念

风险投资（Venture Capital，VC），是由资金、技术、管理、专业人才和市场机会等要素所共同组成的投资活动。风险投资期限较长，平均投资期为 5~7 年，属于权益资本而不是借贷资本。一般风险投资人不会将风险资本一次全部投入风险企业，而是随着企业的成长不断地分期注入资金。

风险投资人是风险资金管理公司（VC Firm）中的合伙人（Partner）或助理（Associates），他们是风险资金管理公司的雇员。他们为拥有更雄厚资金的基金投资公司管理资金。风险投资人是风险资本的运作者，是风险投资流程的中心环节，其工作职能是辨认、发现机会；筛选投资项目；决定投资；促进风险企业迅速成长、退出。资金经由风险投资公司的筛选，流向风险企业，取得收益后，再经风险投资公司回流至投资者。

风险投资人可分为以下四类：

第一类是风险资本家（Adventure Capitalists），是向其他企业家投资的企业家，通过投资来获得利润。所投出的资本全部归自身所有，而不是受托管理的资本。

第二类是风险投资公司（Venture Capital Firm）。其组织形式一般以有限合伙制为主，近年来美国税法也允许选用有限责任合伙制和有限责任公司。

第三类是产业附属投资公司（Corporate Venture Investors/Direct Investors）。这类投资公司往往是一些非金融性实业公司下属的独立的风险投资机构，他们代表母公司的利益进行投资。和专业基金一样，这类投资人通常主要将资金投向一些特定的行业。

第四类是前面提到过的天使投资人（Angels）。

2. 风险投资的特点

（1）投资规模较大。风险投资公司或合伙人有很好的资本基础和专业管理人员，他们的投资原则包括对投资规模、投资期限、地点以及企业所处的行业等一系列因素的偏好。投资基金多数倾向于投资 500 万~1000 万美元，超级基金中最高投资额可达 1 亿美元（此类基金对少于 200 万美元的投资根本不考虑）。由风险投资公司和合伙公司进行的潜在投资调查及评估很彻底、很专业。他们多数投资于高科技公司，但很多也会考虑其他投资领域。

（2）严格的审查程序。典型的风险投资公司只从所有申请者中选取千分之一进行投资。例如，一家风险投资公司每年要收到超过 1200 项投资申请，由于不符合公司标准而被否决掉的申请者达 90% 以上，剩下的 10% 将接受更彻底的调查。每一项申请将花费一定的审查费用，大约 10~15 项申请可以通过审查，接受更全面的复查，最终风险投资公司只投资于 3~6 个保留下来的申请。

（3）对所有权和控制权要求较高。大多数风险投资人愿意通过购买小企业的普通股或可转换优先股获得所有权。风险投资公司购买的股权份额可大可小，可能不足一个盈利企业的 5%，也可能是一个财务状况不稳定企业的 100%。尽管对购买股份的大小没有限制，但一般的风险投资公司只购买企业 20%~40% 的股权。购买更多的股份将降低创业者管理企业的热情。

为获得风险投资人的融资，创业者必须放弃一部分企业所有权，有时甚至牺牲对企业重要的利益和经营控制权，这就需要在获取资金与丧失控制权之间做出权衡。风险投资人常常加入董事会，或者认命新的总经理和管理团队以保护自己的投资。风险资本家也可能充当财务或管理顾问，在企业管理决策中担任具体角色，做出日常决策。因此，创业者在寻求风险投资时，应准确了解投资者打算掌握多少控制权和承担多少日常管理工作。

（4）投资阶段后移。大多数风险资本公司要么处于早期发展阶段，要么向快速增长企业投资。还有些专门从事收购，打算买断管理者或员工而提供资金。虽然有些风险投资人由于可能得巨额回报而对初创企业更感兴趣，但绝大多数风险投资人投向处于非初创期的企业，且并非仅仅在一家公司进行一次投资。风险投资可能跨越公司发展的几个阶段，累计投资额较大。

（5）投资偏好的专业化。风险投资基金规模较大，数量较多，专业化也较强。随着风险投资行业的发展，更多风险投资基金注重于在适当的小范围内进行投资，即从低热量糕点行业到互联网行业进行投资。有些风险投资人对企业所处行业没有要求，但对企业所处的特定阶段有所选择，如对初创企业不感兴趣。但是，传统上得到风险资本融资的企业只有大约9%处于组建公司或开发产品的初创阶段。能够吸引风险投资的初创企业大多数是科技公司。

3. 吸引风险投资的步骤

风险投资一般采取风险投资基金的方式运作。风险投资基金的法律结构是采取有限合伙的形式，而风险投资公司则作为普通合伙人管理该基金的投资运作，并获得相应的报酬。在美国，采取有限合伙制的风险投资基金可以获得税收上的优惠，政府也通过这种方式鼓励风险投资的发展。能够如期获得需要的风险投资资金对于创业企业来说意味着良好的开端，但获取风险投资青睐的过程却充满了不确定性。将注意力放在如何充分准备、吸引投资者注意方面，才可能实现既定目标。

吸引风险投资的步骤如下：

（1）创业者与对创业企业感兴趣的创业投资家初步接触，这种联系大多数是通过创业投资企业。

（2）创业者准备"投资建议书"，简要地介绍公司的主要产品、经营计划、目标以及预计所需的资金数目。

（3）创业投资家对投资建议书进行审查，认为有价值，将与创业者进行会谈，详细了解企业的实际情况，考察团队素质及实际生产状况。

（4）如果创业投资家认为企业符合投资标准，则进入谈判阶段。创业投资家和创业者往往对所投资企业的价值评价有很大的差异。因此，在谈判中双方要分别拿出各种各样的方法去说服对方，只要双方对企业价值达成一致，其余问题较为容易解决。

（5）达成协议。谈判使双方进入相互深入了解情况状态，在对有关出资数额和股权分配以及双方的责任和权利确定之后，双方签署文件，正式建立双方长期合作的伙伴关系。

如有需要，还可找其他投资者来补充所需资金，在投资者之间达成有关协议之后，创业企业才算实际得到所需资金。

4. 吸引风险投资应注意的问题

（1）注意投资者的态度。如果创业者不能和投资公司达成自己成为普通合伙人的协议，并且只被当成一名低级伙伴，或者投资者认为其能比首要创业者或管理团队更好地经营企业，创业者就要小心了。

如果主要投资者表示他们将做发挥积极作用的董事，但同时他们还将做其他新建公司或初创公司的董事，或者他们还在为一家新基金筹集资金的过程中，创业者应小心谨慎。

创业者必须小心地与具有以下特点的风险资本家打交道：

①他们已获得工商管理硕士学位；

②年龄不超过 30 岁，只有在华尔街工作或者做顾问的经验，没有在成长性新建公司中工作的实践经验；

③集中在某个主要融资领域。

创业者也要小心那些以早期撤换或者频繁撤换创始人闻名的基金，以及那些所投资公司总数超过 1/4 出现问题或没有达到其预期商业计划的投资者。

（2）和风险资本家接触。风险资本家要看大量的商业计划和建议，平均一个月 100 多份，一般只投资于其中的 2~3 份。让投资者十分了解的人进行个人引荐，确定了目标后，应通过营销活动为自己的公司发掘市场。

对还在和其他方谈判的回答上要含糊一些，因为问题是谁会知道哪家公司是第一个把你回绝的，可能每家公司都会回绝你。

永远不要说谎，必须讲事实。真实地表达要求、主张和承诺，在资金没有进入企业之前，不要停止推销的行为，不要轻易拒绝第一份报价。

（3）创业者应使企业具备吸引投资者的实力。任何一个创业企业，很难通过风险投资公司严格的审查程序而争取到投资。只有两个因素能吸引他们，即高回报和方便的撤退战略，因此创业者应使自己的企业具备下列能吸引风险投资的特征：

①能胜任的管理层。大多数风险投资人认为，企业成功的关键是管理队伍的能力，理想的管理团队应具备经验、管理技能、激情和组建团队的努力。

②竞争力。投资者寻求能将小企业自身有别于其他竞争者的因素，这一特殊能力的范围可以从创新的产品或服务到特殊的市场营销或研发方法，且必须是能使企业成为该领域领导者的某种具有潜力的东西。

③处于成长行业。热门行业才能更容易地吸引风险投资。大多数风险投资只对处于快速发展领域的企业感兴趣，因为能获得高额利润。风险投资公司对具有足够增长潜力、业绩较好的年轻企业最感兴趣。

④让风险投资人产生好感。在审查过程中，一些无形因素是不能轻易量化的，这是属于风险投资人通过感官形成的直觉。这种好感可能来自小企业可靠的方向感召、战略规划过程、管理队伍的团结，甚至一些极为细微的因素。

尽管有很多利益，但风险资本并非适合所有的创业者。在登上风险资本融资的单程列车之前，请自问这是否是企业和个人的最佳选择，因为投资者要求的是短期内获得大量的回报。

二、创业融资案例

（一）案例一：方毅——魅力是最强悍的资金吸力①

有"水火容于一身"之称的方毅在创业融资过程中，得到很多贵人的相助，这是许多创业者所羡慕的。"火"是方毅持续的激情，"水"则是他智慧、细腻的一面。在方毅的实验室里，他贴了一幅画，上面画了一双眼睛和一双手，他说要让自己"眼高手低"，即眼界要高，视野要开阔，但是要落地，双手要落下来做具体的事情。

1. 让大象在冰箱里跳舞

2005 年 11 月，研究生还未毕业的方毅与几位师兄弟创办了"每日科技公司"，并担任董事长兼总经理，他们发明并研发了手机数据备份的"无知觉解决方案"——充电的时候把数据备份到充电器上去，这个手机数据备份器，即后来扬名天下的"备备"。

方毅的创业灵感来自生活中的一件小事：许多人因为丢失手机，储存在手机里的通讯录也一起丢失了，能不能每天对手机数据进行备份呢？方毅说，管理学者把手机备份这样的事情称为"重要但不紧急的事情"，容易被忽视。而方毅要做的，就是这样一个服务，在你给手机充电的时候，"备备"也顺便为你的手机备份。

从 1999 年被保送浙江大学并进入竺可桢学院混合班，到 2001 年进入浙江大学创新与创业管理强化班，被选派到北京参与中国航天部某项技术研发，再到读研究生，方毅在勤奋好学的同时，也一直是个有想法的人。

于是大家凑了 6 万元创办公司，方毅回忆说："起初，我们认为这是个创意产品，最多花两个月就能做出手机数据备份器的原型，然后靠卖专利赚钱，一年之内赚个一两百万就换项目。"可方毅没有想到，困难接踵而至，他和他的团队一做就是 4 年。

方毅说："深入研究之后才知道，困难超乎想象。"手机型号千差万别，要把不同款式手机的同步软件做进嵌入式芯片里，需要把程序缩小到百万分之一，"难度就像让大象在冰箱里跳舞"一样。

从提出设想到拿出原型，他们花了半年多时间，远远超出预期。为了节省研发费用，他们到处借手机实验，也买过旧手机。6 万元本金很快就花光了，无奈之下，大家只好回家找父母融资，但是父母们资助的 10 万元同样没能挡住公司资金链的断裂。

2. "天使"出现了

方毅等不下去了，在朋友的帮助下，他跑遍了北京、上海、香港，去过新加坡和美国硅谷，四处求助。还好，在大学期间，方毅就是一个活跃分子，建立了广泛的人

---

① 资料来源：《创业天下》杂志社. 别辜负资金的热情——创业融资的良心建议 [M]. 福州：福建人民出版社，2012.

脉。"小时候老爸常说，秀才朋友要交，乞丐朋友也要交。"熟悉方毅的人都知道他喜欢广交朋友。"我的耳朵永远是打开的，捕捉别人身上的闪光点。"

在最艰难的时候，赛伯乐（中国）创业投资管理公司董事长朱敏对这个团队产生了兴趣。2007年年初，每日科技公司得到朱敏个人一笔数十万元的天使投资，另一个天使投资人龙旗控股有限公司总裁杜军红也投来了数十万元。

几次天使投资，都是及时雨。总共的投资额度也是百万级别的，持有的股权比例是20%多一点。这个股权比例结构，方毅认为也是比较合理的。这两位投资人在行业和公司管理上也都给了方毅很多建议。杜军红本身就是手机行业的人，创业3年就带领手机设计公司龙旗控股登陆新加坡主板上市。与方毅结缘，是在一次浙江大学校友聚会上碰到，"和杜先生也有一些公司层面上的直接合作，在产品设计上面他也给了我很多业内的指导意见。朱敏先生则在与投资人合作方式、公司治理、后续融资计划上给了很多指点"。

天使投资，人家看上了困境里的方毅什么呢？项目的亮点是什么？方毅说："天使投资说到底就是投人，项目只是投资合作的载体。"

方毅具有很强的创业精神和不怕困难坚持到底的毅力。正因如此，方毅获得了著名风险投资人朱敏的两次投资，这应了投资界里的行话："投资第一是投人，第二是投人，第三还是投人。"

方毅记忆犹新，同是草根出身的朱敏当时对他说："方毅，我知道你在创业，一般第一次先历练一下，当你第二次创业的时候就来找我，我给你投资。"谁知道没等到第二次朱敏就进行了投资合作，因为朱敏看到了方毅身上的魅力，那就是上进心、平实的作风以及智慧。杜军红看重的也是人，觉得小伙子有冲劲。"项目经过两位前辈的扶持，就这样一步一步做起来了，也一步步地完善了。"方毅对两位"天使"充满感恩。

3. 1000万元民间资本半路撤退

2007年，克服了种种困难，方毅和他的团队制造出了具有独立知识产权的第一代"备备"数据备份器，并投入市场。公司为产品申请了7项国内专利和1项国际专利。产品在英国剑桥大学举行的英国最大的商业比赛中进入最后一轮角逐。方毅等于2007年4月份在美国斯坦福大学交流过程中也得到了美国市场相关专家的认可并开始着手开拓海外市场。

接下来就顺畅多了，先是产品获得了宁波信产局科技立项，继而获得国家中小企业创新基金的资助。

2007年年底，杭州一位民营企业老板听到方毅他们的创业故事之后，主动上门要求合作。对方提出方毅及其团队以技术入股，他出资1000万元，负责资金、制造和销售环节，双方共同成立一家新公司，股权各占一半。

1000万元，这是一个略带尴尬的融资额度，因为民间资本投资的额度一半是500万元以下，投资公司倾向的投资额度是300万美元以上。应该说，这是第一轮的正式融资，操作上，方毅成熟了很多，也更理性了，比如项目的受益预期有切实可行的计划，公司的运营也更合理、更加制度化和规范化，另外还考虑项目的后发优势，包括"备备"的1、2、3代和无线方案等。这些也都让投资商很欣喜。

第一个月，投入了2万元广告费，直接带回来的收益才8000元。这在新产品投入市场初期，本来再正常不过，但习惯于传统工业品经营的那位老板认为"亏大了"。由于销售没有起色，对方不希望继续投入，原先制订好的销售方案、市场开拓、技术研发等统统搁浅。

5个月内，方毅和团队成员的工资被降到每月800元，每日科技公司没有获得一分钱收益。而对方希望解除合作，收回所有投入，全身而退。

双方僵持了半年，打了两场官司，最终在2008年4月劳燕分飞。那段时间，每日科技公司面临死亡的困境，很长一段时间为负资产，在接下来的两三个月里都发不出工资。朱敏再次伸出援手给了每日科技公司一笔数十万元的救命钱。

4. 先把鸡蛋放在一个篮子里

在经历几次波折之后，方毅明白了一个道理："备备"数据备份器想要叫好又叫座，必须走产业化道路，生产出高技术、低成本的产品。他们用了一年多的时间，将产品成本降低到原有成本的1/5。关于产品的完善，方毅说，我们的目标是把"备备"做到世界最好用、最便宜。现在已经是最方便的了，即不用任何驱动，4个功能只要一个按键做自适应判断。用方毅姐夫的话说："大街上随便一个人见到'备备'就知道它是干什么的、怎么用。"市场开拓前期会面向中高端用户群，后续则是将"备备"做成标准配置，普及大众，价钱也会很便宜。"目前的产品线分为大备备、小备备。实际上我们就绑死一条线：做个人手机数据的管理和备份。"

有朋友感觉产品线太单一。对此，方毅说："我去过硅谷两次，感觉那边的企业很专注，比如做安全数码卡（SD卡）的公司闪迪（SanDisk），该公司把SD卡做到了30亿美金的市值。另外还包括我的天使投资人朱敏，他的WEBX只做单向网络视频会议，用10年做到了32亿美金的市值。国内很多企业喜欢把鸡蛋放在多个篮子里，但对于资源有限的公司来说，我只有一个鸡蛋，放在多个篮子里是不现实的。"

如今"备备"数据备份器已经拥有四代家族成员，可以支持市面常见的各种型号手机的充电、数据备份和加密功能。第三代"备备"数据备份器已经小如U盘，并且具有U盘功能。第四代"备备"数据备份器则开始尝试网络无线数据备份功能。

5. 处处"英雄会"，让"投资伯乐"看得见

方毅参加过很多创业大赛，这是寻求天使投资的有效方法之一。2001年，方毅第一次参加蒲公英创业大赛，研发了一个漱口片的产品，获得浙江省二等奖，却自觉不满意。方毅第二次参加蒲公英创业大赛是在5年后，拿出的方案正是现在的"每日备备"。这次创业大赛为他带来了巨大的成功，也为他未来的创业打下坚实的基础。在谈到前后两次不同的参赛经历时，方毅表示，初期创业大赛还未成型，一年后就发生了翻天覆地的变化，包括市场规模、销售情况等。从初赛、复赛到决赛，创业文本不断堆积，项目的进度也不断加快。

2007年8月，方毅参加浙江省某创业比赛，就引起不少投资人的注意。2009年，方毅获得杭州市种子基金支持。2009年7月，以杭州每日科技公司有限公司总经理身份的方毅，带着他的创业项目"备备和搜集数据备份器"参加了中央电视台的"创业英雄会"，是第一批受邀请的5个创业项目之一，其团队成员极度强悍。对方毅而言，

这也是融资的一个很好的平台，就是要让大家知道，信息就是力量、就是金钱，名与利是相辅相成的。

节目中，百度的李彦宏作为方毅的创业导师做了郑重的强力推荐，因为他在方毅身上看到了自己年轻时候的影子，都是科技创新项目，所以李彦宏很有感触地说："技术创新，是创业里最难的。"李彦宏最后的鼓励箴言是："认准了就去做，不跟风、不动摇！"

方毅很幸运，他在开创期遇到了天使投资人，"为人正派，然后有好项目，不怕没有天使，如果天使不看好，说明自己也不够好"。

（二）案例分析与点评

在创业融资过程中，如果能得到贵人的帮助，是十分幸运的。但幸运的最根本原因在于创业者自身的创新意识、发展潜力和脚踏实地的工作风格。上述案例讲述了方毅成功吸引天使投资并获得成功的过程，对于创业者如何通过自身努力获取天使投资具有重要的借鉴意义。

1. 反思一：吸引天使投资最关键的因素是什么？

市场经济中的创业者不计其数，产品千差万别，如何能让"天使"对自己的的企业"情有独钟"是每个创业者要思考的问题。投资者考虑的是创业者本身的持续发展能力，创业团队的创新力、创造力以及可靠的技术保障是吸引天使投资最关键的因素。同时，为人正直、可靠是让"天使"的投资有基本保障的重要因素。

2. 反思二：创业最大的困难是不是资金？

不同的创业阶段有不同的问题，起初是资金的问题，之后就是产品开发以及将产品转化为商品的问题，最核心的问题就成为了团队创新能力。

3. 反思三：吸引天使投资的方式有哪些？

从方毅的经历中可以看到，广交朋友、参加可能有"天使"出现的聚会、参加各种创业大赛，是他吸引天使投资人注意的主要方式。在企业逐步打开市场进入快速发展的过程中，创业者应注重团队的建设和企业文化的塑造，应当在规划好市场、营销、技术和产品后再慎重选择投资者。

4. 反思四：是不是吸引到天使投资后需要快速增加产品种类，扩充规模？

方毅和他的团队只专注于做数据备份器，针对这一种产品不断进行技术更新。在企业发展过程中，不跟风、不盲目，制造出高科技、低成本的产品，提高公众认知度。对于资源有限的公司而言，应该优先选择最具技术优势的产品经营，不宜将企业规模过度扩张。

（三）案例二：某科技公司的创业融资过程①

某科技公司是一家美国企业。在1987年年初开始寻求风险投资，212天后终于获得3iVenture公司（以下简称3i公司）等提供的300万美元的风险资本，这是一个比较

① 资料来源：刘亚娟，孙静，徐弥榆，等. 创业融资［M］. 北京：中国劳动社会保障出版社，2011.

常规的创业投资过程。该科技公司获得资金的经过如下：

第 1 天：汤姆（Tom）（3i 公司的副董事长）曾经于 20 世纪 70 年代初与艾伯特（Albert）一同共事。汤姆从艾伯特处得知有一家叫 TTI 的新创公司正准备寻求第一次的风险资本融资。

汤姆主动打电话联系 TTI 公司的董事长沃尔特（Walter）。沃尔特向汤姆简单介绍了 TTI 公司寻求风险资本的意图，并告诉他预计需要的资金数额。汤姆对沃尔特的想法颇感兴趣，并表示了合作的意愿。沃尔特告诉汤姆，他需要 2~3 个星期来准备投资建议书。

第 50 天：TTI 公司的投资建议书送达 3i 公司。以下是该投资建议书的内容摘要：

表 1　　　　　　　　　　　　　TTI 公司投资建议书摘要表

技术改进带来的明显起步	改善工业输入/输出产品性能 降低工业输入/输出系统造价达 20%~40% 设计出一套能与多种工业自动化计算机交互的工业输入/输出系统
目标	5 年内营业收入超过 3000 万美元 税前收益达 17%~20%，税后利润达 8%~11% 在工业自动化计算机输入/输出市场处于主导地位
需要	大约 275 万美元的股东权益投资

第 57 天：在波士顿，3i 公司在其每周例行工作会议上讨论了 TTI 公司的项目。汤姆认为这是一个非常好的机会，应当认真考虑 TTI 公司的投资建议，与会者同意汤姆的意见。接下来，汤姆需要确定投资建议中哪些内容是关键性的，并需要对其进行认真的研究。他也开始考虑寻求其他会对 TTI 公司感兴趣的创业投资基金。

如果 3i 公司向 TTI 公司提供所需的全部资金，并采取最简单直接的融资结构，那么 3i 公司将处于控股地位，但 3i 公司向来不愿意控制所投资的公司。而且，3i 公司与 TTI 公司都希望能组成一个小型的辛迪加（垄断组织的一种形式），这一举措既可以为 TTI 公司的后续阶段融资带来更多的后备资源，也可以带来更多的经验与商业联系以协助公司发展壮大。

沃尔特继续寻找其他基金，汤姆也在考虑他所认识的、并希望其加入的其他基金。

第 72 天：汤姆第一次参观 TTI 公司，并与该公司的 3 个创建者深入地探讨该投资建议。TTI 公司的创建者们曾一起在另外一家公司共事 2 年多，他们的技能是互补的。这个 3 人小组可以出色地完成设计、制造与产品销售的整个流程。尽管还没有完整的实物产品可供演示，但是他们成功地演示了产品的一个重要部位：电波—频率链路模块。

第 74 天：汤姆写了一封长达 4 页的信，描述 TTI 公司的创建者、计划产品以及营销计划，然后附上预测的资金平衡表、收入与现金流报告以及可能投资回报的计算结果，将其寄给了在伦敦、英格兰、加利福尼亚州等其他 3i 公司分支机构中熟悉工业自动化或相关领域并能够对市场、竞争与技术做出评价的其他同事。他们将凭借自己的经验与网路，协助汤姆完成对 TTI 公司的调查评估。

第 77 天：汤姆与沃尔特开始谈判，两人会面并讨论了融资的一些具体细节，包括如下内容：

（1）沃尔特需要的资金额，而不是汤姆能够提供的资金额是多少；

（2）沃尔特在投资建议书中所列数字的可信度如何；

（3）沃尔特如何估价其他公司；

（4）沃尔特正在接触的其他投资者都有哪些人，他们的反应如何。

根据沃尔特的回答以及其他讨论结果，汤姆初步决定分阶段投资。这样有利于减少创业投资企业的初始投入，但必须保证公司有足够的资金以展示其具有制造产品的能力。

第 86 天：汤姆与沃尔特再次会面，围绕着融资规模与开展公司业务所需最小资金额继续讨论。投资建议书中列明的融资总额为 275 万美元，但只要 150 万美元就足够让公司运转直到产品开发进入 Beta 测试阶段。同时，对公司的估价问题成为双方讨论的焦点。沃尔特作为公司所有者之一，对公司的估价较高；而汤姆对 TTI 公司有自己的估价，他不愿意付出更高的代价。通过几次会晤，汤姆与沃尔特不断地磋商交易细节。

第 94 天：从伦敦与纽约特比奇（Newport Beach）来的报告认为，TTI 公司的产品存在着潜在的良好市场。但是，从英格兰来的报告却发现了存在竞争者。汤姆把这些情况告诉了沃尔特。

第 109 天：完成了主要交易问题的谈判之后，汤姆整理出一份详细资料。首轮投资是 150 万美元。汤姆给 3i 公司法律顾问格普斯（Ropes）和格雷（Gray）送去一份投资条款清单草案和一份预想的资本结构说明书。投资条款清单是 3i 公司的初步投资承诺，其中包含了交易的关键条件。

第 111 天：投资条款清单送达 TTI 公司，双方很快达成协议。

第 112 天：当前为止，3i 公司仍是唯一一家对 TTI 公司继续保持兴趣的投资者。其他几家创业投资企业虽然也曾考察过 TTI 公司，但都没有投资意愿。沃尔特有一个名叫鲁比（Rube）的顾问不断帮助他接触更多的创业投资企业。鲁比曾经是 Gduld（一家有数十亿美元业务的多元化公司）的一位战略投资负责人。汤姆与他共进午餐，讨论还会有谁有意愿参与投资，并且该如何去做。

第 113 天：北大西洋创投基金表示愿意投资 TTI 公司。汤姆与该基金的一位合伙人格里高利（Gregory）会面，讨论格里高利还需要哪些信息以开展他的调查评估工作以及他们如何确保 TTI 公司能达到预定目标，一些关键问题包括如下内容：

（1）因为有竞争者存在，是否存在足够大市场支撑 TTI 公司按照约定的利润卖出预定数量的产品；

（2）TTI 公司能否最终生产出产品，并在行业中保持主导地位；

（3）3 位 TTI 公司的创建者能否对潜在的机会或问题做出有效的反应；

（4）汤姆与格里高利都有自己的一套信息源，并且重合之处不多。两人对需要集中处理的问题与信息共享达成了共识。

第 115 天：汤姆完成了一份内部投资计划书，一共有 9 页文字与 4 个数字表格。

以每股 20 美元的价格购买 A 系列可转换优先股 37 500 股。3i 公司的总投资额为

75 万美元，占 TTI 公司份额的 19.5%。每股 A 系列优先股可以转换为一股普通股。A 系列优先股拥有正常的投票权、反稀释保障以及共同证券登记权利。

建议中的首轮 150 万美元风险资本应当足够支撑 TTI 公司完成其中几件输入/输出模块以及其与国际商业机器公司（IBM）个人电脑的计算机结构的开发和推广。预计在首轮融资后的 14 个月左右，该公司需要第二轮融资，以应付流动资金增加的需要。首轮融资应当证明产品有足够的市场接受程度与可行性。

第 121 天：汤姆的投资计划书在 3i 公司董事会上得到通过，3i 公司承诺投资，前提是有其他创业投资企业同时投入至少 75 万美元。

第 122 天：汤姆送给北大西洋创投公司的格里高利一份投资条款清单。

第 132 天：投资条款清单与调查评估记录被送往另一家创业投资企业汉布罗（Hambro）公司。

第 138 天：黑色星期一华尔街股市危机爆发。接下来几天，汤姆都忙于应付打来的电话。汤姆所投资的许多公司都怀疑，上市公司股价的暴跌，是否意味着他们公司的估价都显得过高。沃尔特也打来电话，但他关心的是随着金融环境的剧烈变化，汤姆是否还有能力提供约定的风险资本——3i 公司的承诺依然有效吗？汤姆保证依然有效。

第 148 天：沃尔特与鲁比会面。虽然到目前为止，只有 3i 公司承诺提供 75 万美元和北大西洋创投公司承诺提供 40 万美元，但人们似乎正在逐渐对 TTI 公司产生兴趣。有 10 家其他投资者也在考察 TTI 公司。在金融市场一片糟糕的时候，大萧条极有可能随之而来。这样，风险资本将变得稀缺，因此他们决定尽其所能筹集到更多的资金。

第 155 天：汤姆与 TTI 公司的创建者们共进午餐，讨论融资进程。他们重新评估了潜在的投资者及其投资的可能性。

第 161 天：汤姆与鲁比见面，讨论为什么还没有其他创业投资企业承诺投资这一问题的原因。是否二人努力不足？但想不到做错了什么，所以就得继续接触潜在的投资者。3i 公司既然承诺投资，就没有退出的余地。但私底下，汤姆不得不开始怀疑他与格里高利共同做出的判断。

第 186 天：汤姆向 Aegis 公司送去一份投资条款清单。

第 188 天：突然间，投资者对 TTI 公司的兴趣又浓烈起来。在几天之内，汤姆收到了 2 份各 100 万美元的初步投资承诺。目前，初步承诺的风险资本总额已超过 300 万美元。

第 190 天：又来了一份 75 万美元的初步投资承诺。

第 193 天：汤姆继续收到了更多投资者打来的电话，表示愿意向 TTI 公司投资。

第 194 天：汤姆与沃尔特讨论总共需要的风险资本额。按照原来的制定的股票价格，这次融资最多只能接受 300 万美元。

第 195 天：投资者们开始协商如何把总风险资本供给额降低至 300 万美元。

第 211 天：所有投资者来到格鲁普斯和格雷处，讨论融资的细节。

第 212 天：TTI 公司在这一天收集到了所有的 300 万美元风险资本：Aegis 公司投资 90 万美元，汉布罗公司投资 100 万美元，北大西洋创投公司投资 40 万美元，3i 公司投资 70 万美元。沃尔特和他的伙伴们终于可以开展计划的业务了。

（四）案例分析与点评

1. 反思一：吸引风险投资是不是一个能快速完成的任务？

从案例公司的融资过程中可以发现，寻求风险投资并想办法获得风投资金，是一个长期的任务。创业公司希望能尽快获得资金，但风险投资公司需要经过多轮细致深入的考察，并结合实际的市场情况，在充分了解了被投资公司的生产经营能力之后，才能做出决策。在此过程中，投资意向有发生变动的可能。

2. 反思二：能否单纯依靠一家公司获得全部风险资金？

从创业者的角度来看，依靠一家公司获得风投资金，会可能造成控制权旁落，失去原有的控制权，考虑到风险投资公司的经营也存在风险的因素，只把资金来源放在一家公司身上比较冒险。

从风险投资公司角度来看，不会为一家公司投入超过其 40% 的资金，也不会把全部资金都投放在同一家公司中，这样做的目的是为了规避风险，力求在稳健的前提下获取更多的收益。

3. 反思三：风险投资额是不是越多越好？

从案例中可以发现，创业公司并非来者不拒，而是根据实际情况有选择地接受投资。较多的投资额会给企业带来更充足的发展资金，但同样需要为投资者付出高额的回报。创业公司应权衡控制权、管理权等多方因素，合理确定接受的投资额，而不是越多越好。

4. 反思四：从案例分析中总结获取风险资本的程序？

能够如期获得所需的风险投资资金对于创业企业来说意味着良好开端，但获取风险投资青睐的过程却充满了不确定性，需要有足够的耐心。创业公司需要充分准备并审慎对待，才能实现既定目标。获取风险资金的程序主要概括如下方面：

第一，与风险投资者接触；

第二，准备投资建议书；

第三，风险投资者对创业企业的投资建议书进行深入的审查，并进行实地考察；

第四，进入谈判阶段；

第五，达成协议。

【吸引天使投资宝典】

中华创业网，一个曾经的天使投资经典案例

1999 年 11 月 15 日，对于世界和中国来说，都是一个值得纪念的日子，在这一天，中美签订了《关于中国加入世界贸易组织的双边协议》，结束了僵持 13 年之久的局面。对于创业者和投资家来说，这意味着打开了中国的机会之门。

正是在这一天，同是毕业于中国人民大学国际金融专业的 3 个年轻人，带着不同的经验、怀着共同的志向走到一起来了。他们是美国花旗银行纽约总部投资银行部高级主管孙燕军、美国耶鲁大学管理学院工商管理硕士、大中华经济论坛协调人张磊、美国风险投资公司 WIHarperGroup 副总裁杨戈。

那天晚上，张磊从美国飞到北京，代表耶鲁大学来参加国际电信联盟召开的码分多址（CDMA）移动通信大会。杨戈在机场大门迎接到张磊后，顾不得寒暄，第一句话就说："中美签署了 WTO 协定，互联网对外资开放了！"一路上，他们都在谈论世界贸易组织的话题。最让他们兴奋的是他们曾多次讨论的网上创业的机会终于来了。

当天晚上，他们与在纽约的好友孙燕军通了电话，3 个人决定开始创业，并讨论了创业模式和实施步骤。

他们看到，中美两国就中国加入世界贸易组织达成协议之后，中国的高科技产业将会进一步超常规发展。但是，由于没有有效的渠道来寻找资本，很多创业计划都最终付之东流。同时，国外的风险资本也缺乏高效畅通的渠道来寻找中国的高科技项目。今天互联网的发展为信息的交流提供了良好的平台。他们要通过互联网网上和网下的增值服务来帮助创业者和投资家共同创建伟大的事业。正是从那一刻起，一个以创业者和投资人为服务对象的中华创业网（SinoBIT.com）创业计划迅速诞生了。

由于他们都具有风险投资专长和经验，因此他们制订商业计划很顺利，每个人根据自己的专长分头负责起草不同部分。通过努力，他们仅用了两周时间就完成了创业的第一步——一份完整的商业计划摆在了风险投资家面前。

起初，他们只是想做一个类似美国"车库"那样的风险投资中介站点，但当他们进一步思考时，很快否定了这种想法。因为在美国有成熟而发达的创业与风险投资市场以及畅通的渠道，还有尽人皆知的规则，而在创业与风险投资几乎是空白的中国简单的中介显然是不够的，需要提供全面的增值服务。基于这一认识，他们在制订创业计划、价值评估、构建公司、财务与税务、融资途径、人力资源、组建团队、大公司的技术支持，以及类似孵化器的网上、网下后勤支持服务等各方面都做了详尽的考虑与规划。这一切都使他们的商业计划更富于吸引力。

他们要做的不仅是一个创业门户网站，而且是一个目标网站，为创业者提供的是全面的解决方案。通过增值服务和技术创新，帮助中国创业者和国际投资者共同创建成功的高科技企业。

作为创业者，第一步的挑战是找到创立公司的种子资本。他们确定了潜在投资者名单，包括风险投资人、投资银行家、国际大公司主管等。

在与投资人接触前，他们做了充分准备，不但对商业计划书了如指掌，而且经过不断讨论列出了几十条投资人可能问到的问题清单。主要内容包括：第一，宏观政策、产业环境；第二，商业模型和中国市场；第三，生存条件、客户吸引力及未来发展；第四，第一笔钱怎么花等。这个问题清单在融资过程中不断增加，最后达到了上百条。针对每一个问题，3 位创业者都通过讨论，做出了令人最满意的回答。

在此期间，3 位创始人把自己的知识和经验充分贡献出来与他人分享。孙燕军 3 年来在世界一流金融机构的工作经验和对国际投资人的了解、张磊在耶鲁大学学到的最新的风险投资前沿理论以及他对美国互联网商业模式的研究成果、杨戈在中国从事风险投资的经验和积累的大量数据与资料，使他们形成了创业团队核心能力的极佳组合——年轻、充满活力、有丰富的工作经验、对所创业的商业模式有深刻的理解。这一点正是投资者看好中华创业网的重要原因。

他们还准备了市场测试报告和价值分析报告，在用非常专业的方式接触了 20 位左右的投资人后，获得了意想不到的结果——世界最大的媒体集团之一，美国新闻集团执行副总裁吉姆·默多克很快做出投资决定，不是他个人，而是新闻集团成为了这个项目的主导投资者。这是该集团在一个月前刚刚完成对美国最大的医疗网站 10 亿美元投资后的又一个决策，开了该集团投资种子期公司的先例。

这表明国际大公司十分看好中国的互联网市场。美国新闻集团认为中华创业网的商业模式有巨大的发展空间，同时看好这个创业团队，希望通过这笔投资建立长期的合作关系，以帮助美国新闻集团在中国的投资业务的发展。由于投资者反映异常热烈，中华创业网的融资金额最终突破了原计划的上限，让那些可以带来价值的投资者共享创业的成果。

中华创业网的商业模型不同于传统的网络内容服务商（ICP），靠广告收入；也不同于拍卖网站那样的商对客（BTOC）或消费者间（CTOC）电子商务公司，中华创业网的收益是多种、稳定、持续的。中华创业网的收益包括：投资者会员会费、交易佣金、增值服务等。对成熟的公司而言，一般用收入倍数和现金流折现法。而中华创业网用的是比较法，既参照同类模式公司在美国股市的地位以及中国其他同类公司融资情况，根据中华创业网的优势和特点进行调整，以得出相对合理的结论。中华创业网在选择投资者时，不仅看重他们的投资意愿，更看重投资者可能提供的资金以外的增值服务和战略意义。

事实证明，中华创业网的融资战略是非常成功的。孙燕军他们从 1999 年 11 月 15日决定创业，到 12 月中旬达成了投资协议、资金到位，仅用了一个月的时间，真应了中国那句老话"兵贵神速"。这反映了互联网时代风险投资的革命性变化。在这里，我们不难看出，融资策略至关重要，融资策略的成败在很大程度上取决于创业者的素质。

1999 年 12 月 20 日，他们刚完成融资，孙燕军和张磊就被美国天使投资协会邀请到美国新泽西州的一个风光秀美的城镇，去参加一次天使投资家的聚会。在那座天鹅栖息的湖畔小楼里，他们应邀演示了创业计划。

在演示中，他们告诉美国的天使投资人：Why——为什么去中国投资；When——什么时候去投资；How——怎么去投资。反响十分热烈。约定 40 分钟的演示，一直持续了一个上午，把原定的其他三个创业公司的演讲挤到了下午。

在美国，1999 年个人投资者的风险投资达到了 305 亿美元。这些个人投资者怀里揣着钱，对中国市场有极大的兴趣，认为中国机会更多。这些个人投资者看到了在中国投资的低成本、高回报。在美国，一般对互联网的投资都以百万或千万美金计；在中国，数十万或 100 万美金已经是不小的数目了，只是苦于没有很好的渠道。因此，这些个人投资者十分看好中华创业网的桥梁作用。有的当场问有没有好的项目，有的当场申请成为会员，这给了中华创业网的创业者很大的激励。

新泽西天使投资协会会长费尔麦卡锡对孙燕军他们说，现在国际风险投资者在中国的投资只是冰山的一角，实际上更大的投资还在后面。国际风险投资者都在寻求合适的渠道、合适的目标、合适的时机进入中国。

中华创业网的创业模型征服了美国傲慢的天使投资人，中华创业网的创业者们感到很自豪，也很受鼓舞。

【吸引风险投资宝典】

关于炎黄传媒风险投资失败的分析

2005 年 7 月在美国纳斯达克上市的分众传媒，是风险投资在中国的最典型的成功案例。一方面是分众传媒从创立到上市只有短短的 2 年半，经历几轮投资之后，让数十家风险投资公司赚得盆满钵满；另一方面是分众传媒掀起了国内户外传媒的创业、投资、并购的热潮，引领了航媒传媒、华视传媒等公司海外上市的同时，也让众多投资人、创业者深陷其中——炎黄传媒无疑属于后者。2004 年，炎黄传媒创立；2008 年 1 月，分众传媒获得炎黄传媒 20% 的股份。2008 年金融危机爆发，投资者开始要求被投资公司"节流过冬"；2008 年 10 月，炎黄传媒的内忧外患导致收入急剧下滑，炎黄传媒名存实亡。

一、启动阶段——较为成功

2004 年，炎黄传媒创立；2006 年 9 月，炎黄传媒获得软银赛富 500 万美元的第一轮风险投资；2007 年 10 月，炎黄传媒获得第二轮 3500 万美元投资，投资机构包括兰馨亚洲（Orchid Asia）、崇德基金（CRCI）、银瑞达创业投资（Investor AB）、汇丰直接投资（HSBC）；2008 年 1 月，分众传媒宣布将向炎黄传媒投资 500 万美元现金，同时还将旗下覆盖中国国内 31 座城市所有医院和药品连锁店的医疗保健联播网的所有权转让给炎黄传媒，分众传媒获得炎黄传媒 20% 的股份。

通过学习我们知道，风险企业的发展一般要经过三个阶段：第一阶段是风险企业的初创阶段，即把科学上的新发现变成一个小企业；第二阶段是风险企业的成长阶段，即把一个小企业发展成为正规的公司；第三阶段是风险企业的扩展阶段，即从一个中型企业成为大型的国家级或世界级的公司。无论处于哪个阶段，风险企业都经常会处于缺少资金的艰难境地。即便在创业精神最充沛、政府管制最少、风险资本供应最充分的美国也如此。因此，启动资金和后续资金的充沛与否已成为风险企业创业成败的关键因素。在这方面，炎黄传媒在初期做得还是相当不错的，拉到了大量的启动资金。

二、成长阶段——资金使用失误

然而在成功获得第二轮融资后，炎黄传媒开始全国扩张和抢跑，收购了很多地方性的户外媒体公司，甚至不惜以超过竞争对手几倍的价格抢夺资源。截至 2007 年年底，炎黄传媒在全国 36 个城市共有液晶屏 32 800 块。2008 年金融危机爆发，投资者开始要求被投资公司"节流过冬"，但炎黄传媒的 4000 万美元融资款已经在快速扩张中消耗一空。

我们知道，一个优秀的风险企业，在其启动阶段一定要有一个完备的商业计划，商业计划的内容应包括以下几个方面：

（1）计划摘要；

（2）产品（服务）介绍；

（3）人员及组织结构；

（4）市场预测；

（5）营销策略；

（6）生产制造计划；

（7）财务规划

其中，财务规划很重要，因为流动资金是企业的生命线，因此企业在初创或扩张时，对流动资金需要有预先周详的计划和进行过程中的严格控制；损益表反映的是企业的赢利情况，是企业在一段时间运作后的经营结果；资产负债表则反映在某一时刻的企业状况，投资者可以用资产负债表的数据得到的比率指标来衡量企业的经营状况以及可能的投资回报率。而炎黄传媒正是没能做到这一点，用俗话说就是花钱的事谁都会，关键是挣钱，炎黄传媒不仅没有关于财务的一个详尽规划，甚至不惜以超过竞争对手几倍的价格抢夺资源，过分浪费资源，既不开源也不节流，最终导致公司财务的破产，在金融危机中变得奄奄一息。

有过这种错误的不仅这一家，无独有偶，亿唐网（etang.com）也犯过类似的错误，导致其投资失败：亿唐网在突然崛起之后，迅速在各大高校攻城略地，在全国范围快速"烧钱"。除了在北京、广州、深圳三地建立分公司外，亿唐网还广招人手，并在各地进行规模浩大的宣传造势活动。2000年年底，互联网的寒冬突如其来，亿唐网的钱"烧"光了大半，仍然无法盈利。2001—2003年，亿唐网不断通过与专业公司合作，推出了手包、背包、安全套、内衣等生活用品，并在线上线下同时发售，同时还悄然尝试手机无线业务。此后两年，依靠移动互联网服务（SP业务）苟延残喘的亿唐网，唯一能给用户留下印象的就是成为英语四、六级考试的官方消息发布网站。至此，亿唐网的失败也就不可避免了，这就给了投资者一个警示：钱再多，也得省着花，不然冬天不好过。

三、管理层面的失职

炎黄传媒的另一个失误存在于管理层，在于管理者间的不稳定和投资人与管理人之间的不信任。2008年3月，炎黄传媒的首席财务官（CFO）李晓东辞职，继任者张伟未满一月也离职，副总裁李艺也离职；5月前后，副总裁沈叶、人力资源总监夏海涛等离职；6月，首席运营官（COO）曹黎明、影视总监李欣离职。除了管理层离职外，炎黄传媒销售骨干也先后离职或被辞退。这直接导致公司更为严重的赢利危机。分众传媒在发现炎黄传媒的赢利能力有问题、并且管理团队不稳定之后，停止了与炎黄传媒的投资合作。

由于炎黄传媒创始人赵松青与投资人之间有对赌协议，业绩不佳导致对赌失败后，她要降低在公司中的股份，但她拒不执行协议。2008年10月，炎黄传媒投资方与赵松青开始了一出相互弹劾的闹剧。这个时候，正是金融危机对国内经济影响最大的时候，而炎黄传媒的内忧外患，导致收入也急剧下滑，人员从高峰期的上千人变成缩减成几十人。前几年户外媒体这个行业过度投资，导致出现太多泡沫，即便是行业的龙头老大和参照目标——分众传媒，市值已严重缩水。对于炎黄传媒，你可以说它还活着，你也可以认为它已经死了。

这让人不得不联想到炎黄传媒的一个难兄难弟——尚阳科技。尚阳科技成立于2003年年初，2006年就退出市场。尚阳科技沦落到这个地步，据知情人士透露，是管理上存在问题。一是公司重研发、轻市场，市场抓不住，而研发方面，首期融资用完了，也还没有几件像样的产品；二是公司内部"帮派问题"严重，事业部之间各自为政。同时，从高层到员工"成分"极为复杂，有"海龟"也有"土鳖"，有出身国企的也有来自外企的，有来自创业公司的，也有来自全球500强公司的，甚至有从华为管理团队带来的旧部，一直留在了深圳，处于失控状态。这个教训告诉我们：被市场打败不可怕，被自己内部瓦解才可怕。

投资是企业创建和发展的基础。在商品经济大潮的冲击下，许多人毫无准备地下海"试水"，结果因投资失误而步履维艰，甚至惨遭淘汰。因此，对于白手起家的中小创业者来说，如何正确投资，回避投资误区，就成为"试水"成功与否的关键，成为企业获得成功的必修课。通过这个事例，希望能对投资者和企业家有所借鉴。

【案例思考】

1. 在与投资人接触之前，应该做好哪些准备？
2. 吸收天使投资的基本要素是什么？
3. 吸收风险投资后在经营中应注意哪些问题？
4. 从上述的案例中可以总结哪些经验教训？

三、创业融资实训

（一）实训目标

体会团队合作价值，训练团队合作精神，掌握团队合作基本技巧。

理解关于天使投资的基本原理，掌握吸收天使投资的基本技能和创业计划书的撰写。

理解关于风险投资的基本原理，训练团队合作精神。

掌握吸收风险投资的基本技能和投资建议书的撰写。

（二）实训活动

1. 实训活动一：初创期吸收天使投资的创业计划书撰写

（1）活动内容：以团队的形式分组完成创业计划书。

（2）活动形式：5~6人一组为最佳，每组自备一台笔记本电脑。

（3）活动时间：30分钟。

（4）活动地点：教室。

（5）适用对象：全体学生。

（6）活动目标：训练学生团队合作能力以及创新思维。

（7）活动程序：

①各组成员课前需补充关于创业计划书基本内容的知识。

②教师公布可选择天使投资人，以及各投资人的偏好、资金规模等情况。

③每个小组1分钟竞聘确定总经理，其他成员根据个人特长进行分工。

④总经理带领团队开展5分钟讨论，研究天使投资人的选择、计划创业的企业类型、经营品种及资金需要等。

⑤各组将讨论结果写在纸条上，提交教师。

⑥教师做好统计，公布各组的选择结果，宣布创业计划书撰写开始。

⑦各组开始按照组织好的材料及成员分工，开始进行创业计划书的撰写。

⑧各组按创业计划书制作电子演示文稿。

⑨分组上台演示，说明本组的计划书内容。

⑩在同一投资人的被选择范围内，按计划书的质量与可行性，教师做出点评。

（8）训练要求：

①各组总经理负责本组活动的组织和管理，要求每位成员必须分担不同的角色和职责。

②各组必须在规定时间内提交选择结果与创业计划书，逾时不予考评。

2. 实训活动二：初创期吸收风险投资的投资建议书撰写

（1）活动内容：以团队的形式分组完成投资建议书。

（2）活动形式：5~6人一组为最佳，每组自备一台笔记本电脑。

（3）活动时间：30分钟。

（4）活动地点：教室。

（5）适用对象：全体学生。

（6）活动目标：训练学生掌握关于吸收风险投资的基本内容并撰写投资建议书。

（7）活动程序：

①各组成员课前需补充关于投资建议书基本内容的知识。

②教师公布每个企业目前所处的经营阶段、实际经营状况，以及可选择的风险投资公司、各投资者的偏好及能提供的资金规模等情况。

③每个小组1分钟竞聘确定总经理，其他成员根据个人特长进行分工。

④总经理带领团队开展5分钟讨论，研究风险投资者的选择、计划创业的企业类型、经营品种及资金需要等。

⑤各组将讨论结果写在纸条上，提交教师。

⑥教师做好统计，公布各组的选择结果，宣布投资建议书撰写开始。

⑦各组开始按照组织好的材料及成员分工，开始进行投资建议书的撰写。

⑧各组按投资建议书制作电子演示文稿。

⑨分组上台演示，说明本组的计划书内容。

⑩按投资建议书的质量与可行性，教师做出点评。

（8）训练要求：

①各组总经理负责本组活动的组织和管理，要求每位成员必须分担不同的角色和职责。

②各组必须在规定时间内提交选择结果与投资建议书，逾时不予考评。

四、创业融资深度思考——推荐阅读

高科技企业适用风险投资融资模式问题与对策研究①

摘要：本文通过对我国高科技企业的现状、适用风险投资模式的必然性、科学性、风险融资模式的科学内涵和特点以及我国风险投资融资的优势和面临的问题进行归纳总结分析，提出解决高科技企业适用风险融资模式问题的对策和建议，具有理论意义和实践指导价值。

关键词：高科技企业；风险投资；融资对策

一、我国高科技企业的现状与企情分析

高科技企业对社会经济发展发挥着日益重要的作用，已成为各国实现科技成果转化和实现科技进步的主要载体。金融危机告诉我们，国力增强与经济发展必须依靠核心关键技术的科技创新，从根本上将科技形成第一生产力。依靠大量资本扩张和大规模资源投入来完成经济发展只能取得表面上的经济繁荣，不可能建立起牢固的经济根基。

我国的高科技企业起步晚、底子薄，虽然近 20 年来规模和数量都取得高速增长，但是整体呈低水平运营，发达国家的科技进步对经济增长的贡献率达到 60%～80%，我国仅有 25%～30%。更严重的问题是我国大部分高科技企业的科技创新本质上是对欧美等西方发达国家已成熟技术的应用或模仿，原发性创新能力和在核心技术支撑下的高科技产品的研发创新能力很弱。也就是说，根本没有解决最重要的核心竞争力问题。正因为如此，衍生出我国高科技企业另一显著特点是以中小型企业为主，个体势力单薄，自我发展能力弱，成熟稳定性差。高科技企业完整的生命周期划分为创业、成长、成熟、衰退四个发展阶段，由于发展历史短，整体积弱而形不成强大的核心力量，我国绝大部分高科技企业处于创业成长期。创业期是科技企业科技成果转化为商品继而形成生产力的过程，创业期的企业的资金始终处于最缺乏的状态。在成长期，企业虽然已经具备主导型的科技产品和一定规模，可以提供持续的销售收入，企业技术风险得到一定程度的释放，但由于需要进一步扩张规模，完成由创业期向成熟期的跨越，也必须解决资金巨大投入和现有资金短缺的矛盾。因此，高科技企业在创业成长期融资就成为关乎企业全局命脉的最关键问题。

---

① 资料来源：尹中升. 高科技企业适用风险投资融资模式问题与对策研究 [J]. 开发研究，2011（1）.

二、我国高科技企业特点和融资环境决定了风险投资成为最科学的融资选择

高科技企业具有高智力、高投入、高收益、高风险、高成长性，同时还具有收益波动大、技术更新快、运营周期短、核心价值是人力资源和知识资本等鲜明特点，这决定了商业信贷和成熟资本市场融资模式不会承担主角，而风险投资将大有作为。我国的商业信贷和成熟资本市场融资模式不会成为主角的主要原因如下：

第一，占据信贷市场垄断地位的大银行实施大银行、大城市、大企业模式，难以顾及大部分处于中小规模的高科技企业的融资需求；

第二，创业成长期高科技企业可供信贷抵押的固定资产少，作为企业核心价值的人力和智力资本及无形资产不能作为抵押担保，使贷款的高风险性与本息收益固定化形成逻辑上难以克服的矛盾，中小型商业银行失去信贷动力；

第三，政策扶持力度弱，融资成本高，企业不仅享受不到优惠利率，还要承担浮动利息；

第四，担保服务单一化与企业需求多元化之间存在矛盾，金融机构对合作担保机构的资本金起点限制直接影响担保效率；

第五，证券资本市场门槛高，由于资产规模、盈利能力等方面条件较苛刻而使大部分高科技企业无法进入主板和二板市场融资。

因此，我国高科技企业的融资问题必然要求具备特定适应性的创业性资本投资保障体系来解决。风险投资成为高科技企业最优选择的原因在于风险投资与高科技企业本质上的融合性。这主要体现在以下两方面：

一方面是风险投资与高科技企业都具有商品经济核心要素的同根性。风险资本是资本在商品经济发展到发达阶段形成的高级资本形态，本质根性是资本；高科技企业是企业在商品经济发展到发达阶段的高级企业形态，本质根性是企业。资本和企业从商品经济诞生之日始就是密不可分的，企业以资本为基础来实现创建和发展的目的，资本以企业为载体形成资本运动来实现增值的目的。资本运动影响企业活动，企业成长结果最终表现为资本价值的变化，因此风险投资和高科技企业都具有商品经济土壤的同根性。

另一方面是风险投资与高科技企业都具有高风险性和高回报性特征。风险投资运营结果的高度不确定性和高科技企业发展未来的高度不确定性使得两者一直处于高风险状态，但高科技企业的成长则会带来极高的收益，这种可以带来高收益的潜在优势恰好是风险投资的投资需求和价值所在，因此风险投资与高科技企业具备根本上的融合性。

国际理论界对高科技企业适用风险投资融资模式也提供了理论支持。国外学者如梅耶斯（Myers）、斯坦（Stein）、巴克（Baker）等研究已形成卓有建树的企业创业融资理论体系，研究发现创业成长阶段的高科技企业宜采用保守的财务政策。梅耶斯甚至创建了一个显示公司面临的成长机会越大，相应使用负债融资就会越少，因而财务杠杆水平与公司未来的成长机会负相关的模型。佛兰克（Frank）研究发现，规模较小的公司和高科技公司会更多地选择股权融资模式。理论证明选择风险基金进行股权融资是成长期高科技企业最适合的融资模式，其科学性在于承担高风险的投资基金与企业成长所带来的高收益回报在逻辑上是一致的，具备合理的风险利益结构和价值需求结构。

美国在 20 世纪 50 年代最先开始风险投资，英国、德国、日本等发达国家之后迅速兴起。半个多世纪的实践证明，风险投资的发展历史在投资方向上一直体现着高科技企业的倾向性，风险投资推动着当代高科技企业的发展，特别是在半导体、生物工程、信息技术产业起到了极大的作用，造就了一批如微软、英特尔等在产业领域具有显著影响力的大型高科技企业。理论和实践告诉我们，风险投资已经成为高科技企业在创业成长期最科学、最成功的融资模式，这是解决我国高科技企业融资问题必须借鉴的成功经验。

三、风险投资基金融资模式的概念、科学内涵和风险融资特点

风险投资（Venture Capital，VC）是指投资人向具有发展潜力处于创业初期或快速成长期的新兴企业（主要是高科技企业）进行股本权益投资和增值服务，通过被投资企业实现上市、并购或其他股权转让方式最终使投资撤出获得回报的投资行为。

风险投资具有深刻的科学内涵。风险投资对高科技企业创业成长期提供了重要的融资支撑，而高科技企业的高增长为风险投资的高收益提供了重要的载体平台。由此，形成高科技企业越增长，风险融资就越容易获得高回报，风险投资市场空间就越广阔，风险投资资本就越发展壮大，而风险投资资本越壮大，高科技企业融资渠道就越丰富，就越有利于高科技企业的发展，在这良性互动的发展过程中，使风险融资和高科技企业获得共赢共进，其本身的市场经济价值得以实现。风险投资这种供给与需求逻辑结构的科学性和价值本质的结构相关性决定了风险融资适用于高科技企业的科学性。

国外的风险基金主要有四个渠道：政府出资、独立民间基金、大企业的风险基金、金融机构的贷款。其中，独立民间基金和金融机构的贷款占主要地位。风险投资的整体运作紧紧围绕高科技企业的特性和基金本身的经营本质而独具以下特点：

一是被投资企业处于初创期或成立之后的快速成长阶段，既有高成长性，又有极大的风险性；

二是投资对象主要是向有成长潜力的高科技公司提供长期股权投资，被投资公司的成长潜力是最大的影响投资决策因素，因为成长潜力隐含着高收益的价值驱动；

三是投资方式采取发起创立新公司和直接对已创建公司或项目进行股权性投资两种方式；

四是提供增值服务，不是简单地提供资金，还要为受资企业提供经营管理咨询，甚至参与被投企业经营决策；

五是投资方向以市场为导向，在高风险中追求高收益；

六是创投基金非终身制，最终以通过受资公司股票实现上市交易或通过并购以及受资公司股权回购等股权转让方式使投资撤出，并取得高额回报来实现其本来价值的投资目的。其中，上市股权流通和直接出售股权是最主要的退出方式。

分析国外成功经验，这种高风险投资只要有 20%~30% 的成功，就可以弥补 70%~80% 的失败项目损失，并产生额外的高额回报，因此极具发展动力。

四、我国适用风险投资基金融资模式面临的优势、问题和制约因素

我国于 20 世纪 80 年代以中国新技术创业投资公司为代表开始发展风险投资，发展历程经过三个阶段：1997—2001 年年底，我国风险投资机构从 53 家发展到 246 家，管理资金达到 400 多亿元，这是第一次蓬勃发展阶段；2002—2006 年，我国风险投资事业因全球经济减速和国际风险投资退潮影响进入调整期，保持缓慢发展态势；从 2006 年始至今，进入第二次高速增长期，管理基金逾千亿元，年投资额最高达近 400 亿元，投资项目最高达 740 多个。

在我国风险投资初期，风投资金主要来源于政府出资。近年来，政府放开多种渠道资金进入风险投资领域的限制，个人出资比例也大幅增加。2008 年多类金融资本获准进入风险投资，大大拓宽投资基金资金来源。政府陆续批准证券公司开展直投业务；社保基金可投资经发改委批准的产业基金和在发改委备案的市场化股权投资基金；保险机构可投资未上市企业股权；商业银行可开办并购贷款业务等，实施积极的扶持战略。

我国高科技企业适用风险投资融资模式既具有独特的优势，也面临着问题和制约因素。优势在于如下六个方面：

一是我国经济保持持续快速增长，引起全球瞩目，每年以超过 8% 的速度推进，对世界经济的贡献已超过 20%，这种快速、平稳发展的经济态势为风险投资提供了难得的经济环境。

二是政策面良好。政府已经高度重视，相继出台与国际发达国家接轨的资本市场政策法律，党中央提出建设创新型国家的目标为我国风险投资提供了巨大发展空间。

三是我国经济存在严重的结构问题，调整产业结构必须优先发展高科技企业，这就为发展风险投资提供了现实载体平台。

四是我国的高科技企业大多是处于中小规模，企业大多处于创业初期和成长期，这是适用风险投资融资模式的最佳时机。

五是处在经济快速增长阶段的中国经济为高新技术和产品的应用提供了巨大的市场空间，易于引进境外的风险投资。

六是我国经济近 20 年来的发展为风险投资快速发展积累了一定的管理经验和人才储备，初步探索了一条适合中国国情的风险投资与高科技企业融合的发展之路。

然而，这些优势在实践中并没有充分地发挥，风险投资现状与高科技产业市场相比较，还不能满足大量的处于创业成长期高科技企业融资需求，存在的问题和制约因素表现在如下六个方面：

一是我国高科技企业自身品质的问题。一方面体现在我国高科技企业科技创新率低，将科技成果转化为现实生产力比率更低，我国科研成果转化率为 15%~25%，发达国家的这一比率已达到 60%~80%，巨大的核心科技实力差距使企业前途难以预测。高科技企业在创业成长期没有完全进入职业化管理阶段，管理运营不规范，生产经营效率低下，投资价值受到影响。另一方面体现在我国高科技企业所掌握的高新技术大多是局限于对国外先进成熟科学技术学习模仿和组合应用水平，本身的科研力量不足以开发具有核心价值的不断更新换代的新技术、新产品，影响企业的成长性。我国在技

术上对国外先进技术依存度约为50%，由于不占据科技前沿，连带衍生我国高科技产品具有滞后性，使高科技产品从诞生之日起就面临着国外同类成熟产品的残酷打压和竞争，使高科技产品最具优势的初入市场的高利润阶段大大缩减，这更增加了科技成果转化成本，投资风险性放大。

二是风险投资行业本身存在困境。风险基金所投资领域具有高风险性，风险投资项目在国外看来是成三败七，被投项目商业计划书筛选率是万分之八。因此，风险基金是靠整体投资成功率来保障基金的高收益，而不是靠某个个案来实现，必然实行组合投资，很好地利用项目群。因而就要涉及诸多高科技领域，相关专业技术知识复杂性使投资者对项目进行分析、论证和评估形成知识壁垒，而目前所依赖的评估体系建设不完善，直接影响投资决策。还有投资非理性化，产生恶性竞争，因盲目追风投资形成大量重复投资，增加投资成本，结果造成风险投资极低的成功率。

三是科技企业受资市场诚信危机严重，道德风险极高。某些高科技企业的企业家、科学家以高新技术融资之名行恶意圈钱之实，实践中因不诚信制造欺诈行为使投资者血本无归的惨痛事实比比皆是，使投资机构产生恐慌心理。

四是市场风险投资理念与高科技企业的融资理念出现短期行为。国内风险投资者由于追求基金短期业绩，违背风险资本运营周期规律，不敢投那些成长预期良好但风险比较大的项目，持币观望痛失机遇；或急于投资回报，造成严重投机行为，制造市场泡沫，扩大资本风险，使风险基金投资者对行业前景的判断缺乏真实性，产生与受资市场需求不对称性，盲目投资落入陷阱。

五是风险投资与资本市场发展步调不协调，风险基金退出机制不完善。风险投资基金本身是需要资金不断追加的针对高科技企业群体的投资行业，目前我国资本市场对债券、基金有严格限制性要求，影响风投基金的资金来源。主板市场和创业板市场上市条件苛刻，处于中小规模和大多数处于创业成长期的高科技企业不能入围，上市成本高及上市时间的不确定性，影响高科技企业的风险投资退出，风险投资运行的是吸资投资退出（本金+收益）再投资经营路线。如此现实状况，极易造成风投资金循环增长机制的逻辑科学性在实践中难以实现。

六是政策鼓励机制不健全，政府激励措施远未到位，没有形成政府补贴、税收优惠、信用担保等激励风险基金发展的政策环境。

五、适用风险投资基金融资模式所面临诸多问题的对策

高科技企业要突破成长瓶颈，必须要将生产经营战略与资本经营战略有机统一。以下从理论和实践两个视角提出对策：

一是必须坚持风险投资基本理念，建设优势互补平台，促成高科技企业与风险投资有机融合。风险投资机构要充分认识风险投资是长期权益性的专业投资，坚持高风险、高收益理念，心悟精微，果断决策，具有冒险精神和把握风险的素质。要正确认识基金运营的周期规律性，风险资金从投资到回报正常周期是37年，不能追求短期绩效，将风险投资视为保险投资。要发挥专业性投资的作用，不仅要为受资企业提供资金，还要提供基金管理所积累的经验和广泛的社会关系，在重大决策的制定和实施中起到应有的作用。

　　二要提高我国高科技企业自身品质，走出单纯利用效仿国外先进成熟技术进行重复生产、重复投资，靠投机获利的怪圈，真正开发掌握市场需求和国计民生需要的核心关键技术，提高科技成果转化为现实生产力的比率，缩小核心科技实力的差距，这是获得风投基金青睐的最重要前提，更能体现风险投资的社会价值所在。效仿国外成熟的高新技术进行生产经营，在短期内确实能创造高额利润，但缺乏长远目标、产品寿命短的弊端容易形成短期行为和投机心里，企业发展后劲不足容易挫伤风险投资预期。必须从根本上提高企业的核心竞争力，在重要领域占据科技前沿，使我国高科技产品具备行业的先导性。这样，高科技产品从诞生之日起，就摆脱国外成熟同类产品的竞争压力，使高科技产品初入市场的高利润阶段大大延长，赚取高额利润，降低投资风险性，提高投资成功比率。

　　三是高科技企业的企业家、科学家要立足长远，提升经营管理和科研实力，以企业家的创新精神和科学家的务实态度来对待风险投资市场。企业资源、业务和组织管理这三个核心要素在企业文化基础上共同构成企业整体的核心竞争力，企业基业长青的要诀在于把握核心要素。这要求高科技企业要尽快实行职业化管理，提高生产经营效率，建设成熟的企业文化，以德立名，以诚待事，主动协助投资机构消除知识壁垒，以便投资者真正洞悉受资企业的实际运营情况，增加信息对称性，积极消除投资机构的恐慌心理。

　　四是风险投资行业本身要走出困境。拓展风险投资基金的来源渠道，进一步放宽养老基金和保险公司的投资限制，要激励上市公司积极进入风险投资领域，使政府基金、独立民间资金、大企业基金、金融机构的风险投资基金得到激励发展，积极引进境外基金进入风险投资领域，丰富各风险基金资金来源，壮大基金整体规模。提升风险投资机构人力资源素质，迅速培养和造就优秀的投资管理人才队伍。完善受资企业价值评估体系建设，建立科学理性的风险投资决策机制。

　　五是完善机制，培育风险资本退出体系。放宽创业板市场进入条件，加大创业板股票市场供应规模，如此即可增加高科技企业上市机会和动能，又可避免因股票供应的稀缺性而产生的市值泡沫，减少投机性，降低风险性，将高科技企业上市退市形成资本运营的常态，保障退出渠道畅通，使风险资本形成良性发展运行循环机制。美国纳斯达克证券市场已成为二板市场为高科技企业在资本市场融资和风险投资安全退出的典范。统计表明，在纳斯达克证券市场上市的高科技企业，有超过一半是由风险投资支撑发展起来的，由此可见二板市场在风险投资撤出中的重要作用。这个经验足以用来借鉴。

　　六是建立健全政策法律的激励机制，形成统一的促进高科技企业发展和支持风险投资活动的政策法律体系。风险投资的动力就是要在高科技领域获取高回报，因此技术市场必须满足技术流动方便和技术保护严格两个条件。美国将加强专利和知识产权保护视为政府提高竞争力的六大措施之一，1986年颁布的《联邦技术转移法》为美国科技成果快速产业化创造了有利的客观环境。1978—1981年，美国颁布5个法案，鼓励风险投资，美国对风险投资收益的60%免税。法国风险投资公司从所投股权获取的资本收益可免除最高达三分之一的所得税。我国必须要考虑出台对从事高科技风险投资企业和高科技企业提供税收优惠、政府补贴、放宽资金来源渠道、政府优先采购等方面的激励政策，消除制约因素，创造有利于风险投资健康发展的政策法律环境。

七是鼓励创业精神和自由竞争，鼓励资本与技术协作。美国自20世纪90年代通过信息技术与金融创新，借助风险资本和证券市场运作，创造了知识与资本一体化的知识要素驱动型经济增长方式，美国因而始终执世界经济发展之牛耳。因此，越来越多的发达国家和经济快速增长的发展中国家效仿美国，对以银行为主导的间接融资方式进行改革，从商业信贷转向资本市场融资。中国经济要调整产业结构必须走知识驱动型经济增长方式道路，要把知识与资本融为一体，坚持高科技企业优质为先兼具规模的发展理念，使投资者、企业家、科学家的核心利益统一于高科技企业的快速发展之中，真正发展起来一大民族品牌，对国民经济发展起到先锋引领作用的强大的高科技企业群体，在资本、知识、人才方面充分协作，像微软、英特尔那样，形成深刻影响世界经济和人类社会进步的新兴高科技产业。

第五章　商业银行贷款

【学习目标】

通过本章知识点的学习，了解商业银行贷款的基础知识，掌握创业企业筹措银行贷款的方式；通过案例学习，熟悉商业银行贷款的申请流程；通过实训活动，掌握商业银行贷款的申请条件以及需要的资料；通过深度思考，理解商业银行贷款在创业过程中的重要作用。

一、创业融资商业银行贷款知识

商业银行贷款是商业银行按一定利率和必须归还等条件向企业或个人出借货币资金的一种信用活动形式。商业银行通过贷款的方式将所集中的货币资金投放出去，可以满足社会扩大再生产对补充资金的需要，促进经济的发展；同时，银行也可以由此取得贷款利息收入，增加银行自身的积累。

商业银行贷款是指企业在一定条件下向银行取得的按约定利率和期限还本付息的货币资金。商业银行贷款是企业从外部筹集债务资金的主要渠道之一，体现着企业与银行之间的债权债务关系。

(一) 商业银行贷款的对象

贷款对象是指具备一定资格，可以向银行取得借款的单位或个人，即借款人。对于商业银行而言，他们都是"银行贷款客户"。我国自 1996 年开始实施的《中国人民银行贷款通则》规定，借款人应当是经工商行政管理机关（或主管机关）核准登记的企（事）业法人、其他经济组织、个体工商户或具有中华人民共和国国籍的有完全民事行为能力的自然人。由此可见，企业只要是经国家工商行政管理部门批准，持有营业执照的企业法人，都可向银行申请贷款。

(二) 取得银行贷款的条件

取得银行贷款的条件是对贷款对象取得贷款的具体要求。只有符合一定的条件，商业银行才可能向贷款对象发放贷款。企业作为申请人向银行取得贷款，必须具备以下条件：

（1）独立核算，自负盈亏，有法人资格；

（2）贷款企业的经营方向和业务范围符合国家产业政策，贷款资金用途不能超越银行贷款办法规定的范围，同时符合国家法律规定；

（3）贷款企业必须在银行开立账户，办理结算；

（4）贷款企业自身拥有相当的资产，具有一定的物资和财产保证实力，担保单位经营正常，具有与贷款金额相匹配的经济实力；

（5）贷款企业的经济效益良好，具有偿还贷款的能力；

（6）财务管理和经济核算制度健全，贷款应用项目合理，资金使用效益良好。

（三）商业银行贷款的期限

商业贷款期限是指从贷款合同签订生效之日起，到最后一笔贷款本金或利息支付日止的时间。贷款期限一般分为短期、中期和长期三种。1年以内（包括1年）的为短期贷款，1~5年的为中期贷款，5年以上的为长期贷款。贷款期限通常由借款人提出，经与银行协商后确定，并载于贷款合同中。

对企业来讲，合理确定恰当的贷款期限具有十分重要的意义。如果贷款期限过短，到还款期资金还未周转回来，将会出现资金缺口与还款压力；如果贷款期限过长，则会增加不必要的利息负担。企业应根据自身的生产经营周期、项目建设情况、综合还款能力确定可靠、可行的贷款期限，否则将会极大地损害企业利益。

（四）银行贷款的利率

银行贷款利率是借款人在一定时期内应付利息数额与所获得的借款金额的比率。我国的利率由中国人民银行统一管理。银行贷款利率参照中国人民银行制定的基准利率，实际合同利率可在基准利率基础上上下一定范围内浮动。贷款利率是借款合同双方当事人计算借款利息的主要依据，贷款利率条款是借款合同的主要条款。

（五）银行贷款的金额

贷款金额是银行就每笔借款向企业提供的最高授信额度，一般由企业在申请借款时提出，银行根据实际情况再做确定。通常，银行对一定时期内企业可以取得借款的最高数额都加以规定，这一最高限额叫做授信额度。为适应企业不同的资金需要，授信额度分为周转授信额度和一次性授信额度。周转授信额度是按贷款余额来掌握发放的指标，只要贷款余额不超过授信额度，贷款可以先还再借，周转使用；一次性授信额度是一种累计发放额度，要求贷款累计发放额不得超过此额度，即在授信额度范围内，贷款不能还了再借，贷款额度不能周转使用。

（六）银行贷款的偿还

企业应当按照借款合同规定期限足额偿还借款本息。偿还的方式主要有两种：一种方式是一次性还清，即在借款到期日，企业将借款本息一次全部归还给银行；另一种方式是分次还清，即按照借款合同中约定的还款计划，企业分次等额（或不等额）地归还借款本息，直到全部还清为止。

（七）商业银行贷款的种类

根据《中国人民银行贷款通则》的规定，目前我国商业银行发放的贷款形式主要有：信用贷款、担保贷款和票据贴现三种形式。

1. 信用贷款

信用贷款又称无担保贷款，是指既没有保证人作为保证，又没有以财产作为抵押，而仅凭借企业自身的信誉取得贷款，并以借款人信用程度作为还款保证的一种贷款形式。银行以企业信誉及相关经济指标作为放贷的依据，贷款风险较大，一般银行要对借款方的经济效益、经营管理水平、发展前景等情况进行详细的考察，以降低风险。

2. 担保贷款

担保贷款具体又可分为保证贷款、抵押贷款、质押贷款三种形式。

（1）保证贷款是指按《中华人民共和国担保法》规定的保证方式，以第三人承诺在借款人不能按时偿还贷款时，按约定承担一般保证责任或者连带责任而发放的贷款。

（2）抵押贷款是指按《中华人民共和国担保法》规定的抵押方式，以借款人或第三人的财产（如房屋、汽车等）作为抵押物发放的贷款。如借款人不能按期还本付息，银行可按贷款合同的规定变卖抵押品，以所得款项收回本息。

（3）质押贷款是指按《中华人民共和国担保法》规定的质押方式，以借款人或第三人的动产或权利（如存单、车辆运营证等）作为质押物发放的贷款。

3. 票据贴现

票据贴现是指借款人将未到期的商业票据（如银行承兑汇票或商业承兑汇票）转让给银行，取得扣除贴现利息后的资金。票据贴现以银行或企业的信用为基础，是企业较为容易取得的融资方式，操作灵活、简便，资金成本较低，有助于中小企业降低财务费用。

除《中国人民银行贷款通则》对商业银行贷款的分类以外，适合个人创业的贷款形式还有以下几种：

第一，个人创业贷款。个人创业贷款是指具有一定生产经营能力或已经从事生产经营的个人，因创业或再创业提出资金需求申请，经银行认可有效担保后而发放的一种专项贷款。个人创业贷款适用的范围广泛，只要符合一定贷款条件，能够提供银行认可的担保方式的个人、个体工商户、个人独资企业，都可申请创业贷款。

符合条件的借款人，根据个人的资源状况和偿还能力，最高可获得单笔50万元的贷款支持；对创业达一定规模或成为再就业明星的人员，还可提出更高额度的贷款申请。创业贷款的期限一般为1年，最长不超过3年。为了支持下岗职工创业，创业贷款的利率可以按照人民银行规定的同档次利率下浮20%，许多地区推出的下岗失业人员创业贷款还可享受60%的政府贴息。创业贷款旨在突出和鼓励自主创业的就业形式，以区别于受雇就业形式下的个人消费贷款。

（1）个人创业贷款的申请条件。

①具有完全民事行为能力，年龄在50岁以下。

②如果已开业，持有工商行政管理机关核发的工商营业执照、税务登记证及相关

的行业经营许可证；如果还在筹备中，需要提供相关创业证明。

③从事正当的生产经营活动，项目具有发展潜力或市场竞争力，具备按期偿还贷款本息的能力。

④资信良好，遵纪守法，无不良信用及债务纪录，申请额度在一定范围内可以不需要抵押，若申请额度较高需要能提供银行认可的抵押、质押或保证。

⑤在经办机构有固定住所和经营场所。

⑥在银行开立结算账户，并通过银行账户办理日常结算。

⑦银行规定的其他条件。

（2）创业贷款申请时需要提供的资料。

①婚姻状况证明、个人或家庭收入及财产状况等还款能力证明文件。

②贷款用途中的相关协议、合同。

③担保材料，涉及抵押品或质押品的权属凭证和清单，银行认可的评估部门出具的抵（质）押物估价报告。

④除了书面材料以外就是要有抵押物。抵押方式较多，可以是动产、不动产抵押，定期存单质押、有价证券质押、流通性较强的动产质押，符合要求的担保人担保。发放额度就根据具体担保方式决定。

第二，小额担保贷款。小额担保贷款是指通过政府出资设立担保基金，委托担保机构提供贷款担保，由经办商业银行发放，以解决符合一定条件的待就业人员从事个体经营自筹资金不足的一项贷款业务。小额担保贷款主要用于自谋职业、自主创业或合伙经营和组织起来创业的开办经费和流动资金。

国家规定个人申请额度最高不超过5万元，各地区对申请小额担保贷款额度有不同规定，许多地区额度还高于5万元。合伙经营贷款额度更大。小额担保贷款的期限一般不超过2年，可展期一年。

小额担保贷款按照自愿申请、社区推荐、人力资源社会保障部门审查、贷款担保机构审核并承诺担保、商业银行核贷的程序办理贷款手续。各国有商业银行、股份制商业银行、城市商业银行和城乡信用社都可以开办小额担保贷款业务，各地区根据实际情况确定具体经办银行，在指定的具体经办银行可以办理小额担保贷款。申请小额担保贷款需要如下资料：

①小额贷款申请书；

②户口本复印件；

③身份证复印件；

④租房协议或自有房产证明复印件；

⑤工商执照副本、卫生许可证、生产许可证复印件；

⑥税务登记副本复印件；

⑦再就业优惠证复印件；

⑧贷款银行要求提供的其他材料。

第三，消费贷款。消费贷款也称消费者贷款，是商业银行和金融机构以消费者信用为基础，对消费者个人发放的，用于购置耐用消费品或支付其他费用的贷款。对于需要创业的人来说，可以灵活地将个人消费贷款用于创业。

申请消费贷款需要如下资料：

①借款人的有效身份证件原件和复印件；

②当地常住户口或有效居住的证明材料；

③借款人贷款偿还能力证明材料，如借款人所在单位出具的收入证明、借款人纳税单、保险单；

④借款人获得质押、抵押额度所需的质押权利、抵押物清单及权属证明文件，权属人及财产共有人同意质押、抵押的书面文件；

⑤借款人获得保证额度所需的保证人同意提供担保的书面文件；

⑥保证人的资信证明材料；

⑦社会认可的评估部门出具的抵押物评估报告；

⑧商业银行规定的其他文件和资料。

第四，特许免担保贷款。2000 年 8 月，上海浦东发展银行与联合利华合作，推出面向创业者的"投资 7 万元，做个小老板"的特许免担保贷款业务，由联合利华为创业者提供集体担保，浦发银行向通过资格审查的申请者提供 7 万元的创业贷款，建立联合便利加盟店，许多缺乏资金的创业者因此得以圆创业梦。现在很多公司为迅速扩大市场份额，常会采取连锁加盟或结盟代理等方式，推出一系列优惠待遇给加盟者或代理商，如免收加盟费、赠送设备、在一段时间内免费赠送原材料，以及对代理商先货后款、延后结款、赊购赊销等，虽然不是直接的资金扶持，但对缺乏资金的创业者来说，等于获得了一笔难得的资金。

（八）银行贷款的特点

1. 贷款筹资速度快，效率高

银行资本实力雄厚，能够为企业提供各类长期或短期贷款。企业利用银行贷款筹资，一般所需时间较短，审查环节公开、清楚，程序相对简单，可以迅速获得资金。特别是对于季节性和临时性的资金需求，采用向银行借入短期借款的方式更为有效。

2. 筹资弹性大

在借款时，企业与银行直接商定贷款的时间、数量和利率等，在用款期间，企业因财务状况发生某些变化，也可再与银行协商，变更借款数量和还款期限。因此，银行贷款筹资对企业具有较大的灵活性。

3. 可以充分发挥财务杠杆的作用

对于企业长期借款，银行只收取固定的利息，若企业经营有方，资本报酬率高于银行贷款的利率，则差额部分归企业所有，实现杠杆利益。

4. 筹资成本相对较低

银行借款利率通常低于债券、股票等筹资方式，并且利息是在所得税前支付，作为税前抵减的费用，也使得借款的成本比采取股票筹资方式要低得多。故利用银行贷款进行资金筹集成本相对节约。

5. 限制较多

企业向银行借款，银行不仅要对企业的经营和财务状况调查后才能决定是否贷款，而且银行作为债权人，他们更关心贷款的收益和自身经营的安全，为此在发放贷款时，常常要对企业本身条件提出要求，对贷款的使用也在某些方面加以限制，国家也有一些相关的法律规定（如近年来严格限制银行资金进入证券领域），限制企业对银行贷款资金随意使用。

6. 筹资数量有限

向银行贷款，往往是针对某一项目的定向筹资，一般不可能像发行股票、债券那样，按照企业实际拥有资产和项目前景几乎是等比例一次筹集到大量资金，满足企业经营全方位、大规模发展的资金需要。

二、创业融资案例

（一）案例一：小额贷款倾心扶持 田边地头也有希望——新建县返乡农民工余庭等合伙创业历程[①]

经过 8 年在外摸爬滚打，2009 年 10 月，新建县象山镇余庭提前返回家乡不到一个月的时间，就在家门口办起了一家养猪场，并且是与其他 4 位养猪户万先华、程亮珠、邓国莲、陈武珍一起合伙办起的养猪场，开始了一条新的致富之路。

"现在家乡对返乡农民工创业的扶持力度很大，我对在农村创业有信心！"望着猪栏里 100 多头良种母猪和 300 多头大小商品肉猪，余庭感慨万千，激动不已。

余庭的打工生涯从 2001 年开始。在过去的 9 年打工时间里，他南下广州、深圳，北上大连、北京，从手袋厂、电子厂到建筑公司、装潢公司，他怀着创业的梦想，到过很多地方，做过很多工种，勤奋苦干，积蓄了一些资金，也积累了许多经验。2003 年的时候，余庭曾返乡经营了 50 多亩鱼池，不料那一年洪水泛滥，几万元的投资都打了水漂。2008 年下半年，当国际金融危机开始影响到国内的部分企业时，正在大连市搞建筑装潢的余庭也感觉到丝丝寒意，渐渐没活儿可干了。于是，余庭和几个朋友南下广州，希望能找点生意做，但是那里的状况也让他们不得不打退堂鼓。无奈之下，他返回了家乡象山镇。

象山镇是新建县出外打工大镇，9000 多农村劳动力常年外出务工，每年劳务收入近 2 亿元。从 2008 年 10 月开始，有 3000 多人和余庭一样，陆续提前返乡。

"返乡也不能放弃希望，回来之后总要做些事情。"余庭经常这样说："我过去曾有过在米厂养猪的经历，所以在回家的途中就盘算着办个养猪场。"虽然余庭的家比较偏僻，从象山镇到选好的猪厂地址的路狭窄崎岖，但他想到做到，与其他 4 位合伙人就雷厉风行开始砌猪栏、添设备、买饲料、购猪苗，很快就在田边地头把一个小型养猪场办起来了。

---

① 资料来源：江西省人力资源和社会保障学会网站。

余庭等 5 人合伙创业得到了新建县劳动部门的有力支持。办养猪场伊始"万事开头难"，东拼西凑的钱把猪场建起来了，但流动资金没有着落，手头没有钱不要说猪场的可持续发展，就是维持一年半载都成问题。正当余庭他们遇到资金"瓶颈"彷徨无助，创业信心极度受挫时，新建县劳动就业局小额贷款担保中心了解情况后及时向他们伸出了援助之手，立即派出工作人员去猪场实地察看。鉴于余庭原来一度长期在外打工，以前没有创业的经验，常深感自己创业知识的匮乏，从创建猪场起，新建县担保中心工作人员鼓励引导他端正态度，改变以前急功近利而不切实际的做法。为了使余庭的养殖技术得到全方位的提升，工作人员动员他买来专业书籍认真研读，同时引导他虚心向同行请教，做到诚恳拜师。经过一段时间的学习，余庭和其他 4 位合伙人掌握了较扎实的养猪技术。新建县担保中心根据余庭他们的情况条件，认为他们符合再就业小额担保贷款帮扶对象条件，随即上门开展贷前调查，看到余庭他们为人诚实、吃苦耐劳等可贵的品质时，特别看到和了解到余庭富有创业激情、刻苦钻研创业知识时，担保中心的同志为之感动。新建县担保中心以落实国家积极推动返乡农民工创业，把农村养殖业纳入小额贷款范围，享受与下岗失业职工一样的贷款政策，符合条件的全额给予免息，以及加大合伙经营创业小额贷款扶持力度优惠政策为契机，抓紧时间及时为余庭的养殖场办理发放了小额贷款 20 万元，及时帮助余庭他们解决了购买猪苗、饲料、设备等必要资金问题，解了养猪场的燃眉之急。小额贷款发放后，新建县担保中心又进行了经常性的跟踪服务，针对余庭他们市场意识不强的劣势，新建县担保中心工作人员主动启发引导他们增强市场观念，使余庭他们的市场意识、市场思维得到了较大的增强和拓展，使他们学会了多方位、多角度思考问题，养猪场从猪苗、饲养、管理到出栏都有一个通盘考虑、细致安排，特别是对市场销售行情倍加关注。余庭他们每个生产期都制订了详细的饲养计划和销售预测计划，并经常进行"SWOT"（即优势、劣势、机会、威胁）的分析。工作人员还经常性动员余庭他们向有关专家咨询，或请专业人士指导，大大降低了经营风险。新建县担保中心又为余庭他们续贷小额贷款 20 万元，继续对他们的合伙养猪场予以扶持。

如今，余庭等 5 人合伙养猪场面积达 2000 平方米，栏内有母猪 114 头，大小商品肉猪 325 头，预计年产值 320 多万元，年纯利润上百万元，已带动就业 7 人，养猪场经营得红红火火，前途一片光明。

（二）案例二：以低代价转来亏损企业向银行抵押贷款①

杜德文做了几年的外贸服装生意，积累了一定的业务渠道，便打算自己办一家鞋厂，他仔细算了算，办个年产 50 万双皮鞋的中等规模的鞋厂需要 100 万元设备和周转资金，外加一处不小于 200 平方米的厂房。杜德文通过朋友在近郊某镇物色了一家负债累累、濒临倒闭的板箱厂，以"零转让"的形式接手了这家工厂，也就是该镇以资债相抵的办法，将工厂所有的动产、不动产以及工厂的债务全部一齐转让给了杜德文。厂房的问题是解决了，但是 100 万元的投资从哪里来呢？杜德文到银行去贷款，负责

---

① 资料来源：张汝山，张林. 大学生创业案例解析［M］. 南京：南京大学出版社，2001.

信贷的同志要他提供担保，可是上哪儿去找担保人呢？正在杜德文着急万分的时候，他的一位朋友一语点醒了梦中人："板箱厂的厂房就是现成的抵押物。"就这样，杜德文不花一分钱就解决了资金和厂房的问题，当然，他因此也背上了较重的债务，这就要靠他通过今后的创业慢慢地偿还了。

其实有不少人就是通过这种以小博大的方式发家的。当然，这种筹资的方法风险比较大，获得创业资金的代价是一大笔债务，但是创业本来就是风险和机遇并存的，如果你有足够的胆识，那么这种融资的办法将能帮助你在更短的时间里更快地走向成功。

（三）案例三：银行提供的免担保创业信贷①

周光超大学毕业后回到老家上海后，一直没找到称心的工作，看到自己居住的小区内有一家小型超市生意非常红火，周光超心想不如开个超市自己给自己打工，但是一打听，办个小超市投资起码要六七万元，只好作罢。上海浦东发展银行与联华便利签约，推出了面向创业者的"投资7万元，做个小老板"的特许免担保贷款业务，由于联华便利为合作方为创业者提供了集体担保，创业者自己不必再提供担保，浦发银行可向每位通过资格审查的申请者提供7万元的创业贷款。周光超获悉后立即递交了申请，两个月后，他顺利地从浦发银行领到了贷款，在控江路上如愿开起了自己的小超市。

通常人们总认为，要向银行贷款必须自己提供担保或者抵押，其实情况并非都是如此，现在银行为了拓展信贷业务，充分考虑了创业者寻找担保的实际困难，纷纷主动寻找担保方，为有意创业的人提供免担保贷款。例如，除了上面提到的浦发银行的创业特许贷款外，工商银行上海分行也曾推出过个人助业贷款，力邀柯达公司作为担保方，为申请开办柯达快速彩扩店的业主提供信贷资金。这种信贷业务种类繁多、手续简便，但是一般都有较强的时效性，而且不同的银行可提供的贷款额度也不尽相同，创业者可到各大银行进行咨询。

【创业融资宝典】

潘石屹经典语录

一个公司的发展，一定要量力而行，要基于市场的发展和自身的实力，而不要基于银行的贷款或个人的喜好。

---

① 资料来源：创业资金与利润计划. http://www.docin.com/p-568909606.html.

三、创业融资实训

（一）实训目标

体会团队合作价值，训练团队合作精神，掌握团队合作基本技巧。

理解商业银行贷款的不同形式，掌握不同贷款形式的要求、申请流程。

（二）实训背景资料

王某是德州学院经济管理学院 2009 级创业实验班学生，在校期间曾多次参加创业实践活动，在老师的指导下，全程参与了学院的创业培育企业——经管学院花生油加工厂的创办、生产、销售等一系列活动，积累了丰富的创业经验。大学毕业后，王某在家人的资助下，打算创办一家花生油加工厂，通过初步估算，需要创业资金 30 万元，其中家人资助 10 万元，还有 20 万元的资金缺口，王某希望能通过银行贷款解决。通过收集各个银行关于创业贷款的资料，王某筛选了以下几种银行贷款产品：

1. 产品一：中国银行个人投资经营贷款

☆产品说明

个人投资经营贷款是指中国银行发放的用于解决借款客户投资经营过程中所需资金周转的贷款。

（1）贷款限额。个人投资经营贷款的金额起点为 3 万元人民币，最高金额一般不超过 300 万元人民币。

（2）贷款期限。个人投资经营贷款的期限最长不超过 5 年（含 5 年）。

（3）应提供以下资料：

①资格证明文件，如身份证、户口簿或其他有效居留证件、营业执照等；

②贷款用途证明文件，如购销合同等；

③经营企业的财务报表（或经营收入证明）、税单及其他还款能力证明等；

④担保所需的证明文件，如抵（质）押担保须提供抵（质）押物清单、权属证明、价值证明，以及有处分权人同意抵（质）押证明，信用担保须提供保证人同意履行连带责任保证的文件及有关资信证明材料；

⑤具有固定职业和稳定的经济收入证明；

⑥借款申请书（内容应包括借款人简历、工作业绩、投资项目可行性研究报告、还款来源、担保情况、申请借款的金额和期限）；

⑦不低于投资项目总投资额的 30% 的自有资金或付款证明；

⑧中国银行要求提供的其他文件资料。

注意：借款客户所提供文件资料应真实、合法。

（4）贷款的担保。应在签订借款合同之前提供中国银行认可的财产抵押、质押或第三方不可撤销的连带责任保证，担保人必须签订书面担保合同。

①以抵押方式申请贷款的，抵押物必须符合《中华人民共和国担保法》的有关规

定，以房地产进行抵押的应符合中华人民共和国住房和城乡建设部《城市房地产抵押管理办法》的规定，借款人必须将房产价值全额用于贷款抵押，其抵押率一般不得超过50%，同时，借款人在获得贷款前必须按照《中华人民共和国担保法》的有关规定办理抵押物登记。

②以质押方式申请贷款的，质物仅限于商业银行开立的储蓄存单、国债等价值稳定、且易于变现的有价证券。银行存单和国债质押率不超过90%，其他有价证券质押率须视其价值分别确定。借款客户借款人提供的质物必须符合《中华人民共和国担保法》的规定，并按有关规定办理有关登记手续。需要公证的，借款客户（或质押人）应当办理公证手续。

③以第三方保证方式申请贷款的，应提供中国银行可接受的第三方保证。第三方提供的保证为不可撤销的连带责任全额有效担保。

☆适用对象

借款客户是指中国境内具有完全民事行为能力的自然人，包括个人独资企业，即依法在中国境内设立，由一个自然人投资，财产为投资人个人所有，投资人以其个人财产对企业债务承担无限责任的经营实体。

2. 产品二：中国工商银行个人助业贷款

☆业务简述

个人助业贷款是指中国工商银行向客户发放的用于客户或其经营实体合法经营活动所需资金周转的保证担保或信用方式的人民币小额贷款。

☆产品特色

（1）担保方式灵活：以信用或保证担保方式发放，无需抵质押，灵活方便。担保方式可采用自然人担保、经营商户联保、商友俱乐部成员联保或一般法人担保等形式。

（2）贷款金额：单户贷款金额最高为50万元。

（3）短期资金周转：贷款期限一般为6个月以内，最长不超过1年。

☆申请条件

（1）具有完全民事行为能力的自然人，年龄在18周岁（含）~65周岁（含）；

（2）具有合法有效的身份证明及婚姻状况证明；

（3）在工商银行获得D级（含）以上信用评价等级；

（4）具有合法的经营资格和固定的经营场所，能提供个体工商户营业执照、合伙企业营业执照、个人独资企业营业执照，或持有营运证、商户经营证、摊位证等经营证照或其他合法、有效经营资质证明，及经营场所的产权证明或承包、租赁证明资料；

（5）具有按时足额偿还贷款本息的能力；

（6）具有良好的信用记录和还款意愿，借款人在工商银行及其他已查知的金融机构无不良信用记录；

（7）采用保证担保的，能提供工商银行认可的合法、有效、可靠的贷款担保；

（8）借款人在工商银行开立个人结算账户；

（9）工商银行规定的其他条件。

☆申请资料

（1）借款人及其配偶有效身份证件、婚姻状况证明原件及复印件；

（2）经年检的营业执照（或有效营运证、商户经营证、摊位证等）及经营场所产权证明或承包、租赁证明资料；

（3）反映借款人或其经营实体经营状况及还款能力的证明资料；

（4）贷款采用保证方式的，须按照工商银行相关规定提供资料；

（5）工商银行要求提供的其他文件或资料。

3. 产品三：中国建设银行个人助业贷款

☆产品简介

个人助业贷款是指建设银行向个人发放的用于满足其生产经营资金需求的人民币贷款。

☆基本规定

（1）贷款对象：年满 18 周岁，不超过 60 周岁的具有完全民事行为能力的中华人民共和国公民，且属于从事合法生产经营的个人独资企业出资人、个人合伙企业合伙人和个体工商户；或依据《中华人民共和国公司法》规定设立的有限责任公司、股份有限公司的控股股东或实际控制人。

（2）贷款用途：用于满足借款人及其所经营实体的日常生产经营资金周转，包括备品备料、进货采购、支付水电气暖费用以及其他合理需求等。

（3）担保方式：采取抵押、质押、保证、信用方式。

（4）贷款金额：单户贷款额度不超过 1000 万元。

（5）贷款期限：非循环类最长不超过 3 年；循环类额度期限最高 10 年，单笔期限不超过 1 年。

（6）贷款利率：按照建设银行的贷款利率规定执行。

（7）还款方式：等额本息法、等额本金法、到期一次还本付息法、按期付息任意还本法等。

☆办理流程

（1）客户申请。客户向银行提出申请，书面填写申请表，同时提交相关资料。

（2）签订合同。银行对借款人提交的申请资料调查、审批通过后，双方签订借款合同、担保合同，视情况办理相关公证、抵押登记手续等。

（3）发放贷款。经银行审批同意并办妥所有手续后，银行按合同约定发放贷款。

（4）按期还款。借款人按借款合同约定的还款计划、还款方式偿还贷款本息。

（5）贷款结清。贷款结清包括正常结清和提前结清两种。

①正常结清：在贷款到期日（一次性还本付息类）或贷款最后一期（分期偿还类）结清贷款；

②提前结清：在贷款到期日前，借款人如提前部分或全部结清贷款，须按借款合同约定，提前向银行提出申请，经银行审批后到指定会计柜台进行还款。

贷款结清后，借款人应持本人有效身份证件和银行出具的贷款结清凭证领回由银行收押的法律凭证和有关证明文件，并持贷款结清凭证到原抵押登记部门办理抵押登记注销手续。

4. 产品四：中国农业银行个人助业贷款

☆产品简介

个人助业贷款是指农业银行向自然人发放的，用于合法生产经营的人民币贷款。

☆适用对象

具有中华人民共和国国籍，从事合法生产经营活动的自然人，包括个体工商户经营者、个人独资企业投资人、合伙企业合伙人、小企业主等。

☆产品优势

（1）贷款额度高，单户最高可获得 1000 万元贷款额度。

（2）方式灵活，多种选择，信用贷款额度+保证贷款额度+抵押贷款额度+质押贷款额度。

（3）可一次核定抵押额度，多次循环使用。

（4）可采用自助方式，自己放款、还款，轻松自主。

☆申请条件

（1）18~65 周岁，具有完全民事行为能力，在当地有固定住所，持有合法有效身份证件；

（2）具有合法有效的生产经营证明，从事特种行业的应持有有权批准部门颁发的特种行业经营许可证；

（3）具有本行业经营管理经验并从事本行业经营 2 年以上，具备一定的经营管理能力；

（4）具有稳定的经营收入和按期偿还贷款本息的能力；

（5）担保贷款须提供合法、有效、足值的担保；

（6）信用记录良好；

（7）符合农业银行的其他条件。

☆贷款期限和利率

贷款期限最长不超过 5 年，贷款利率在人民银行期限利率基础上根据客户资信状况和农业银行相关规定执行。

☆办理流程

（1）客户提出贷款申请并提交相关资料；

（2）银行进行调查、审查和审批；

（3）签订借款合同；

（4）办理抵押、质押登记等相关手续；

（5）发放贷款。

（三）实训活动

1. 活动内容

分组讨论王某应选择哪个银行的贷款产品。

2. 活动形式

5~6 人一组为最佳。

3. 活动时间

30 分钟。

4. 活动地点

教室。

5. 适用对象

全体学生。

6. 活动目标

了解小额担保贷款的基本要求，掌握申请小额担保贷款的流程及所需材料。

7. 活动程序

（1）每个小组 2 分钟竞聘确定总经理，总经理分配成员角色。

（2）总经理带领团队介绍不同银行各种贷款产品。

（3）各小组成员充分讨论每一款贷款产品要求、流程等内容，比较其优缺点。

（4）总经理汇总小组成员意见，推荐适合的贷款产品

（四）实训要求

各组总经理负责本组活动的组织和管理，要求每位成员必须分担不同的角色和职责。

各组必须在规定时间内提交讨论结果，逾时不予考评。

四、创业融资深度思考——推荐阅读

之一：农村创业贷款实务①

一、贷款的基础知识

贷款是贷款人将资金贷放给债务人（资金需要者），债务人按期偿还并支付一定利息的一种经济行为。信贷资金的特征是偿还性、增值性。

（一）贷款的要素和基本程序

1. 贷款的六大要素

（1）贷款对象。申请信贷业务的客户应当是经工商行政管理机关（或主管机关）核准登记的企业（事业）法人、其他经济组织、个体工商户或具有中华人民共和国国籍的具有完全民事行为能力的自然人。客户归纳为两类，一类是公司类客户，包括企事业法人、其他经济组织等；另一类是个人类客户，包括个体工商户、自然人等。

（2）金额。客户申请且经贷款人同意向客户提供的具体数额。

（3）期限。贷款的期限可以分为短期、中期和长期。短期期限在 1 年以内（含 1

---

① 资料来源：梁海. 农村创业贷款实务［J］. 致富天地，2010（6）~2010（10）.

年）；中期期限在 1 年到 5 年之间（含 5 年）；长期期限在 5 年以上。

（4）利率。利率是一定期限内利息与本金的比率。利息＝贷款金额×资金使用期限×利率。贷款利率的高低要受到多种因素的影响，通常为资金成本、经营管理成本（税收因素）、期限、贷款风险度、经营目标等因素。具体单笔贷款利率的高低，主要受贷款方式、期限、用途、当地的利率水平等因素影响。

（5）用途。用途是指客户申请贷款的具体使用意向，在申请信贷业务时必须明确真实用途，资金使用的真实性和合法性是金融机构贷款前调查和贷款后检查的重点。不同的贷款业务有不同的用途。比如项目贷款是用于企业的项目建设的。

（6）贷款方式。信用贷款，即无需担保，基于借款人的信誉状况而发放的贷款，这种贷款完全建立在贷款人对借款人到期履约表示信任的基础上，要求借款人不仅应该具备按期履约的能力，而且还具备积极的还款意愿；担保贷款包括保证贷款、抵押贷款和质押贷款三种。

2. 贷款办理的基本程序

以向农村信用社申请为例，客户向当地农村信用社申请，农村信用社贷款调查、审批，双方签订合同、办理相关手续，贷款发放后用于经营、生产、消费，贷后管理，收回贷款本、息。

（二）个人征信、企业征信系统的重要性

1. 个人征信系统

个人征信系统，即消费者信用信息系统，主要是通过建立个人信用信息记录数据库，为信贷机构提供个人信用信息数据服务，解决信息不对称的问题，个人的信用记录已成为金融机构信贷决策的参考依据。对于信用良好的个人，将会得到方便、优惠的金融服务；对于有不良记录的个人，在很长时间内将会影响再次获得银行贷款、办理信用卡或授信业务的难度，建议要重视个人信用行为，以免给个人带来不利的影响。

2. 企业征信系统

企业征信系统是针对企业、事业法人以及其他经济组织建立的一个信用信息系统，提供与个人征信系统同样的数据服务。

个人、企业征信系统的使用将逐步提高审贷效率，方便客户借贷，规范借款人行为，防止不良贷款的产生，为建立诚信社会发挥积极作用。

（三）对客户的基本要求和所需提供的资料

1. 公司类客户

（1）基本要求。有按期还本付息能力，原应付贷款利息和到期贷款已清偿；营业执照经过工商管理行政部门办理年检手续；持有中国人民银行颁发的贷款卡，且在有效期内；已开立基本账户或一般存款账户；申请中期、长期贷款的，新建项目的企业法定代表人所有者权益与项目所需总投资的比率不低于国家规定的投资项目的资本金比例。

（2）所需提供资料。已年检的营业执照（副本及复印件）；已年检的组织代码证书（原件及复印件）；法定代表人身份证明（原件及复印件）；贷款证（卡）（原件及复印件）；最近一期财务报表及财政部门或会计（审计）师事务所审计的前 3 个年度财务报表和审计报告，成立不足 3 年的企业，提交自成立以来的年度和近期报表；税务部门年检合格的国、地税务登记证明（原件及复印件）；经工商行政管理部门备案登记的基本信息表及公司章程（原件及复印件）；企业董事会（股东会）成员和主要负责人、财务负责人名单和签字样本等；若客户为有限责任公司、股份有限公司、合资合作企业或承包经营企业，要求提供公司权力机构同意申请信贷业务的决议、文件或具有同等法律效力的文件或证明。金融机构要求提供的其他材料。

2. 个人类客户

（1）基本要求。有合法的身份；有稳定的经济收入，信用良好，有偿还贷款本息的能力。

（2）所需提供资料。身份材料、申请人偿还能力的证明材料或收入说明、农村信用社要求提供的其他材料；信贷业务资料，即根据各信贷业务品种的操作规定，要求客户提供有关资料；担保资料，即按照不同的担保方式提供相关资料。

二、农村信用社的农村创业贷款业务

（一）有财政贴息政策扶持的贷款品种

1. 小额扶贫贴息贷款（个人、企业）

（1）申请条件。必须通过当地政府扶贫机构审核认定，贷款必须用于政府主导扶持项目的经营活动；18~55 周岁以内具有完全民事行为能力的自然人；在工商行政管理部门登记注册的法人企业；在信用社开立基本账户或个人结算账户；必须是发展当地特色产业、支柱产业，以种植业、养殖业、加工业等为主的经营活动；必须是由当地政府扶贫机构审核认定后登记造册提交当地农村信用社的在册农户和农业企业；有相应经营管理能力、勤劳守信的贫困农户；当前在农村信用社无欠款；信用社规定的其他条件。

（2）贷款用途。主要用于政府主导扶持的种植业和养殖业等方面的生产费用；用于政府主导发展的特色产业和支柱产业以及扶持龙头企业的生产费用。

（3）贷款方式。小额扶贫贴息贷款可采用信用、联保和第三方担保的贷款方式。凡是发展当地政府选择扶持项目的贫困农户或农业企业，都可申请小额扶贫贴息贷款。

（4）贷款金额、期限、利率及结息。对农户发放的，最高额度一般不超过 1 万元（如项目辐射和带动作用好、效益明显、贷款诚信度较好的农户，经县扶贫办、财政局和当地农村信用社三方审定后可适当放宽贷款额度，每户最高不得超过 5 万元）；对农业企业发放的，贷款额度按借款人向扶贫部门申报并核定的项目贴息额度，由信用社按农业企业的经营状况和还款能力测算后自主确定额度；贷款期限原则上为 1 年，最长不得超过 3 年；小额扶贫贴息贷款利率按人民银行规定的利率区间确定，贴息标准按政府扶贫机构确定的标准执行，差额利息由借款人承担，对逾期贷款执行逾期贷款利率。

财政部门对小额扶贫贴息贷款的贴息年限一般为 1 年。小额扶贫贴息贷款可实行按季付息或到期一次性还本付息，具体结息方式由农村信用社与债务人协商确定。

2. 鼓励创业"贷免扶补"创业小额贷款

该模式的创业小额贷款是农村信用社基于创业人员的申请和承办单位（就业经办

机构、工会、共青团、妇联、工商联、个私协会）的推荐意见，经当地社保、财政部门确认后自主审批，向创业人员发放用于开展创业的贷款。

（1）对象。有能力的大学毕业生、农民工、复员转业军人、留学回国人员等自主创业人员。

（2）特点。组织推荐、统一担保、农信审批、财政贴息、多方共管。对借款人实行免担保、免利息。

（3）条件。户口或创业地在贷款人所在地的营业区域内；18 周岁以上具有完全民事行为能力的自然人；信用观念较强，信用履约记录及履约意愿良好；从事合法经营活动，具有一定生产、经营能力，产品有市场，收入来源合法可靠，具备清偿贷款本息的能力；有工商部门核准并通过年检的营业执照和税务登记证；承办单位认定推荐且符合财政贴息条件，经农村信用社认可。

（4）贷款额度、用途、期限、还款方式的规定。创业小额贷款的金额，对符合贷款条件的每一名创业者提供不超过 5 万元的贷款；创业小额贷款的用途为从事除国家禁止及限制行业（指建筑业、娱乐业、销售不动产、转让土地使用权、广告业、房屋中介、桑拿、按摩、网吧、氧吧等）以外的所有项目；贷款期限最长为 2 年，可展期 1 次，展期期限不超过 1 年；正常期限内的贷款利息由中央财政全额贴息，对创业人员免除担保、免付利息（展期和贷款逾期的由创业人员自行承担）；从贷款后第 4 个月开始，每月等额本金还款。

3. 小额担保贷款

（1）对象。登记失业人员、军队退役人员和返乡创业的农村人员，从事个体经营、合伙创办企业自筹资金不足的，以及吸纳失业人员达一定比例的劳动密集型小企业。

（2）特点。必须由社区（或者相关部门）推荐、就业部门审查、贷款担保机构担保，国家给予政策性贴息，可根据不同的创业阶段给予不同额度的贷款支持。

（3）条件。凡年龄在 18~60 岁以内，自谋职业、自主创业或合伙经营与组织起来就业的人员。

（4）用途。（同鼓励创业"贷免扶补"创业小额贷款用途。）

（5）贷款额度、期限与利率。根据申请人情况的不同，有 5 万元以下、30 万元以下和 200 万元以下三种形式：从事个体经营或合伙经营的创业人员，可按每人不超过 5 万元申请；创业成功后招用失业人员就业，可按招用人数每人 5 万元以内，申请总额不超过 30 万元；劳动密集型小企业吸纳失业人员符合有关规定条件的，申请总额最高不超过 200 万元。贷款期限最长为 2 年，可展期 1 次，展期期限不超过 1 年。小额担保贷款由相关的贷款担保机构担保，有条件也可采用其他保证、抵押等方式办理。小额担保贷款展期和贷款逾期的利息由债务人承担。

（二）无贴息政策扶持的贷款品种

1. 农户小额信用贷款

（1）对象。具有农业户口的社区居民及农户，主要从事农村土地耕作，或与农村经济发展有关的生产经营活动的农民、个体经营户等。

（2）特点。一次核定、随用随贷、余额控制、周转使用。

（3）条件。户口在农村信用社所在地的营业区域内；具有完全民事行为能力，具备清偿贷款本息的能力，资信良好；从事土地耕作或者其他符合国家产业政策的生产经营活动，并有合法可靠的经济来源；农村信用社规定的其他条件。

（4）用途。种植业、养殖业等方面的农业生产费用贷款；加工、手工、运输、经商等个体经营贷款；围绕农业生产和流通贷款；农户建房、治病、助学等消费性贷款；农村信用社同意的其他合法用途贷款。

（5）贷款额度、期限与利率。最高贷款额度为 10 万元；贷款期限原则上为 1 年，最长不得超过 3 年；利率优惠，优惠幅度由当地信用社确定。

2. 农户联保贷款

农户联保贷款，即乡镇社区居民组成联保小组，信用社对联保小组成员发放的、并由联保小组成员相互承担连带保证责任的贷款。

（1）对象。具有农业户口的社区居民，主要从事农村土地耕作，或与农村经济发展有关的生产经营活动的农民、个体经营户等。

（2）特点。个人申请、多户联保、周转使用、责任连带、分期还款。

（3）条件。单独立户，经济独立，在贷款人服务区域内有固定住所；具有完全民事行为能力；从事土地耕作或者其他符合国家产业政策的生产经营活动，并有合法、稳定的经济收入；在贷款人处开立存款账户，无不良信用记录；联保小组由居住在贷款人服务区域内的借款人组成，一般不少于 3 户；农村信用社规定的其他条件。

（4）用途。种植业、养殖业等方面的农业生产费用贷款；加工、手工、运输、经商等个体经营贷款；围绕农业生产和流通贷款；农户建房、治病、助学等消费性贷款；农村信用社同意的其他合法用途贷款。

（5）额度、期限与利率。最高贷款额度为 20 万元，贷款期限一般为 1 年，利率优惠幅度由当地信用社确定。

3. 农村党员创业贷款

农村党员创业贷款，即农村信用社基于县、乡、村党组织所认定并推荐的信誉良好的农村党员致富能手，在核定额度和期限内发放的信用或联保贷款。

（1）特点。由党组织推荐；一次核定，随用随贷、余额控制、循环使用；带动周边农民共同致富。

（2）贷款对象和条件。18~55 周岁以内具有完全民事行为能力的农村党员；经县、乡、村党组织所认定和推荐，并持有农村党员创业贷款字样的信用贷证；信用观念较强，无不良贷款记录；从事合法经营活动，生产经营状况好、产品有市场，具有还款能力。

（3）贷款用途。种植业、养殖业等方面的农村致富项目；购买农业生产所需基本设备的投资费用；其他生产经营项目。

（4）贷款额度、期限以及利率。最高贷款额度为信用贷款 10 万元、联保贷款 20 万元；单笔贷款最长期限为 3 年；贷款利率按当地信用社执行利率给予适度的优惠。

4. 巾帼科技示范户贷款

（1）特点。妇联推荐，自愿申请，资信评定，自主使用，按期结息，到期还本；

一次核定，随用随贷，余额控制，周转使用。

（2）贷款对象和条件。户口在农村信用社所在地的营业区域内；18~45周岁以内具有完全民事行为能力的农村妇女；经县（市、区）妇联认定推荐，持有加盖"巾帼科技示范户信用贷款"字样的信用贷款证；信用观念较强，在农村信用社无不良贷款记录；从事合法经营活动，生产经营状况好、产品有市场，具有较强生产、经营能力；从事种养业或者其他符合国家产业政策的生产经营活动，并有合法可靠的经济来源；具备清偿贷款本息的能力，资信良好。

（3）贷款用途。种植业、养殖业等方面的农业生产费用；购买农业生产所需基本设备的投资费用；用于加工、手工、运输、经商等个体经营；用于农业生产整个过程的生产和流通；农村信用社同意的其他合法用途。

（4）贷款额度、期限以及利率。最高不超过10万元，贷款期限一般为1年，在当地同类贷款执行利率基础上优惠10%~20%。

5. 农民工创业贷款

（1）申请条件。具有完全民事行为能力，年龄在18~55周岁的自然人；现有生产经营已不能满足其基本生活所需；贷款投入须符合国家法律法规的相关规定；贷款使用能产生经济效益，提高其生活质量，具备偿还能力。

（2）贷款用途。自办经济实体从事加工、手工、运输、经商等个体经营；租用土地从事种植业、养殖业；构建固定资产用于经营；农村信用社同意的其他合法用途。

（3）贷款金额、期限及利率。贷款最高额为10万元，最长期限为5年，利率按当地信用社执行利率适度优惠。

6. 农户林权抵押小额贷款

农户林权抵押小额贷款，即农村信用社向农户发放的用其本人或第三人依法有权处分的森林、林木、林地的所有权或者使用权及与森林资源相关的其他资产作抵押物的贷款。

（1）申请条件。户口在农村信用社营业地的区域内；具有完全民事行为能力，年龄在18~60周岁的自然人；从事土地耕作或者其他符合国家产业政策的生产经营活动，有合法可靠的经济来源，具备清偿贷款本息的能力；遵纪守法，资信良好，无不良信用记录；县级以上人民政府林业主管部门确认的、农村信用社认可的本人或第三人的森林资源资产作为抵押物，并持有国家相关部门颁发的《林权证》；农村信用社规定的其他条件。

（2）贷款用途。农户林业产业种植、林产品生产、加工、销售等生产流通费用；农户传统农业种植、养殖业等方面的农业生产费用；农户农产品加工、运输、经商等生产流通费用；农户建房、治病、助学等综合消费性支出；农村信用社同意的其他合法用途。

（3）贷款金额、期限及利率。农户林权抵押小额贷款额度一般在30万元（含）以内；贷款最长期限为5年；贷款利率按当地信用社执行利率给予适度优惠。

7. 法人客户林权抵押贷款

（1）对象。从事林业生产经营活动，或从事与林业经济发展相关的生产经营活动，或从事其他生产经营活动的企（事）业法人、农民林业专业合作社和其他经济组织。

（2）条件。经国家工商行政管理机关或主管机关核准登记的企（事）业法人、农民林业专业合作社和其他经济组织，且年检合格；持有中国人民银行颁发的贷款卡，且在有效期内；在贷款人下辖的营业网点开立基本存款账户或一般存款账户；无不良信用记录，信用等级在 A 级以上；投资与林业相关的项目，应具有一定的自有资金，原则上自有资金比例不低于 30%，投资其他项目的自有资金比例应符合相关规定的要求；生产经营正常，财务状况良好，有合法稳定的收入来源，偿债能力强，管理制度完善，对外权益性投资比例符合国家有关规定；有县级（含）以上人民政府林业主管部门确认的、农村信用社认可的本人或第三人的森林资源资产作为抵押物。

（3）用途。直接从事林业生产、造林、育林、中低产林改造等生产资金；从事与林业发展相关的生产、经营，林产品开发、生产、加工，林产品经营、流通等生产、经营资金；从事其他合法生产、经营活动所需的资金需求；农村信用社同意的其他合法用途。

（4）期限。根据借款人借款用途、信用状况、生产经营资金周转实际需求、林地类型、林权经营性质、林权证规定的林地使用期限等实际情况合理确定贷款期限，但最长不得超过 10 年；若林地使用权系抵押人租用的，贷款期限不得超过抵押人已缴纳林地使用权租金的年限。

8. 特色农业贷款

特色农业贷款，即信用社向从事特色农产品种植、加工及销售的企业提供生产经营所需资金的贷款。

（1）贷款对象和条件。在工商行政管理部门登记注册的法人企业；在信用社开立基本账户；所从事种植、加工及销售等经营活动必须符合国家相关法律、法规的规定；种植、加工及销售等经营活动正常，具有还款能力；提供信用社认可的担保，若信用评级达到信用贷款条件的，可以发放信用贷款；信用社规定的其他条件。

（2）用途、贷款期限及利率。从事生产、经营活动所需的流动资金或固定资产投资等用途。根据所经营的产品的生产经营周期合理确定贷款期限，单笔流动资金贷款最长期限为 3 年，固定资金贷款最长期限为 5 年；贷款利率按当地信用社执行利率给予适当的优惠。

9. 流动资金贷款

流动资金贷款的贷款对象为法人企业、其他经济组织。

（1）申请条件。除符合《中国人民银行贷款通则》等相关法律法规的规定及信用社的信贷管理制度外，申请企业流动资金贷款的借款人应同时符合以下条件：生产经营活动符合国家产业政策、外汇管理政策和信用社贷款规定；借款申请人应符合信用社贷款管理对客户的有关要求；生产经营正常、财务制度健全、资金使用合理；拥有法定的资本金，有合理的自有运营资金；能提供信用社认可的担保。

（2）提供资料。书面贷款申请书、营业执照、公司章程、基本账户开户许可证、组织机构代码证、税务登记证、验资报告、贷款卡、股东会同意借款决议书、法定代表人证明文件等，最近 3 年的会计报表及当期的会计报表，与借款相关的经济合约，保证人及抵(质)押物的相关资料，以及信用社要求的其他材料。

(3)贷款用途、期限及利率。用于生产、经营、储备或周转等环节，解决正常生产经营及贸易的资金需求；期限为1~3年；利率执行人民银行核准给信用社的同期贷款利率。

10.固定资产贷款

固定资产贷款指信用社发放的用于借款人新建、扩建、改造、开发、购置等固定资产投资项目的贷款，贷款对象为法人企业、其他经济组织。

(1)支持范围。符合国家宏观经济调控及信用社信贷投向的基础设施、基础产业、支柱产业中的大中型项目；能带动行业技术进步的科技项目；对全国经济发展或区域经济发展有重大影响的农业产业龙头项目；符合信用社贷款投向的其他项目。

(2)申请条件。在信用社开立基本存款账户；项目符合国家产业政策、信息政策和信用社的贷款投向；项目具有国家规定比例的自有资本金；项目须持有国家有关部门核准的审批文件；借款人信用状况好，偿债能力强，具有健全的管理制度及财务制度，对外权益性投资比例符合国家的相关规定；提供信用社认可的担保。

(3)提供资料。书面贷款申请书、营业执照、组织机构代码证、税务登记证、基本账户开户许可证、公司章程、验资报告、贷款卡、股东会同意借款决议书、法定代表人证明文件等，最近3年的会计报表及当期的会计报表，国家有关部门核准签发的相关审批文件及项目可行性研究报告，涉及项目建设的所有相关资料，保证人及抵(质)押物的相关资料，以及信用社要求的其他资料。

11.小企业联保贷款

小企业联保贷款指小企业组成联保小组，信用社对联保小组成员发放贷款，同时由联保小组成员联合为其提供担保并承担连带责任的一种贷款方式。

(1)贷款对象。经工商行政管理机关核准登记，单户授信总额在500万元(含)以下和资产总额在1000万元(含)以下，或授信总额500万元(含)以下和年销售额3000万元(含)以下的企业，各类从事经营活动的法人组织和个体工商户。

(2)种类。一般联保贷款指在联保协议范围内，借款人不能按时还款时，联保小组成员以企业资产为其承担连带责任的贷款。特殊联保贷款指由联保小组成员出资设立风险基金，建立风险基金补偿长效机制，借款人不能按时还款时，首先由风险基金补偿，再由借款人、担保人各自资产清偿的贷款。

(3)优点。贷款手续简便、快捷，减少贷款费用、降低融资成本，贷款安全系数高，使有限的信贷资源得到了合理配置和充分利用。

(4)申请条件。依法成立并进行注册登记、持合法有效的贷款卡，并经年度检审合格的各类中小型企业；产权关系明确，正常经营一年以上，基本账户开设在信用社；企业有比较健全的财务制度和管理制度，资产负债结构合理，财务状况良好，借款人和联保小组各成员的资产负债率在整个还款期内均应持续低于60%；企业、主要股东、关键管理人员无不良信用记录；所有联保小组成员都应符合或超过信用社设定的能够申请联保贷款的最低信用等级标准；联保小组成员不是关联方或信用社的关系人；信用社规定的其他条件。

（5）贷款期限、利率、额度及用途。最长期限不超过 3 年；按人民银行同期贷款利率执行，对信用状况良好的小企业，可适当优惠；按地区确定最高单户额度，最高不超过 300 万元；从事生产、经营活动所需的流动资金用途。

之二：目标与激励：下岗失业人员小额担保贷款个案研究[①]

摘要： 本文以我国老工业基地——黑龙江齐齐哈尔的下岗职工小额担保贷款作个案研究。下岗失业人员小额担保贷款是一项主要以社会稳定为主要目标的信贷业务，在操作上面临着三重激励问题：一是由于商业银行的盈利性目标与社会目标的不完全相容，导致对开办该项业务的金融机构存在正向激励不足的问题；二是由于经过一段时间的劳动力市场优胜劣汰，当前很大部分下岗失业人员在很大程度上不具备真正的信贷偿还能力，因而出现了无力偿还贷款等无效激励问题；三是由于中央银行和商业性金融机构的介入，地方政府具有把当地社会稳定责任转嫁金融机构的负向激励问题。面对三重激励问题，本文认为明确责任，分担风险，建立面向各方当事人的激励机制是做好小额担保贷款的基本制度保证。

关键词： 下岗职工；小额担保贷款；社会稳定；金融职能

一、引言：小额担保贷款的社会公平目标

近几年，党中央、国务院十分重视下岗再就业工作，先后下发了一系列政策意见，要求各级政府和有关部门采取多种渠道、多种方式加大支持再就业工作的力度。特别是为解决再就业资金制约"瓶颈"问题，人民银行、财政部、国家经贸委、劳动和社会保障部相继下发了《下岗失业人员小额担保贷款管理办法》等文件，为推动再就业工程向纵深发展起到了积极作用。

从下岗职工小额担保贷款的操作目标可以看出，其根本出发点是实现社会公平。

其一，就业是民生之本，因而就业也是维护社会稳定和长治久安的根本所在，且两者具有高度正相关关系。国家一贯强调正确处理改革、发展、稳定的关系，发展是硬道理，改革是必由之路，稳定压倒一切，足见其重要性。

其二，解决再就业是全面建设小康社会的基本内涵。建设全面、深度的小康社会，必须消除贫富差距、地区差异，在全面解决温饱问题的基础上实现共同富裕。而做好就业和再就业工作，则是实现这一目标的重要方面。

其三，解决再就业是老工业基地振兴的现实需要。老工业基地振兴的关键是机制和体制的转化，重点放在消化国有企业包袱、优化国有和非国有经济的比例与结构上，其难点和症结集中体现为职工安置和再就业。齐齐哈尔市国有企业下岗失业人员比例高，就业、再就业形势较为严峻，迫切性需要资金支持下岗职工就业分流。

其四，解决再就业是落实科学发展观的客观要求。中央提出的"五个统筹"，实质

[①] 资料来源：陶正方，陈晓飞，黄可权. 目标与激励：下岗失业人员小额担保贷款个案研究［J］. 金融研究，2005（6）.

上在数量基础上的结构型发展观。而再就业是经济社会发展中结构优化的现实基础，对强调以人为本的社会单元结构优化的积极意义是不言而喻的。

其五，解决再就业是完善社会主义市场经济体系的重要组成部分。再就业是劳动力资源优化的重要渠道，通过对存量劳动力资源进行整合和充分利用，既是实现宏观经济调控目标的有效途径，也是优化市场经济资源配置、完善社会主义市场经济体系的基础环节。

问题在于，下岗职工小额担保贷款的操作载体是商业性金融机构，其盈利性目标与本应该由政府承担的社会公平目标之间存在内在冲突，因而必然影响这一信贷业务的中期可持续性。本文通过对齐齐哈尔市下岗再就业贷款的个案分析，研究下岗失业人员小额担保贷款存在制度安排、操作环节上存在缺陷和不足，并提出相应的政策建议。

二、小额担保贷款的基本情况及存在问题

（一）基本情况

1. 创业培训

截至 2004 年年末，齐齐哈尔市共举办培训班 35 期，有 3106 名具有创业意识的下岗失业人员经过筛选后参加了培训，占省下达培训任务计划 3000 人的 104%，经过考核后有 2901 人顺利结业，培训合格率达到了 93%。培训结业后有 1560 人成功创办了小企业和小作坊，其中 799 人实现了自谋职业，341 人实现了雇佣就业，创业培训成功率达到了 81%，通过创业培训实现新增就业岗位 2700 人。

2. 小额担保贷款发放

截至 2004 年年末，齐齐哈尔市财政担保基金 1750 万元，累计发放下岗失业人员小额担保贷款 2876 笔，总金额 5284.7 万元，直接扶持 2854 名失业人员自谋职业，自主创业，并使近 9000 多人受益，覆盖面为市内七区九县（市），较好地解决了齐齐哈尔市下岗职工再就业问题。

3. 培训后下岗职工获得信贷支持情况

3106 名下岗职工在培训后，有 2854 名得到了小额担保贷款的支持（详见表 1）。

表 1   齐齐哈尔市下岗职工小额担保贷款基本情况

参加创业培育人数（人）	通过培训获得小额担保贷款的人数（人）	通过培训获得小额担保贷款的金额（万元）	2004 年年末逾期小额担保贷款余额（万元）	2004 年年末逾期小额担保贷款余额占小额担保贷款余额比例（%）
3106	2854	5284.7	5173	66

（二）存在问题

1. 在创业培训工作中的问题

再就业培训工作存在时间短、范围窄，培训人员居住分散，后期辅导工作难的客观问题。

2. 财政担保基金问题

根据《齐齐哈尔市下岗失业人员小额担保贷款管理办法》的规定，财政担保基金与金融机构投放额的比例为 1∶3。目前担保基金在银行的存款余额为 1750 万元，齐齐哈尔市小额担保贷款发放 5284 万元，已略超比例。如不增加财政担保基金，将影响银行进一步发放贷款。

3. 非贴息项目贷款利息回收困难

贷款发放覆盖面广，借款人分散复杂，有的甚至居无定所，无法联系。尤其是到外县现场办公发放的贷款，各方面手续补充不及时，给利息回收带来极大障碍。

4. 贴息项目贷款利息回收时间无法保证

从贷款发放到调查截止日已一年多，按规定，每季度末财政贴息应到位，但一年以来承贷行每季度末都及时向有关部门申报贴息，到年末财政应贴息额 147 万元，实际贴息到户资金仅为 9.7 万元，其余始终没有到户。关于养殖项目贷款市劳动就业局和市财政局虽然同意贴息，但至今省财政不予审批，导致这部分贷款利息没有落实。

5. 贷款本金虽然未到期，但已形成潜在风险

从贷款利息清收状况上看可以预测到贷款本金的回收也存在问题。银行主要是以劳动就业局等有关部门的前期审查资料放款，缺少实地考察的机会，而借款人分散，从事行业复杂，给贷后检查增加了难度，银行对绝大多数借款人的情况无从把握，从利息归还的情况不难看出，贷款本金的回收也是相当困难的。

三、目标冲突与激励不相容：小额担保贷款的制度缺陷

总体上，下岗失业人员小额担保贷款在实践中的连续运作发挥了积极作用，取得了一定成效，比较有力地支持国有企业下岗职工自主创业和就业分流。各方当事人的目标冲突导致小额担保贷款出现了值得关注的问题，而其根源在于目前存在的三重激励扭曲问题。

（一）对商业银行缺乏正向激励

一是下岗失业小额担保贷款相对分散，难成规模，仅执行同期基准利率，相对筹资成本，资金运用的机会成本较高，银行获利空间小而缺乏积极性，除政治内涵外几乎不存在市场性质或商业价值。

二是担保机制失灵。在政策色彩浓厚的特定条件下，小额担保贷款的风险共担机制失灵，担保公司仅为小额担保贷款有限担保，银行承担最终损失的 5%，国有独资商业银行市（地）级分支机构尚难以认可，欲通过省行批准开办此项业务则更难，目前全市仅有城市商业银行 1 家机构办理此项贷款。

三是风险日益暴露。随着第一批小额担保贷款陆续到期，风险日益凸现，收息、收本困难，到 2004 年年末小额担保贷款收息率仅为 8.97%。突出表现为借款人不主动按约定缴存利息，多数下岗职工难以在短期内取得经营利润，个别借款人居住无定所，更无通信联络工具，经办银行与借款人失去联络，清收贷款十分困难。

（二）对下岗职工不具备交易激励

金融交易具有跨时性，而信贷偿还是最基本的交易激励。在实际操作中，个别借款人对下岗失业人员小额贷款认识存在误区，认为下岗失业小额担保贷款是政策性扶贫贷款，甚至认为是政府救济。有些借款人以经营项目名义取得小额贷款，用于生活消费，存在逆向选择和道德危害。经办银行和担保公司共同抽样调查表明，6 户取得下

岗失业人员担保贷款的下岗职工中，只有 2 户有经营场所且经营状况良好，其余 4 户均无经营场所且联络中断。

（三）对地方部门的负面激励

维持地方社会公平和稳定是地方政府的基本职能，但是随着金融机构介入小额担保贷款后，诸多个案显示，地方部门在客观上具有向金融机构转嫁社会成本的负面激励。

一是劳动部门不主动与银行沟通、协商，不在如何完善操作机制、发挥社区作用上下功夫，却一味地指责银行，希望发放更多的小额担保贷款。

二是作为财政出资的信用担保公司，只承担有限担保责任而不承担完全担保责任，这直接制约了公平合理的风险分担机制的确立。

三是财政贴息滞后，政府专门设立的再就业养殖基地，投入高、见效慢、风险大，实际综合收益很低，应被列入贴息范畴而未被列入。

四、政策建议：正确的激励与风险分担

下岗失业人员小额担保贷款事关改革、发展、稳定的大局，银行、劳动、财政等部门必须坚定不移深入开展下去。现行的管理制度尚不完全具备生存基础和条件，应重新调整和定位下岗失业人员小额担保贷款的管理办法和运作机制。究其原因，各方权利义务的不完全明晰、风险分担的不完全合理是下岗职工小额担保贷款的制度隐患。因此，为了实现该项业务的财务可持续性，必须建立正确的激励与风险分担机制。

（一）以更为灵活的利率杠杆赋予下岗失业人员小额担保贷款动力机制，为商业银行提供正向激励

商业行为不排斥政治内涵和政策要求，但其本身也几乎不存在顺应政策要求的自发性动力。2004 年，中国人民银行、财政部、劳动和社会保障部出台的《关于进一步推进下岗失业人员小额担保贷款工作的通知》（银发［2004］51 号文件）中关于下岗失业人员小额担保贷款推广到能够吸纳下岗职工的小企业、小实体的具体规定，统一了各方权利、责任、义务、风险和收益，既兼顾了政策内涵又涵盖了商业价值，在制度安排上较好地体现了动力机制，受到了基层商业银行的普遍接受。为此，面向下岗职工的小额担保贷款也应适当追加必要的动力机制，可考虑允许商业银行对下岗失业人员小额担保贷款利率进行上浮，且上浮空间要高于现行浮动幅度，利息上浮部分由财政贴息，微利项目的财政贴息部分仍继续执行。同时，利率浮动作为商业银行预期收入的同时也起到了覆盖风险的作用，这显然可以激励商业银行参与小额担保贷款的定价和发放。

（二）完善部门间沟通、合作、协调机制，形成对下岗失业人员信贷偿还的正向激励

下岗失业人员小额担保贷款出现较大的风险，在一定程度上也体现在操作层次和具体环节上。在信贷偿还环节，政府、劳动、财政、银行、担保等部门应加强协调沟通，树立目标一致、利益一致的观念，消除博弈行为，重点在完善操作管理办法、发挥社区及劳动和社会保障站的作用、及时审批足额贴息和建立清收考核责任制度上下功夫，尽可能地发挥社区在监控、约束信贷偿还上的作用，以此保证小额担保贷款的

可持续发展。对确实难以符合贷款条件的下岗职工，也不能简单地以贷款政策关怀为借口而混淆政策边界，只能走低保或其他社会保障措施。

（三）引进地方政府的责任共担机制，调整下岗失业人员小额担保贷款的供给主体

按照货币理论，作为两大宏观经济政策之一的货币政策的作用是间接的、有限的，其目标是有主有次的，甚至可能是单一目标。因此，货币政策不可能解决所有经济问题。下岗再就业从大程度上看是财政政策的职能范畴，货币政策在促进充分就业方面只是间接的、从属的。两年来的实践运作，也证明了缺乏商业动力机制的下岗失业人员小额担保贷款较难在商业银行范围内更大程度地开展下去。因此，建议有关部门研究考虑调整下岗失业人员小额担保贷款的供给主体，明确由政策性银行为下岗失业小额担保贷款的主要承办银行，以充分体现下岗失业人员小额担保贷款具有的政策性一面。同时，人民银行加大"窗口指导"力度，积极引导商业银行增加下岗失业人员小额担保贷款数量。对于担保机制失灵问题，应由地方政府出资的信用担保公司全额担保，而非有限风险担保，以促进商业银行更好地运作和发放下岗失业人员小额担保贷款。

第六章　其他信用融资

【学习目标】

通过本章知识点的学习，了解创业企业各种信用融资方式的特点，掌握不同阶段创业企业各种信用融资方式的基本原理和计算方法；通过案例学习，理解创业信用融资的各种方式以及对创业企业融资的重要性；通过实训活动，掌握实际工作中各种信用融资方式的基本操作流程；通过深度思考，正确理解创业企业融资的困境、融资方式的创新、融资策略的制定及实施。

一、创业融资其他信用融资知识

企业发展的动力和源泉是资金，进行创业就一定要有资金，融资的方式和渠道是多元化的，但对处于创业初期阶段的企业来说，资金往往成为了创业企业发展的制约瓶颈。随着我国市场经济改革的不断深入和发展，多种市场化和社会化的融资渠道越来越宽。除了向银行等金融机构借款，以及吸引天使投资等风险投资之外，融资租赁、民间借贷、典当融资、商业信用等信用融资方式越来越成为创业企业重要的创业融资渠道。

对于创业初期的企业来说，融资租赁、民间借贷、典当融资是非常不错的融资形式。商业信用对于身处成长期的企业来说，是一种非常必要的融资形式。

（一）融资租赁

1. 融资租赁的内涵

融资租赁（现代租赁）又称设备租赁或财务租赁，是由租赁公司按承租企业的要求融资购买设备，并在契约或合同规定的较长期限内提供给承租企业使用的信用性业务。融资租赁是现代租赁的主要类型，属于长期租赁范畴，主要是为承租企业融通资金。因此，融资租赁是以融资作为直接目的的信用融资方式，从形式上看是借物，但实质上却是借资，以租金形式进行分期偿还。融资租赁将转移与资产所有权有关的全部或绝大部分风险和报酬，但是资产的所有权最终可以转移也可以不转移。

融资租赁的优势是不占用创业企业的银行信用额度，创业者通过支付第一期的租金后，即可使用设备，因此不必在购买设备上过多的占用大量资金，而节省下来的资金就能用到更急用资金的其他项目上去，以满足企业快速发展的需要。

　　融资租赁比较适合于创业初期的企业。企业在初创阶段往往要进行大型设备的购入，而融资租赁可以为初创企业节省大量的资金。初创企业在选择租赁公司时，应重点选择那些资金实力雄厚、信用等级高的租赁公司，并且租赁形式尽量灵活多样。

　　2. 融资租赁的特征

　　作为一种独特的信用融资方式，融资租赁具有以下特征：

　　（1）融资与融物相结合。融资租赁的最基本特征是将融资与融物有效地结合在一起。承租企业在接受租赁物的同时，相应地解决了企业的资金需求，所以融资租赁具有融资与融物的双重性质。

　　（2）涉及三方当事人，两份或两份以上的合同。融资租赁是由承租企业向租赁公司提出申请，由租赁公司融资购买设备租给承租企业使用。因此，出租人、承租人和供货方是融资租赁的三方当事人，三方共同形成了租赁业务的整体。出租人与供货方是购销关系，承租人与出租人是租赁关系。作为三方交易，合同是不可或缺的。首先租赁公司（出租人）与供货方签订购销合同，然后是租赁公司（出租人）与承租人签订租赁合同。如果涉及转租，不同出租人之间还要签订转让合同。

　　（3）所有权与使用权分离。融资租赁的最典型特征是产权的分离，即所有权与使用权的分离。在租期内，租赁物的所有权归属于出租人，而使用权归属于承租人。

　　（4）租赁期长。融资租赁的期限与租赁资产的全部有效使用年限几乎一致，因此融资租赁属于中长期租赁。但是这不意味着融资租赁的租期一定等于租赁设备的折旧年限。

　　（5）租赁合同相对稳定，但租金支付较为灵活。租赁合同一旦签订，在规定的租期内非经双方同意，任何一方不得中途解除，双方都必须严格按合同履行，所以租赁信用中的双方是以合同为基础的稳定的经济关系。融资租赁的租金形式灵活多样，租期可长可短，租金可按月、季度、半年或一年进行支付，支付时间也可提前或变换不同的间隔期。

　　（6）租赁期满，承租人可按事先约定，选择租赁物的处置方法。融资租赁合同到期后，承租人对租赁物有退租、续租、留购三种选择，通常由承租企业留购。也就是说，合同期满后，承租人有优先选择廉价购买租赁资产的权利，或可续租，也可将租赁资产退还出租方。在租期内，由承租企业负责设备的维修保养和保险，但无权自行拆卸改装。

　　3. 融资租赁的节税效应

　　对初创期的企业而言，资金压力相对较大，以小投入获得高收益，是其理想的战略选择。我国现行的会计准则中规定，企业以融资租赁方式租入的资产视为企业自有资产，期末列入资产负债表中，这对创业企业来说无疑是降低了设备投资的资金压力及折旧风险。另外，通过融资租赁业务还能使承租企业不断更新技术及设备，降低风险。

　　我国及许多国家都有类似规定，当租期短于租赁设备法定耐用年限时，允许承租人可以按租期作为租入设备的折旧年限。在企业进行会计处理时，就会得到在租赁设备实际有效寿命期内，前期费用增大而税前利润相应减少的财务结果，可以使企业获得延迟纳税的好处。租赁融资在这种情况下就会成为一种具有节税效应的融资方式。在企业不注重财务报表表面收益，而更关注抵减所得税费用时，融资租赁往往比银行贷款更具优势。

4. 融资租赁的主要形式

融资租赁的基本方式是三方当事人（出租人、承租人和供货方）相互之间签订的两份合同（购买合同和租赁合同）所确定的债权债务关系。融资租赁最基本的形式为直接购买融资租赁，并可演化出多种形式。融资租赁的基本业务流程图参见图6.1。

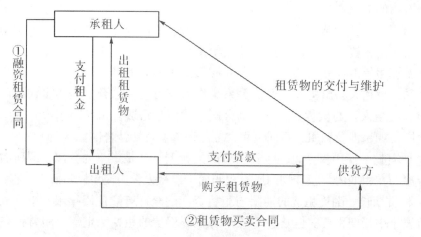

图 6.1 融资租赁流程图

融资租赁主要有直接租赁、售后租回和杠杆租赁三种形式。

（1）直接租赁。直接租赁是指出租人用自有资金或在资金市场上筹措到的资金购进设备，直接出租给承租人的租赁，即"购进租出"，承租人向出租人租入所需要的资产并支付租金的一种主要融资租赁方式。直接租赁的出租人可以是制造厂商也可以是租赁公司。直接租赁方式是由租赁当事人直接见面，对三方要求和条件都很具体、很清楚，而且该方式没有时间间隔，出租人没有设备库存，资金流动加快，有较高的投资效益。这种方式的特点是在整个租赁期内承租人没有租赁资产的所有权但享有使用权，负责维修和保养；出租人对租赁资产的好坏不用负任何责任，设备折旧由承租方承担。

（2）售后租回。售后租回，即根据协议，企业将某资产卖给出租人，再将其租回使用。售后租回的出租人是租赁公司等金融机构。售后租回的特点是承租人与租赁资产的供货方式一体，租赁资产不是外购，而是承租人在租赁合同签订前，已经购买或正在使用的资产。承租人对该资产享有使用权，但无所有权。承租企业在进行会计记录时，将固定资产转为融资租入的固定资产。售后租回租赁方式强调了租赁的融资功能，类似于"典当"业务，不但不影响企业的生产，相反还能为企业带来资金的注入。售后租回的基本业务流程图参见图6-2。

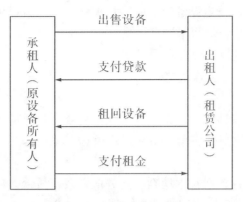

图 6.2　售后租回流程图

（3）杠杆租赁。杠杆租赁又称平衡租赁或减租租赁，是融资租赁的一种高级形式，由出租人（租赁公司或商业银行）本身拿出部分资金，然后加上贷款人提供的资金，以便购买承租人所欲使用的资产，并交由承租人使用，承租人使用租赁资产后，应定期支付租赁费用。杠杆租赁一般涉及承租人、出租人和资金出借者三方当事人。出租人既是出租人又是借款人，同时拥有对资产的所有权，既收取租金又要偿付债务。杠杆租赁的特点是通常出租人自筹租赁设备购置成本 20%～40% 的资金，其余 60%～80% 的资金由银行或财团等以无追索权的贷款提供，但出租人拥有设备的法定所有权。在杠杆租赁的租赁方式中，一般出租人愿意将一部分利益以低租金方式转让给承租人，因此杠杆租赁是一种低租金的租赁形式。杠杆租赁的基本业务流程图参见图 6.3。

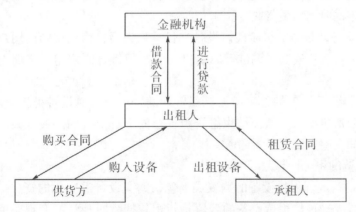

图 6.3　杠杆租赁流程图

5. 融资租赁的主要程序[①]

在我国，融资租赁业务的主要程序大致分为以下几个阶段：

（1）选择租赁设备阶段。当承租方决定采用租赁方式对企业进行技术改造或设备更新时，即可着手根据自己的需要选定租赁设备和供应商。这包括确定租赁设备的名称、规格、型号、数量、质量、技术标准，以及对卖方技术服务和品质保证的要求。

---

① 资料来源：马鞍山市中小企业金融超市. http://www.masjrcs.gov.cn/display.asp? id＝1158.

（2）委托租赁阶段。选定设备后，承租方就可向某个租赁机构（最好采取招投标方式确定）提出租赁申请，填写申请书，载明设备的名称、品种、规格、性能、数量、制造厂商等，并同时提供技术改造和设备更新的可行性报告、批准文件和其他有关资料，主要提供有偿还能力的担保单位。租赁机构经审查同意，即在申请书上签字盖章，接受委托。

（3）询价阶段。一般情况下，租赁机构在接受委托后，应和承租人一起向设备供应商询价。对于项目金额高的成套设备，租赁机构多采用国际招标方法择优选定设备及供应商。

（4）谈判阶段。谈判包括技术谈判、商务谈判及租赁谈判。技术谈判和商务谈判是指承租人、出租人与供应商之间的谈判，谈判时出租方、承租方应共同参加，但各有侧重。技术谈判一般以承租方为主，通过谈判搞清有关技术问题，商定租赁设备的规格、型号、性能、质量保证、技术服务等条件。商务谈判一般以出租方为主，商务谈判主要是谈设备包装、运输方式、运输保险、交货期、支付方式、价格、索赔与仲裁等。租赁谈判是出租方与承租方之间的谈判。谈判的内容包括租赁双方的权利、义务、手续费、利息率、租金的确定方法和支付方式等。

（5）签订合同阶段。谈判如达成一致意见，便可签订融资租赁合同，将谈判内容以书面形式固定下来。合同分为租赁合同和购买合同，一般先由出租方与承租方签订租赁合同，再由出租方与供货商签订购买合同。

（6）购入设备阶段。合同签订后，出租方筹足资金，向供货商一次性付清设备价款，购入设备交承租方使用。设备交付承租方后，供货商要提供相应的售后服务。承租方在合同规定的时间内负责验收。

（7）售后服务及租金支付阶段。设备交付承租人后，由供应商向用户供应易换零配件，派技术人员到厂安装、调试等。承租人应按租赁合同规定，定期向出租方支付租金。

（8）租赁期满后设备的处理阶段。租赁期满，承租人对设备可按合同规定续租、退还设备或以残值价购买，从而结束融资租赁合同。目前我国的通常做法是由承租人以象征性价格向出租人购买设备的所有权。

6. 融资租赁的租金计算

（1）租金的构成。租赁设备的购置成本包括购买设备需支付的资金，买价、运杂费、途中保险费等；预计租赁设备的残值是指租赁期满时预计的变现净值；利息是指租赁公司为承租企业购置设备融资而应计的利息；租赁手续费包括营业费用和一定的盈利；租赁期限，因为期限的长短会影响到租金的总额。

（2）租金的支付方式。融资租赁的租金支付比较灵活，形式多样。

按支付间隔期分为年付、半年付、季付和月付；

按在期初和期末支付分为先付和后付；

按每次是否等额支付分为等额支付和不等额支付。

在我国实务中主要采用后付等额租金形式。

（3）租金的计算。在我国，融资租赁业务中租金的计算方法一般采用等额年金法，其基本的计算原理是资金时间价值中的年金计算原理。

后付租金的计算公式如下：

A＝P／（P/A，i，n）

［例6.1］某企业采用融资租赁方式于2004年1月1日从某租赁公司租入一台设备，设备价款为40 000元，租期为8年，到期后设备归企业所有，为了保证租赁公司完全弥补融资成本、相关的手续费并有一定盈利，双方商定采用18%的折现率，试计算该企业每年年末应支付的等额租金。

解：P＝A×（P/A，i，n）

A ＝40 000／（P/A，18%，8）

= 40 000/4.0776

≈9809.69（元）

先付租金的计算公式如下：

A＝P／［（P/A，i，n−1）+1］

如例6.1，采用先付等额租金方式，则每年年初支付的租金额可计算如下：

P＝A×（P/A，18%，8）×（1+18%）

或　　P＝A×［（P/A，18%，7）+1］

A ＝40 000／［（P/A，18%，7）+1］

=40 000／（3.8115+1）

≈8313.42（元）

［例6.2］某企业拟采用融资租赁方式于2006年1月1日从租赁公司租入一台设备，设备款为50 000元，租期为5年，到期后设备归企业所有。双方商定，如果采取后付等额租金方式付款，则折现率为16%；如果采取先付等额租金方式付款，则折现率为14%。企业的资金成本率为10%。部分资金时间价值系数如表6.1所示。

表6.1　　　　　　　　　　部分资金时间价值系数表

t	10%	14%	16%
（F/A,i, 4）	4.6410	4.9211	5.0665
（P/A,i, 4）	3.1699	2.9137	2.7982
（F/A,i, 5）	6.1051	6.6101	6.8771
（P/A,i, 5）	3.7908	3.4331	3.2743
（F/A,i, 6）	7.7156	8.5355	8.9775
（P/A,i, 6）	4.3533	3.8887	3.6847

要求：计算后付等额租金方式下的每年等额租金额及5年租金终值；计算先付等额租金方式下的每年等额租金额及5年租金终值；比较上述两种租金支付方式下的终值大小，说明哪种租金支付方式对企业更为有利。（以上计算结果均保留整数）

解：

后付租金方式下的租金额=50 000/（P/A,16%,5）≈15 270（元）

后付租金方式下租金终值 = 15 270×(F/A,10%,5) ≈ 93 225(元)

先付租金方式下的租金额 = 50 000/[(P/A,14%,4)+1] ≈ 12 776(元)

先付租金方式下租金终值 = 12 776×[(F/A,10%,5+1)-1] ≈ 85 799(元)

因为先付等额租金方式下的 5 年租金终值小于后付等额租金方式下的 5 年租金终值，所以应当选择先付等额租金支付方式。

7. 融资租赁的优缺点

（1）融资租赁的优点：筹资速度快、限制条件少、设备淘汰风险小、财务风险小、税收负担轻。

（2）融资租赁的缺点：因为要支付租金，所以筹资成本高。

（二）民间借贷

本杰明·富兰克林曾经说过：“要想知道钱的价值，就想办法去借钱试试。”在现实生活中，提到借钱，大家首先想到的就是去银行借，但殊不知，钱还可以从民间借。民间借贷对于创业企业来说，也是一个很好的融资渠道。

1. 民间借贷的内涵

民间借贷也就是民间信用借款，是以借贷双方（公民之间、公民与法人之间、公民与其他组织之间借贷）的信用为基础，通过签订书面协议或口头协议，而形成的一种特定的债权债务关系，以此产生相应的权利和义务。民间借贷是一种直接融资渠道，是民间资本的一种投资渠道，属民间金融形式。

民间借贷有狭义和广义之分。狭义的民间借贷是指公民之间依照约定进行货币或其他有价证券借贷的一种民事法律行为。广义的民间借贷既包括狭义的概念，又包括公民与法人之间以及公民与其他组织之间的货币或有价证券的借贷。通常所指的民间借贷是狭义上的范畴。民间借贷分为民间个人借贷和公民与金融企业之间的借贷。民间个人借贷活动必须严格遵守国家法律、行政法规的有关规定，遵循自愿互助、诚实信用原则。

2. 民间借贷的特征

民间借贷与银行借款相比有着银行借款无法比拟的优势，从当前来看，民间借贷特征如下：

（1）广泛的参与主体及资金来源。民间借贷的主体包括民营企业、个体工商户、城镇居民、农户，甚至也有企（事）业单位的工作人员。借款者多是民营企业或个体工商户，放款者多为资金富足的工商户或企业主。由于民间借贷的参与主体广泛，其资金来源亦非常广泛，既有个人资金、个体工商户和企业的自有资金，还可能有私募基金或信贷资金等各种资金参与。

（2）灵活多样的借贷方式和形式。银行借款审批手续严格，放款周期较长，而且需要抵押。民间借贷无抵押物，资金多以现金交易，到账时间快，仅需签订口头协议或借条即可。企业创业之初，因为短期急需现金，往往缺乏足够的抵押或担保，很难从银行贷款，所以民间借款自然而然成为这些企业有效的融资渠道。民间借贷形式主要有民间合会、民间自由借贷、企业集资、私人钱庄等。

（3）较强的资金吸引能力。民间借贷吸引力强，把社会闲散资金和那些本欲扩大消费的资金吸引过来贷放到生产流通领域成为生产流通资金，在一定程度上缓解了银行信贷资金的不足，对扩大消费亦起了一定作用。

（4）自由化的借贷期限和市场化的借贷利率。创业之初，由于企业规模有限，银行贷款多为短期贷款，企业很难获得银行的长期资金。民间借贷资金在时间期限上比较宽松，对创业企业极为有利。现阶段，民间借贷期限一般在1年或1年以上。

民间借贷利率往往随行就市，一般高于银行贷款利率，其月息在8厘~1.2分之间，最低也有6厘，而最高则能达到1.5分（注：民间借贷中常说的几分利一般是指月利率，比如1分利就是指月利率1%，由此计算出的年利率为12%）。

民间借贷利息的计算。对于定期民间借贷，借款人未按照约定的期限返还借款的，利息的具体计算应按照以下规则处理：当事人之间的借贷对支付利息没有约定或约定不明确，属于无息借贷，借款人逾期返还借款的，出借人如主张计算利息，则在约定借款期限内，借款人不负有支付利息义务。对逾期还款的，贷款人要求借款人偿付逾期利息的，仍按最高人民法院《关于人民法院审理借贷案件的若干意见》的规定的第九条执行，可参照银行同类贷款利率计算利息。对于有息借贷，借款期的利息按照约定计算，但不得超过银行同期利率的4倍，当事人对逾期归还借款时借款人应当支付的逾期利率有特别约定的，应当按照当事人的特别约定处理。对逾期归还借款的逾期利率没有约定或者约定不明的，可以参照银行同类贷款利率计算处理。

对于不定期民间借贷，根据最高人民法院《关于人民法院审理借贷案件的若干意见》第九条规定，不定期无息借贷经催告不还，出借人要求偿付催告后利息的，可参照银行同类贷款的利率计算。

3. 民间借贷的合同和借据

（1）民间借贷的合同。民间借贷合同直接关系到借贷双方的权利及义务，这就要求其内容必须全面、具体，文字表达准确，不然就会埋下隐患，产生不必要的纠纷，影响合同的履行。

民间借贷合同的基本内容包括借贷主体（出借人和借款人）、借贷标的（是人民币还是外币）、借款金额（分别用大小写书写清楚）、借款利率（是年利率还是月利率以及具体是多少）、借款期限、借款日期、担保人（是否需要担保人）。

在签订书面借款合同时还应注意借款合同内容是否齐全、合法、用语明确，借款用途要合法，是否设立必要的担保措施以便及时收贷。

（2）民间借贷的借据。民间借贷合同多用在企业间的借款中，而向个人借款时，由于合同订立较为复杂，使用较多的则是借据或借条，借据和借条一样具有法律效力，其内容与合同内容基本相同。在签订借据和借条需注意：双方在尊重法律和社会公众利益的前提下，本着自愿、平等、互利的原则签订；纸张不能随意使用，不能用铅笔且字迹要清晰；借款金额的数字要大小写都注明，不能涂改或抠挖；内容应明确，比如要写明"今借到"人民币多少钱，不能写"领到或收到"，词语不能模糊或有歧义，比如不能用"大约"、"左右"等词语。

（三）典当融资

对于初创企业而言，风险投资只眷顾小部分的精英企业；银行大门常打开，但融资门槛较高；而典当融资具有"急事告贷，典当最快"的特点，其主要作用就是满足企业的应急之需。

1. 典当融资的内涵

典当是指当户将其动产、财产权利作为当物质押或者将其房地产作为当物抵押给典当行，交付一定比例费用，取得当金，并在约定期限内支付当金利息、偿还当金、赎回当物的行为。

典当融资是民间融资的重要渠道，是顾客以"以物换钱"，即抵押实物，转移实物的所有权，取得的临时性贷款的融资方式。典当在调剂资金余缺，促进流通等方面都有相当重要的作用。在典当过程中，抵押物经过当行或相关评估机构估价确定其现值后，再按一定的折当率折算后，即为典当金额。对于创业企业而言，无须提供财务报表和贷款用途等说明，而且既不审核借款人信用额度，也不过问借款用途，只要提供符合规定的抵押物，因此典当融资也是创业企业进行融资的行之有效的渠道之一。

2. 典当融资的基本类型

依据当户的不同层面、当户的不同性质等角度划分，典当的基本类型大致包括以下几种：

（1）从当户融资迫切程度的角度出发，可将典当划分为应急型典当与非应急型典当。

①应急型典当。当户的融资需求十分迫切，表现为急需用钱，为的是应付突发事件，如天灾人祸、生老病死等。这类当户以广大普通社会公众居多。他们往往用自己的金银首饰、家用电器等典当，向典当行押款，因此应急型典当很受老百姓欢迎，属于大众融资渠道之一。

②非应急型典当。当户的融资需求并不迫切，表现为不急需用钱，但却愿意从事典当交易，希望通过典当融资，只是获取当金后并非用于应付突发事件。

（2）从当户融资目的的角度出发，可将典当划分为投资型典当与消费型典当。

①投资型典当。当户融资的目的是为了从事生产或经营，如做生意用钱、上项目调头寸等。这类当户通常是个体老板、一些中小企业。他们往往利用手中闲置的物资、设备等，从典当行押取一定量的资金，然后投入到生产或经营中，即将死物变成活钱，利用投融资的时间差，获得明显的经济效益。

②消费型典当。消费型典当又细分为正常消费型典当和非正常消费型典当。正常消费型典当是指当户融资的目的既不为应急也不为赚钱，而纯粹是为了满足某种生活消费，如出差典当些路费。非正常消费型典当是指当户融资的目的尽管是为了满足消费，但却不是正常消费，而是畸形消费。例如，通过典当融资参与赌博活动或吸食毒品等。

（3）从当户交易目的的角度出发，可将典当划分为借贷型典当与变卖型典当。

①借贷型典当。这类典当表明当户有当有赎。其典当交易的目的在于融资，故一

旦典当期限届满，当户就会还本付息，清偿债务，从而赎回当物。

②变卖型典当。这类典当表明当户有当无赎。其典当交易的目的通常不在于融资，而是要将当物借典当方式卖掉，故在典当期限届满时，当户便不会还本付息，清偿债务，从而赎回当物。

（4）从当户交易目的的角度出发，还可将典当划分为融资型典当与保管型典当。

①融资型典当。这类典当表明存在资金需求，其典当交易的目的在于融资，看好典当行以物换钱的融资功能。这类当户资金短缺，利用典当方式达到筹款目的。

②保管型典当。这类典当表明当户不存在资金需求，其典当交易目的在于仓储，看好典当行对当物的保管功能。这类当户并不缺钱，而是将自己的贵重物品送至典当行保管，利用典当方式达到贮物安全的目的。

（5）从当物性质的角度出发，可将典当划分为动产型典当与权利型典当。

①动产型典当。动产型典当是以动产作为当物向典当行融资的典当类型。这类典当在世界各国和地区普遍流行，属于常见的传统典当类型。

②权利型典当。权利型典当又称财产权利型典当，是以财产权利作为当物向典当行融资的典当类型。这类典当不如动产典当的交易数量大，属于后期的新兴典当类型。

3. 典当融资的优势

与银行借款相比，典当融资具有以下优势：

业务方式上，典当更加灵活多样，原则上有价值的物品或财产权利都可以典当；典当借款手续简便快捷，一般少则几分钟，多则三五天；借款用途不一样，典当借款多用于救急，银行贷款多用于生产或消费；典当一般期限较短，最短 5 天，最长 6 个月；典当一般除收取当金利息外，还按当金一定比例收取综合费。

4. 典当物品的选择

原则上只要来源合法、产权明晰、可以依法疏通的有价值物品或财产权利都可以典当，但不同典当行具体开展的业务有所不同。一般来讲，房产、股票、企业债券、大额存单、车辆、金银饰品、珠宝钻石、电子产品、钟表、照相机、批量物资等都可以进行典当。与通常人们想象中的旧当铺不同的是，现代典当行一般不收旧衣服。一般活物也是不典当的。

5. 典当综合费用、当息及期限

典当是一种融资行为，需有偿使用。典当行一般按当金收取综合费及当金利息。按照《典当管理办法》的有关规定，动产质押典当的月综合费率不得超过当金的42‰；房地产抵押典当的月综合费率不得超过当金的27‰；财产权利质押典当的月综合费率不得超过当金的24‰。综合费在典当时预扣，当金利息一般按同期银行贷款利率上浮30%执行。具体费、息标准根据不同典当行、不同业务种类都会不一样，客户应以典当行公告为准。

民品典当费用按月收取，计算公式如下：

收取标准（每月）＝综合服务费率（4.2%）＋利率（0.5%）＝4.7%

机动车典当的费用按月收取，计算公式如下：

收取标准（每月）＝综合服务费率（4.2%）＋利率（0.5%）＝4.7%

根据《典当管理办法》的有关规定，典当最短时间为 5 天，不足 5 天按 5 天计算，最长期限为 6 个月。

典当期限届满或续当期限届满后，当户应在 5 天内赎当或续当，逾期不赎当或续当为绝当。绝当后，绝当物估价金额不足 3 万元的，典当行可以自行变卖或折价处理，损益自负；当物估价金额在 3 万元以上的，可以按《中华人民共和国担保法》的有关规定处理，也可以双方事先约定绝当后由典当行委托拍卖行公开拍卖。拍卖收入在扣除拍卖费用及当金本息后，剩余部分应当退还当户，不足部分向当户追索。

6. 典当业务的主要程序

典当业务的主要程序可简单归纳为交当、收当、存当三个板块，具体操作程序如下：

（1）当户出具有效证件交付当物；

（2）典当行受理当物进行鉴定；

（3）双方约定评估价格、当金数额和典当期限并确认法定息费标准；

（4）双方共同清点封存当物由典当行保管；

（5）典当行向当户出具当票发放当金。

需要注意的是，不同典当业务所需提供证件和办理手续是不一样的。民品（金银饰品、珠宝钻石、电子产品、钟表、照相机等）需提供本人身份证原件，有发票最好，可适当提高当价；房产需提供户主身份证、户口本、房屋所有权证、土地使用证等，需现场察看房产；股票需提供本人身份证、深沪股东账户卡，一般需签约监控；车辆需提供本人身份证、汽车有关证件；物资需提供本人身份证、相关财产证明。

7. 典当业务的基本流程图

（1）典当操作流程（见图 6.4）。

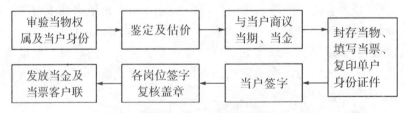

图 6.4　典当操作流程图

（2）续当操作流程（见图 6.5）。

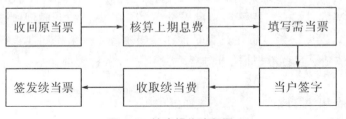

图 6.5　续当操作流程图

（3）赎当操作流程（见图6.6）。

图6.6　典当操作流程图

（4）绝当操作流程（见图6.7）。

图6.7　绝当操作流程图

（四）商业信用融资

创业企业历经创业的艰辛，步入成长期，其规模逐渐扩大，销售业绩迅速上升，产品潜力优势凸显，管理团队日趋成熟，总之，企业的生产、销售、服务逐渐步入正轨。在此阶段，企业希望组建更完善的销售队伍和渠道，扩大生产线，通过研发的投入，不断开发新产品，以期进一步开拓市场，以拓展生产与服务能力。而要实现规模效益的膨胀发展，必然会对资金有更进一步的需求。正是由于对资金的大量需求和变化，使得企业融资方式也有了更新的选择。如果是短期内缺乏资金，商业信用融资就是一种很好的选择方式。

1. 商业信用融资的内涵

商业信用融资是企业在正常的经营活动中和商品交易中，由于延期付款或预收账款所形成的企业间常见的一种信用借贷关系。

2. 商业信用融资的种类

商业信用融资主要有应付账款融资、预收货款融资和商业票据融资三种主要融资形式。

（1）应付账款融资。应付账款是指企业购买商品时未支付现金，即卖方允许买方在购货后的一定时间内支付货款的一种商品交易形式。对于购买方来说，相当于获得了延期付款的资金融通便利，但要付出高额的货款，实际上是短期融投资的成本，而这种成本会以现金折扣的形式存在。

在规范的商业信用行为中，销售方为了控制应付账款期限和额度，要向购买方提出各种信用政策，主要包括信用期限和给买方的购货折扣与折扣期。例如，"2/10，n/30"表示客户若在10天内付款，可享受2%的货款折扣，若10天后付款，则不享受购货折扣优惠，应付账款的商业信用期限最长不超过30天。对于购买方来说，接受现金折扣相当于获得了一笔理财收益；若放弃现金折扣，在信用期内可以占用销售方的资金相当于获得了一笔贷款，以满足短期的资金需求，但是要承担较高的因放弃现金折扣产生的机会成本。因此，企业在进行应付账款融资时，必须充分对供货商的现金折扣政策进行权衡，以确定对本企业利润及资金成本的影响。

应付账款融资最大的特点在于易于取得，无需办理筹资手续和支付筹资费用，而且它在特定情况下是不承担资金成本的。缺点在于期限较短，放弃现金折扣的机会成本很高。

（2）预收账款融资。预收账款融资是指销货企业按照合同或协议约定，在交付货物之前向购货企业预先收取部分或全部货物价款的信用形式。这相当于销货企业向购货企业先借一笔款项，然后再用货物抵偿。对于销售方来说，预收账款融资也是一种短期融资方式。

预收账款融资是买方在购入紧缺商品时所采用的一种方式，以便获得对货物的要求权。而买方也愿意对生产周期长、售价高的商品进行预收账款方式销售，以缓解企业资金占用的矛盾。

预收账款融资对于购买方的要求有经营效益好，信誉高；好的生产计划和足够的产品产量做保证；动力、原料、燃料等有保证；供货样品质量与产品一致；真实的广告宣传；购销双方应签订合同，从法律上保障购销双方合法权益。

预收账款融资合同的主要内容包括当事人双方名称、地址、电话，双方都能承担法律责任和义务公民或企业法人；标的名称（购销商品）；数量与质量；商品价格；预交定金的比例与数量，定金利息率；交货日期、地点和方式；违约责任；合同签证、仲裁机关及担保单位。

（3）商业票据融资。商业票据是指由金融公司或某些企业签发，无条件约定自己或要求他人支付一定金额，可流通转让的有价证券。商业票据的持有人具有一定权利的凭证，如汇票、本票、支票等。

商业票据融资的条件包括信誉卓著，财力雄厚，有支付期票金额的可靠资金来源，并保证支付；非新设立公司，发行商业票据的必须是原有旧公司，新开办的公司不能用此方式筹集资金；在某一大银行享有最优惠利率的借款；在银行有一定的信用额度可供利用；短期资金需求量大、筹资数额大，资金需求量不大的企业不宜采用此方式筹集货金。

商业票据融资的特点如下：

无担保。无担保是指无实体财产作抵押担保品，只以发行公司的声誉、实力地位作担保。

期限短。大中型公司发行的商业票据期限为 $1\sim6$ 个月，大型金融公司发行的商业票据期限为 $1\sim9$ 个月，最短的有以几天来计期的商业票据。

见票即付。商业票据有明确的到期日，到期时债务人必须无条件地向债权人或持票人支付确定的金额，不得以任何理由为借口拒绝或延期支付。

以其面额为发行价格。

利率低。商业票据利率一般低于银行贷款利率，但高于国库券利率。利率差距的幅度因发行时间、发行公司状况、金融市场货币供求情况的不同而发生变化。

限制少。商业票据融资方式不像其他融资方式受到较多法律法规限制，而且没有最高限额限制，从而使公司有广泛的资金来源。

3. 商业信用融资的特点

（1）商业信用的主体是工商企业，客体是商品资本，商业信用是一种实物信用。

（2）商业信用包含着商品买卖和货币信贷两种经济行为，买卖双方形成了债权债务关系，体现着借贷行为。

（3）商业信用的动态与产业资本的动态相一致，即生产扩大，商业信用需求增加；生产缩小，商业信用需求减少。

4. 商业信用融资的现金折扣政策与决策

（1）商业信用融资的现金折扣政策。现金折扣是卖方为鼓励客户在信用期内尽早付款，而给予客户的一定折扣，是一种催账手段。现金折扣条件一般写为"现金折扣/折扣期限，n/偿付期限"。例如，"3/10，2/20，n/30"其含义是信用期为30天，在10天内付款享受3%的折扣，在11天以上20天内付款享受2%的折扣，在21天以上30天以内付款不享受折扣，按原价付款。现金折扣一般为发票金额的1%～5%。

（2）商业信用融资的决策。

商业信用融资的计算公式如下：

$$放弃现金折扣的成本 = \frac{折扣率}{1-折扣率} \times \frac{360}{信用期-折扣期}$$

商业信用融资的决策原则如表6.2所示。

表6.2 放弃现金折扣的成本决策原则表

资金充足时	若放弃现金折扣成本>短期投资收益率	享受折扣，折扣期内付款
	若放弃现金折扣成本>短期投资收益率	放弃折扣，信用期付款
资金不足时	若放弃现金折扣成本>短期借款利率	享受折扣，折扣期内付款
	若放弃现金折扣成本<短期借款利率	放弃折扣，信用期付款

进行现金折扣决策的基本思路是如果享受折扣，计算的放弃现金折扣成本就是一种隐含的收益，当然这种收益越高越好；如果不享受折扣，计算的放弃现金折扣成本就是一种损失，当然这种损失越小越好。

在企业资金充足且面临短期投资时，要与短期投资收益率进行比较。一个是放弃现金折扣的成本，另一个是短期投资收益率，解决原则是要将放弃现金折扣的成本变为与这一条件相一致，算收益都为收益，算损失（成本）都为损失（成本），选择收益大的。

在企业资金不足需向银行借款时，要将现金折扣与银行借款利率进行比较。仍要遵循算收益都为收益，算损失（成本）都为损失（成本），选择损失（成本）小的。

如果面对两家以上提供不同信用条件的卖方，应通过衡量放弃现金折扣成本的大小选择信用成本最小（或所获利益最大）的一家。如果决定享受现金折扣，应选择放弃现金折扣成本最大的方案，即享受现金折扣时选高的；如果决定放弃现金折扣，应选择放弃现金折扣成本最小的方案，即放弃现金折扣时选低的。

如果企业因缺乏资金而欲展延付款期，则需在降低放弃现金折扣成本与展延付款带来的损失之间做出选择。

［例6.3］某公司拟采购一批零件，价值5400元，供应商规定的付款条件如下：立

即付款，付 5238 元；第 20 天付款，付 5292 元；第 40 天付款，付 5346 元；第 60 天付款，付全款。每年按 360 天计算。要求回答以下互不相关的问题：

（1）假设银行短期贷款利率为 15%，计算放弃现金折扣的成本（比率），并确定对该公司最有利的付款日期和价格。

（2）假设目前有一短期投资报酬率为 40%，确定对该公司最有利的付款日期和价格。

解：

（1）立即付款，折扣率＝（5400－5238）/5400＝3%

第 20 天付款，折扣率＝（5400－5292）/5400＝2%

第 40 天付款，折扣率＝（5400－5346）/5400＝1%

因此，付款条件可以写为"3/0，2/20，1/40，n/60"。

放弃（立即付款）折扣的成本＝[3%/（1－3%）]×[360/（60－0）]＝18.56%

放弃（第 20 天付款）折扣的成本＝[2%/（1－2%）]×[360/（60－20）]＝18.37%

放弃（第 40 天付款）折扣的成本＝[1%/（1－1%）]×[360/（60－40）]＝18.18%

因为放弃现金折扣的成本大于银行短期贷款利率 15%，所以企业不能放弃现金折扣；因为享受立即付款折扣的收益最大，所以应当选择立即付款。

注意：对于多重折扣选择享受折扣收益最大的，享受折扣时享受折扣的收益率就是放弃折扣的成本率。

（2）因为短期投资收益率 40% 比放弃折扣的代价高，所以应放弃折扣去追求更高的收益，即应选择第 60 天付全款。

5. 商业信用融资的优缺点

（1）商业信用融资的优点。

①筹资便利。利用商业信用筹集资金非常方便，因为商业信用与商品买卖同时进行，属于一种自然性融资，不用做非常正规的安排，也无需另外办理正式筹资手续。

②筹资成本低。如果没有现金折扣，或者企业不放弃现金折扣，以及使用不带息应付票据和采用预收货款，则企业采用商业信用筹资没有实际成本。

③限制条件少。与其他筹资方式相比，商业信用筹资限制条件较少，选择余地较大，条件比较优越。

（2）商业信用融资的缺点。

①期限较短。采用商业信用筹集资金，期限一般都很短，如果企业要取得现金折扣，期限则更短。

②筹资数额较小。采用商业信用筹资一般只能筹集小额资金，而不能筹集大量的资金。

③有时成本较高。如果企业放弃现金折扣，必须付出非常高的资金成本。

二、创业融资案例

（一）案例一：霍英东始创"卖楼花"，靠商业信用巧融资本①

霍英东始创"卖楼花"筹集资金，创下了中国商业融资的第一个经典案例。霍英东原籍广东省番禺县，是香港知名的富商之一。二战结束后，香港人口激增，住房严重不足，加上工商业日渐兴旺，形成对土地和楼宇的庞大需求。霍英东审时度势，认定香港房地产业势必大有发展。在 1953 年年初，他拿出自己的 120 万港元，另向银行贷款 160 万港元，开始经营房地产业，成立"立信置业有限公司"。

那个年代，英国、美国、加拿大等国家和中国香港地区的地产商都是整幢房屋出售的，由一个公司拥有整幢地产楼宇，除非有巨额资金，一般很难购买到房屋，因而房屋不易脱手。刚开始，霍英东也和别人一样，自己花钱买旧楼，拆了后建成新楼逐层出售，从买地、规划、建楼，以至收租，资金周转期很长。这样当然可以稳妥地赚钱，可是由于资金少，发展就比较慢。他苦苦地思索改革房地产经营的方法，却没有结果。霍英东当时是向银行贷款建楼的，要付一分多利息，如果建成了才卖，人家不买，利息承担不起，自己只好"跳楼"。

有一天，一位老邻居到工地上找霍英东，说是要买楼。霍英东抱歉地告诉他，盖好的楼已经卖完了。邻居指着工地上正在盖的楼说："就这一幢，你卖一层给我好不好？"霍英东灵机一动，说："你能不能先付定金？"邻居笑着说："行，我先付定金，盖好后你把我指定的楼层给我，我就把钱交齐。"两人就这样成交了。这个偶然的事件却使霍英东得到了启发。霍英东立刻想到，完全可以采取房产预售的方法，利用想购房者的定金来盖新房。这个办法不但能积累资金，更重要的是还能大大推动销售。

房产的价格是非常昂贵的，要想买一幢楼，就得准备好几万元的现金，一手交钱，一手接屋，少不得一角一分，拖不得一时一刻。当时只有少数有钱人才能买得起房产，因此房地产的经营也就不可能太兴旺。霍英东采取了房产预售的新办法，只要先交付 10% 的定金，就可以购得即将破土动工兴建的新楼。也就是说，要买一幢价值 10 万港元的新楼，只要付 1 万港元，就可以买到所有权，以后分期付款。这对于房地产商人来说，好处是显而易见的，即可以利用购房者交付的定金去盖房屋，原来只够盖 1 幢楼的钱，现在就可以同时动手盖 10 幢楼，发展的速度大大加快。对于购买房产的人来说，也是有利的，即先付一小笔钱，就可以取得所有权，待到楼房建成时，很可能地价、房价都已上涨，而已付定金的买方只要把房产卖掉，就有可能赚一大笔钱。因此，很快就有一批人变成了专门买卖楼房所有权的商人，这就是后来香港盛行的"炒楼花"。

霍英东把这叫做"房地产业的工业化"。这一创举使霍英东的房地产生意顿时大大兴隆起来，一举打破了香港房地产生意的最高纪录。当别的建筑商也学着实行这个办

---

① 资料来源：吴瑕. 融资有道：中国中小企业融资经典案例解析 [M]. 北京：中国经济出版社，2009.

法时，霍英东已经赚到了巨大的财富。

（二）案例二：小小理发店，两个月融资7万元[①]

一家位于市内商业闹区、开业近两年的某理发店，吸引了附近一大批稳定的客户，每天店内生意不断，理发师傅难得休息，加上店老板经营有方，每月收入颇丰，利润可观。但由于经营场所面积限制，始终无法扩大经营，该店老板很想新开一家分店，但由于老店开张不久，投入的资金较多，手头还不够另开一间分店的资金。

平时，有不少熟客都要求理发店能否打折、优惠，该店老板都很爽快地打了9折优惠。该店老板苦思开店的启动资金时，灵机一动，不如推出10次卡和20次卡，一次性预收客户10次理发的钱，对购买10次卡的客户给予8折优惠；一次性预收客户20次的钱，给予7折优惠。对于客户来讲，如果不购理发卡，一次剪发要40元，如果购买10次卡（一次性支付320元，即10次×40元/次×0.8＝320元），平均每次只要32元，10次剪发可以省下80元；如果购买20次卡（一次性支付560元，即20次×40元/次×0.7＝560元），平均每次理发只要28元，20次剪发可以省下240元。

该店通过这种优惠让利活动，吸引了许多新、老客户购买理发卡，结果大获成功，两个月内该店共收到理发预收款达7万元，解决了开办分店的资金缺口，同时稳定了一批固定的客源。通过这种办法，该理发店先后开办了5家理发分店，2家美容分店。

（三）案例三：中国移动预存话费搞促销，筹集资金两个亿[②]

2003年，中国移动通信公司广州分公司实行了一项话费优惠活动，实际也是一种商业信用融资形式，具体是若该公司的手机用户在2002年12月底前向该公司预存2003年全年话费4800元，可以获赠价值2000元的缴费卡；若预存3600元，可以获赠1200元缴费卡；若预存1200元，可以获赠600元的缴费卡。

该通信公司通过这种诱人的话费优惠活动，可以令该公司的手机用户得到实实在在的利益，当然更重要的是，还可以为该公司筹集到巨额的资金。据保守估计，假设有1万名客户参与这项优惠活动，该公司至少可以筹资2000万元，该活动有10万个客户参与，筹集资金2亿元，公司可以利用这笔资金去拓展新的业务，扩大经营规模。另外，该通信公司通过话费让利，吸引了一批新的手机用户，稳定了老客户，在与经营对手的竞争中赢得了先机。

许多与理发、通信相类似的行业，比如保健中心、美容、汽车清洗店、公交汽车公司等服务行业，都可以通过收取次票、月票、年票的方式，去巧妙运用商业信用融资方式，这不仅可以吸引一批长期稳定的客户，更重要的是，可以筹集到一笔可观的无息资金。企业可以通过这笔无息资金去扩大经营规模。

---

① 资料来源：吴瑕. 融资有道：中国中小企业融资经典案例解析［M］. 北京：中国经济出版社，2009.
② 资料来源：吴瑕. 融资有道：中国中小企业融资经典案例解析［M］. 北京：中国经济出版社，2009.

（四）案例分析与点评①

商业信用融资是一种被广泛使用的融资形式，是在商业活动中所发生的资金融通方式和过程。商业信用融资一般可以分为有形的商业信用融资和无形的商业信用融资。

有形的商业信用融资是指商业票据融资，即由企业或金融公司等签发的汇票、本票、支票等。这些票据是有严格的期限的，在规定的期限内，签发者必须无条件支付。企业商业票据融资必须是非新设立的公司，而且信誉卓著、财力雄厚，在银行有一定的信用额度可供利用，短期资金需求量大。有形的商业信用融资的特点是无担保、期限短、到期必付、利率低、限制少。

无形的商业信用融资一般是发生在实物交易过程中，即卖方允许买者以赊销的方式购得货物，或买方以预付的方式向卖方预先付款，两者互为逆向的融资运动。这两种方式都不需要对方提供票据，只需要签订某种契约，甚至口头约定。

我们可以看出，商业信用融资是建立在买卖双方完全信任基础上的交易行为，没有一定的信用基础是难以实行的。同时，通过商业信用融资形式，融通搞活了相互需要的资源，形成优势互补，实现双赢。

从霍英东"买楼花"的案例，我们可以清楚地看到，其融资优点如下：

第一，回避了银行贷款的各种限制，解决了因抵押资产有限得不到大量银行贷款的问题。

第二，通过预收10%的房款，融到了一大笔无利息的资金，降低企业的财务成本，抢占市场先机。同时，有了足够的资金就可以低价格囤积大量土地，降低了由于土地升值带来的成本负担。

第三，由于"买楼花"的促销方式，给炒楼的人创造了发财机会，形成了一个巨大的又看不见的销售渠道，节省了销售成本，而销量却大增。

第四，随着销量的增长，企业的市场份额瞬间扩大，提高了企业经济效益同时提高了企业的知名度，推动企业迅速发展。

从买房人的角度看，只要预交10%的定金，就可以购得即将破土动工兴建的新楼，也就是先用1万港元的价款，买下房子的所有权，然后分期付款。一旦房子建成完工，很可能地价、房价都已上涨，而这时再把房产卖掉，就有可能大赚一笔。即使不是为了炒房而买房的人，也是在房价上涨之前就拥有了此房的所有权。

此融资案例的高明之处就是紧紧抓住买房人，为其提供方便，满足其利益，实现买卖双方共赢目的。通过此案例，可以联想到新龟兔赛跑的故事：龟兔赛跑，兔子输了不服气，要求比赛第二次。第二次兔子吸取教训，没有睡觉，赢了。乌龟要求比赛第三次，说前面都是兔子指定路线，这次乌龟要指定路线，兔子在跑时发现要过一条河，乌龟游过去赢了。然后兔子又要求比赛第四次，乌龟说："我们能不能创造双赢的办法啊？在路上你背我，在河里我驮你。"故事的结果自然是乌龟和兔子一起到达目的地。

从前面三个案例中我们得到一个共同的启示就是做事要讲信誉，做人无信不立，

---

①　资料来源：吴瑕. 融资有道：中国中小企业融资经典案例解析［M］. 北京：中国经济出版社，2009.

做企业无信不长。在激烈的市场竞争中，依靠企业信誉，巧用商业渠道，整合社会资源，共同创造财富。

值得提出的是，商业信用融资方式也存在较大的风险性。即使有凭有证，也很容易发生道德危机，一旦发生这种情况，就会不可避免地给对方造成损失。因此，企业一定要加强企业信用管理，做好企业自身信用管理的同时做好合作企业的资信调查等工作。企业之间曾经发生过"三角债"的教训，就是因为在商业交易的过程中，由于个别企业缺乏一定的信用基础，货款逾期不还，以至于形成相互拖欠，造成资金流受阻，经济活动不畅，造成巨大损失，我们应当引以为戒。

【创业融资宝典】

初创公司的融资艺术——高哲铭名言

（高哲铭，现任英飞尼迪集团创建者和管理合伙人）

1. 去筹集尽可能多的资金。

2. 记住天使、风投和私募股权都喜欢投资"梦想"。这种美好的承诺或能解决现存的问题，或能创造一个更好的未来。

3. 拿出证据来向潜在投资者证明公司有潜力获得成功，比如公司的产品、组织领导能力、投资回报率。

4. 尝试通过多个渠道融资，与合伙人建立良好关系，并随时调整计划安排。

5. 记住，你不只在募集资金，还是在寻找合伙人，因此签协议之前，最好能勾勒出与新合伙人的合作前景，并且考虑清楚这是否能够实现你个人和公司的利益最大化。

海归创业资金来源多元化 民间资本成重要投资方[①]

2012年8月13日至16日，由中国侨联、浙江省侨联和杭州市政府共同举办的"创业中国·相约杭州——2012侨界海外精英创业创新峰会"在杭州召开。

引进海外高层次人才、推动产业结构升级是目前政府正着力推进的一项工作。海归人才创业的资金从哪里来？地方政府又在其中扮演何种角色？"创业中华·相约杭州——2012侨界海外精英创业创新峰会"在浙江省杭州市举行，记者就此采访了相关人士，来听听他们的观点。

上述峰会由中国侨联、浙江省侨联和杭州市政府主办。200名来自海内外的侨界精英出席开幕式。当天有71个项目达成初步意向，涉及投资金额37.7亿元。

海外归侨多携带项目回国，拥有专利技术，如何筹集创业启动资金成为首先要解

---

① 资料来源：郭彩萍. 海归创业资金来源多元化 民间资本成重要投资方. http://finance.people.com.cn/n/2012/0817/c70846-18769348.html.

决的问题。

地方政府首当其冲。在中央提出引进海外高层次人才的措施后，地方政府纷纷推出了一系列配套政策。例如，江苏省无锡市为吸引诺贝尔奖得主等海内外高端创新创业人才、团队，政府将提供最高 3000 万元的科研成果产业化配套资金，并给予 30 万~500 万元安家补贴。同时，设立 100 亿元规模的科技创新与产业升级引导资金，每年投入 20 亿元。

不过政府资金并非海归创业资金的主要来源，更多的是扮演引导民间投资的角色。以无锡市为例，根据无锡市科技局统计数据，截至 2012 年 6 月，无锡市"530"创新创业企业共计 1697 家，注册资本 52 亿元，其中 30.7 亿元为创业者自带资金，占比超过六成；以政府资金为主导的无锡市创业投资集团有限公司共投入 5.6 亿元，仅占12%；其余资金源自无锡本土乡镇企业、民营企业；专利技术入股占 7% 多一点。"530"，即引进领军型海外留学归国创业人才计划。

风险投资等民间资本已成为海归创业的重要投资方。在中国侨联的推动下，出现了老海归投资新海归的模式。

海邦人才基金由姚纳新等一批老海归创业者于 2011 年 1 月成立，主要投资由国家"千人计划"专家为代表的海归团队创建的、符合国家新兴战略产业的高科技企业。一期募集资金 5 亿，截至 2011 年年底已投资项目 12 个，多为风险较高的创业初早期企业。姚纳新也是杭州市侨联副主席，10 多年前回国创业。

"中国并不缺钱，浙江投资基金就有上千个。"姚纳新说："但缺少能够发现有潜力、存在风险的早期项目。"一般风险投资基金由于无法较好评估风险，对创业初早期企业避而不投；专业投资公司多为财务投资；民营资本与海归企业在经营思路等方面有差异。

老海归则具有明显优势。海邦人才基金的 20 多个合伙人均是海归创业者，其中 10 多人入选国家"千人计划"。10 多年的国内创业经验、相似的海归背景让他们能较好的评估新海归创业项目风险，敢于投资。首期基金过半资金就来源于老海归，其余为政府引导资金、民营资本。

老海归的投资还带来了创业经验。海归多为技术型人才，在营销、管理、财务等方面缺乏经验。有人回国便埋头开发产品，等产品出来后再建营销队伍。姚纳新直言这是走弯路。对市场需求的了解应早于产品开发。在立项开发产品时，就应该开展市场调查、了解营销方式。海归对市场需求的印象、美国经验并不能成为商业化行为的依据。"如果不捅破这层窗户纸，企业很可能就会蹉跎 2~3 年时间，甚至影响到企业的生死存亡。"类似的经验不胜枚举。

老海归投资新海归成为企业股东也令双方形成利益共同体，更有助于新海归企业的成长。面对股东，新海归愿意告知企业真实状况，不会含糊其辞。老海归则能据此给出中肯建议，增加新海归创业成功的几率，也令自己的投资多份保险。老海归投资新海归的模式获得了市场认可。姚纳新个人早年投资的一家海归企业，在海邦人才基金创立时就出资入股。而目前海邦人才基金二期已启动，拟募集资金 4 亿元。侨联进一步推动了这一模式的实体化。姚纳新、杨宝庆等几位老海归已在杭州未来科技园拿地，出资 6 亿元兴建乐富海邦创业创新园，总建筑面积达 13 万平方米。2014 年建成的园区成为海外高新技术企业孵化基地和留学人员回国创业基地。

民间资本突围①

2012 年 7 月 13 日，在前往鹿城区民间借贷登记服务中心的路上，出租车司机指着路边的山丘，告诉记者："去年有一些温州富豪，包下一座山头，只留一条密道，围聚山顶进行隐秘豪赌，一天输赢几百万元——钱炒钱来得太容易了。"在他眼中，2012 年的温州民间资本似乎"退烧了"。"今年以来几乎没有赌的了，也没有人敢把钱借出去。"

2011 年，由中小企业停工倒闭、老板跑路引发的温州民间借贷风波，昭示民间资本风险喷涌，温州金融改革实验区的设立，正企图疏通火山口，将暗流导入地上。

一、构建多重路径

受民间资本困局倒逼的温州金融改革，其十二项任务正是围绕着引导民间金融合法化、规范化与探索中小企业融资的更多途径这两大主题而设计的。

民间资本的阳光化，意味着需要合法的出口。因此，温州金融改革为民间资本发展设计了多条路径，即进入村镇银行等地方金融机构；设立投资管理机构；个人境外直接投资；发展地方资本市场，进行股权、技术等场外交易；中小企业发行各类债券做直接融资。

金融改革的难点，就在于如何落实这些方案。"政策没有松绑，相关的法律还不完善。民间资本进入金融领域仍面临着弹簧门。"民进中央经济委员会副主任、中国中小企业协会副会长、温州管理科学研究院院长周德文如是说。

金融改革方案的实施，能否突破现有政策框架就要看温州金融改革细则如何规定。温州金融办主任张震宇曾透露，最晚五一以前，温州金融改革细则就应该可以推出。然而在多方博弈下，在温州开始金融改革四个月后，这份细则仍未落地。周德文认为，阻力就来自现行体制和既得利益者。

金融改革任务第二项中，"符合条件的小额贷款公司可改制为村镇银行"曾令外界期望颇高，但由于细则未定，仍需在现行政策框架内实施。按照银监会在 2012 年 5 月发布的《关于鼓励和引导民间资本进入银行业的实施意见》，发起村镇银行仍需有银行作为主发起人，其最低持股比例由 20% 下降到 15%。

上海财经大学小企业融资研究中心研究员谭儒勇认为，如果转成村镇银行，民营企业必然受到主发起行监管与控制，没有决策权力。而主发起行也会将村镇银行视为网点拓展，无法真正服务当地产业。

主发起人的限制使得企业通过成立小额贷款公司直接转成村镇银行的期望破灭，企业成立小额贷款公司的意愿不高。温州计划 2012 年新增小额贷款公司 30 家，2013 年总数达到 100 家，截至 2012 年 5 月底，温州共有 28 家小额贷款公司。在小额贷款公司主发起人的首批招标中，有 7 家公司获得了拍照，而在七月份的温州第二批小额贷

---

① 资料来源：郭嘉. 民间资本突围. http://www.ceconline.com/financial/ma/8800064557/01/.

款公司主发起人资格招标中，有4家流标。

2011年年初，温州就曾经试水"个人境外直投"，当时的方案与这次温州上报的方案几乎相同——凡是18周岁以上的温州户籍居民都可申请境外直接投资，个人境外直接投资的年度总额不超过2亿美元、单次不超过300万美元。但当时的尝试由于核准程序复杂和外汇额度审批困难而告终。北京市中永律师事务所刘兴成律师认为，2011年温州个人境外直接投资试点失败是因为政策不配套，而当前人民币兑美元汇率幅度放宽，政策环境利于方案实施，以前都是经常项目可以自由兑换人民币，个人境外直接投资放开意味着资本项目开放，推进人民币汇率改革。

尽管细则尚未出台，改革面临重重阻碍，温州企业仍看到了改革中的许多机会。周德文认为："这次金融改革的最大亮点就在于承认了民间借贷的合法地位，放开了企业的直接融资渠道。"6月27日，温州第一单中小企业私募债由浙商证券承销的江南阀门在上海证券交易所取得了中小企业私募债备案通知书，发行私募债1亿元。周德文说，尽管温州金融改革的一些提法并不出新，但其能够落地得益于金融改革的政策支持，企业在非上市的股权交易中心进行交易之前就有，但是都是给国有企业和大企业的特权。现在允许中小企业股权进行场外交易，允许小微企业发行债券，都是实际操作上的突破。

二、重构信用体系

高利贷风波最大的影响就在于使"温州社会信用体系受到了重创"。周德文告诉记者："民间借贷规模严重萎缩。今年民间借贷规模从2011年的每月1200亿元减少350亿~400亿元，缩回到2010年的每月800亿元水平。"

这对温州企业有多大影响？北极新秀服饰有限公司董事长倪学善告诉记者："现在没有企业敢把钱借出去了，关系特别好的最多肯互保。企业就算没有因为放贷受到直接损失，在外的信誉也受到影响。以前打个电话，我们在义乌、金华的供应商就会直接发货过来，现在都要先付货款才行。"

"建立民间融资备案管理制度"是引导民间借贷阳光化的第一步，这也是温州金融改革的第一条。在此背景下，温州民间借贷登记服务中心应运而生。谭儒勇认为，民间借贷登记中心的成立，意义在于监控民间资金流向。重构信用体系，使民间借贷在风险可控范围内"活"起来。

温州民间借贷登记服务中心成立于2012年3月29日，4月27日开始正式运行。温州民间借贷登记服务中心以金融信息服务公司化运作，由温州14家法人、8个自然人投资设立，对个人向个人、个人向企业的贷款进行审核、登记，借贷风险由双方自行承担。当前温州民间借贷登记服务中心已经入驻了9家中介公司。一位温州民间借贷登记服务中心中介员工告诉记者："现在来借钱的有的是实在从银行、亲戚朋友中借不到的，还有就是不希望别人知道自己借钱的。"

在温州民间借贷登记服务中心方案设计之初，曾考虑通过备案登记，建立一套独立的信用系统。但样本容量与信息完备程度不足，约束交易风险效力有限。运行一个月以后，温州民间借贷登记服务中心引入了温州市人民银行征信查询服务，登记双方可凭身份证查询自己的信用报告，这是全国征信查询服务首次延伸到金融机构以外。

对于民间借贷登记服务中心这种信用体系的构建，争论的焦点归于两点：民间借贷登记服务中心能否被借贷双方认可？温州民间借贷登记服务中心能否有效监控民间资本流向？

在民间借贷登记服务中心门口贷款无果的陈先生告诉记者："这里手续比银行还麻烦，既然我有抵押物，为什么要高息借款呢？"倪学善也表示现在不完全看好民间借贷登记服务中心："借贷手续太麻烦，就算实在从银行借不到，还不如自己去找找熟人。"质疑还包括，登记服务中心对信息真实性与交易风险均不负责，如何保证交易安全？

速贷邦是首批入驻民间借贷登记服务中心的四家中介之一，截至 2012 年 6 月底，速贷邦已经成功配对资金 1500 万元左右。速贷邦经理叶振告诉记者，民间借贷登记服务中心提供的法律文本，并且聚集了公证、律师等服务，能够使借贷更加规范；中心还设立了"金融庭"，优先处理民间借贷登记服务中心出现的借贷纠纷案件。他认为这种模式将是借款人的必然选择："现在放贷人宁可利息低一些，首先要保证资金安全，因此借贷要来登记。经历了去年的事情，外面已经借不到钱了，不来登记中心怎么办？"

在温州民间借贷登记服务中心发布的最新数据中，从开业至 7 月 9 日，共成功配对资金 84 笔，借贷总金额 6136.5 万元，而登记供需资金总额逾 18 亿元，6 月平均月利率指数为 1.30%。倪学善表示，6000 余万元的数字并不算多："温州企业之间借钱一笔就是几百万元或上千万元，尤其是房地产公司，过去借几千万元或上亿元都不难。"

与民间借贷 800 亿的总规模相比，登记金额无异于九牛一毛。而温州民间借贷登记服务中心仅能登记 9 家中介资金交易信息，无疑难以获得全部市场信息。周德文对此的回答是："温州规划将来在每个区都设立两到三家民间借贷登记服务中心，将来登记服务会覆盖大部分的民间借贷行为。"经济学家叶檀直斥温州民间借贷登记服务中心交易效率低："借贷双方找不到为信用登记负责的机构，民间借贷登记网（借贷登记服务中心的官方网站）上也没有显示每天的民间借贷利率。"

温州民间借贷登记服务中心已经制定了服务流程，并将人民银行征信系统、车管所机动车抵押登记服务站等资源引入其中。能否通过民间借贷登记服务中心重构信用体系，使民间借贷阳光化运行，关键就在于民间借贷登记服务中心能否通过高效服务拉动交易量，这一模式尚待时间检验。

三、民间互助尝试

在温州酝酿金融改革的同时，一些中小企业自己也正在寻求出路。周德文告诉记者："在温州民间借贷危机以后，企业通过各种协会、联盟组建互助基金，是最常见的民间自救形式。"

温商品牌联盟正是危机过后企业发起互助的样本之一。在温州商务局、科技局鼓励下，2011 年 11 月，温州 11 个服装、鞋革类企业组成了温商品牌联盟，倪学善正是这一联盟的首届主席。目前温商品牌联盟成员已有 40 家，企业加入联盟的条件是"规模、信用和经营理念都可以，大家互相都比较认可"。

温商品牌联盟创立目标是进行联盟企业的融资互助，并通过联盟推广企业品牌，与全国温商开办的商场对接。从联盟成立之初，这些原本就互相熟悉的企业老板就分成 5 个或 10 个一组，分组进行互相担保。

"如果不是组成联盟，很难找到企业愿意做担保，好的企业也难以被发现。我们分组进行担保，风险就被分摊了。"倪学善告诉记者。2012 年 3 月，温商品牌联盟组建了互助基金，参与基金的企业共同出资，总资金额为 3000 万元，专门针对联盟内企业临时转贷需求。"企业在月初月底还贷的时候，就可以申请互助基金，手续方便月息也比外面低。现在外面高的要 3~4 分，而内部 1 分半到 2 分就可以了。"温商品牌联盟郑其江向记者解释企业使用互助基金的方式，"企业一般申请额度在 300 万~600 万元，都是不超过 3 个月的短期借贷，每个联盟成员或多或少都得到过支持。互助基金收益按照比例分红。"周德文认为："企业家将多余的钱聚集在一起组建互助基金，能够使风险分摊，不再局限于企业和银行之间，同时为企业扩充了信贷额度。"

互助基金的管理难题是，其发起是基于企业主之间的熟识与信任，难以严格管控。倪学善正在为互助基金的管理细节问题烦恼："有个企业借款去做担保，结果到期还不出来，联盟里有些企业对此很有意见。对于资金额度怎么放和管理办法的细节，我现在也在考虑。"

周德文认为，互助基金运作的关键问题在于不能将风险蔓延到社会："互助基金必须严格保持封闭式运作，不能拓展到成员之外。"

温州"金改"两年 促民间借贷浮出水面①

温州"金改"是国家设立的第一个金融综合改革试验区。2014 年 3 月 28 日在国务院批准温州设立金融综合改革试验区两周年之日，温州市"一揽子"推出创建金融资产交易中心等 7 个重大项目。

一、民间借贷从地下走上地面

长期以来，地下融资活动是温州民间借贷的主渠道，这也是民间借贷风险的温床。最终引爆了 2011 年 8 月和 9 月剧烈的民间债务危机，导致温州民间资本、民间融资和社会经济元气大伤。

国务院确定温州"金改"12 项重大改革任务之首是："规范发展民间融资。"有关专家解读说，这就是要将民间借贷从地下引到地上，使之阳光化、规范化。

为了促使民间借贷浮出水面，温州"金改工程"初步建成一个完整的引导体系。制定并实施了全国第一部金融地方性法规《温州市民间融资管理条例》，配套制定《实施细则》和《操作指引》，在立法层面为全国民间借贷规范化管理、法制化建设提供了一份颇具借鉴价值的样本。

在全国首创一批民间借贷登记服务中心。截至 2014 年 3 月 25 日，民间借贷人在登记服务中心登记借入、借出需求总额超过 94.41 亿元，成交额为 33.68 亿元，借贷成功率达到 35.86%。

创建了真实反映民间借贷市场化利率的"温州指数"。该利率指数已通过汤森路透集团的平台中英文同步上线向全球发布。温州还联合全国 31 个城市建立联盟，共同编制、发布当地民间借贷利率指数，实行信息共享。全国已有 20 多个城市借鉴温州经验开展民间利率指数试点。

---

① 资料来源：张和平. 温州金改两年 促民间借贷浮出水面. http://news.xinhuanet.com/fortune/2014-03/30/c_1110009270.htm.

建立了阳光化的"大额借贷强制备案制"。自 2014 年 3 月 1 日备案制实施起至 25 日，温州全市已登记 409 笔、共计 6.66 亿元，其中 300 万元以上强制备案 86 笔，共计 5.51 亿元，开局良好。

温州市金融办副主任余谦认为，民间借贷规范化要走的方向就是把借贷双方的信息尽量透明，让出借人认知风险所在，就能使民间借贷逐步从地下走向地面。

二、民间资金管理公司开拓融资新渠道

2014 年 1 月初，乐清市沪光集团有限公司成功发行首单"企业定向债"5000 万元，为温州中小企业直接融资做出示范。2013 年 1 月 4 日，瑞安华峰民间资本管理公司通过私募方式，首单成功募集资金 1 亿元，为中小企业通过私募方式开拓融资新渠道提供有益的借鉴。

这种募资模式不是私募基金，也不是公募基金，温州市"金改"将之取了一个全国首创的新名称——"定向集合资金"。"定向集合资金"与"企业定向债融资"一样，就是走新型的私募之路以缓解中小企业的融资饥渴。

由此，全国首创投融资平台的"土特产"——民间资金管理公司脱颖而出。温州"金改"的设计者赋予其多项融资功能，可以资本私募融资、债券私募融资、股权私募投资、短期民间借贷、项目投资等，但不能吸收存款，不能公募。两年来，温州全市数百家小微企业 658 个生产经营项目通过 10 家民资管理公司融资到 22.39 亿元民间资本。2013 年，浙江省政府部署全省 9 个县市区"复制"这个"非标组织"。

两年来，温州"金改"积极推送小额贷款公司的优势，44 家小贷公司通过实物抵押、信誉担保等方式，为成千上万家小微、"三农"企业放贷 752 亿元，在一定程度上缓解了融资难问题。

温州大胆改革，还允许企业因生产经营需要可以以非公开方式进行"定向债券"向外直接融资，使企业不要吊死在银行贷款间接融资的树上。两年来，温州市直接融资年均新增超过 100 亿元，2013 年比上年增长 59.4%。

三、建立防范机制扎紧金融风险篱笆

国务院提出温州金融改革 12 项重大任务其中之一是建立金融综合改革风险防范机制。

两年来，温州市以系统建设、基础建设的思路对此做出了积极而成功的探索。设立地方金融管理局，成立金融仲裁院、金融犯罪侦查支队和金融法庭等机构，初步形成地方金融监管组织体系。

出台地方金融监管"1+7"系列文件和各类金融组织的监管办法。实行现场检查和非现场监管相结合的新模式。建成金融业综合统计信息平台及温州金融监测报数平台，初步形成了扎紧金融风险的篱笆的运行机制。

打造信用体系，建成政府征信平台。已实现政府系统的发改委、公安、法院、工商、地方金融等 35 家机构采集的信用信息互通共享，逐步将政府的信用信息平台与人民银行的征信系统对接互通。

建立政府金融监管与司法金融审判联席会议制度，法院出台金融改革司法保障措施。对处置金融大要案不扯皮、不踢球，实行"政、银、公、法"联动应对。这些防范化解区域金融风险的系统、基础建设填补了在地方金融市场主体及民间金融活动领域的监管空白。

【案例思考】

1. 创业企业信用融资的主要渠道有哪些？
2. 如何构建民间借贷的信用体系？
3. 应如何规范民间借贷的发展？

三、创业融资实训

（一）实训目标

体会团队合作价值，训练团队合作精神，掌握团队合作基本技巧。

理解民间借贷融资的不同形式，具备编写个人借款合同的基本技能。

理解民间借贷合同和借据的主要区别，熟练掌握相应的编制方法。

（二）实训活动

1. 活动内容

签订个人借款合同。

2. 活动形式

5 人一组为最佳。

3. 活动时间

30 分钟。

4. 活动地点

教室。

5. 适用对象

全体学生。

6. 活动目标

训练民间借贷方式中个人借款合同的签订，以培养学生的综合思维能力。

7. 活动资料

2014 年 3 月 28 日，李强找到张宇作为担保人，向王刚借钱，经协商双方达成书面协议如下：

今借到王刚人民币 100 000 元（拾万元整），2014 年 12 月 28 日前归还，利息为 1.2 分。

8. 活动程序

（1）根据活动资料的内容，划分若干小组，每个小组 5 名成员。各组成员分别担当借款人、出借人、担保人、借款人法律顾问、出借人法律顾问。

（2）借款人与出借人达成借款意向，并确定是否需要担保人。

（3）若需要担保人时，借款人和担保人一起去找出借人，拟签订借款合同。

（4）借款双方和担保人，共同商议，并起草借款合同初稿。

（5）借款双方以及担保人仔细研读初稿，对各自不明事项或模糊信息，聘请专业法律顾问进行指导，以确定初稿是否对已方有利。

（6）在双方法律顾问的指导下，各方彼此协商，消除歧义事项，最终签订合理有效的个人借款合同（合同样本如图 6.8 所示）。

个人借款合同

甲方（债务人）：＿＿＿＿（姓名） 身份证号：＿＿＿＿＿＿＿＿＿＿＿

乙方（债权人）：＿＿＿＿（姓名） 身份证号：＿＿＿＿＿＿＿＿＿＿＿

甲乙双方在平等、自愿前提下就下列事宜达成一致意见，签订本合同。

第一条　借款约定

（一）乙方借给甲方人民币（大写）＿＿＿＿＿＿＿＿＿＿＿。

（二）本合同借款用于＿＿＿＿＿＿＿＿＿＿＿＿＿＿＿＿。

（三）本合同借款月利率为＿＿＿＿＿＿＿。

（四）本合同借款期限为＿＿月，自＿＿＿年＿月＿日起，至＿＿＿年＿月＿日止。

（五）甲选择的还款方式为＿＿＿＿＿＿＿＿＿＿＿＿＿＿＿＿。

（六）本合同借款的担保方式为个人无限连带保证反担保（见第二条保证条款）。

（七）本合同自签订日起生效，一式三份，甲、乙、丙各执一份。

第二条　保证条款

（一）担保方式：本合同的保证方式为连带责任保证。

（二）担保范围：（1）本合同项下的借款本金、利息、罚息；（2）违约金、赔偿金、补偿金；（3）为实现债权和质权所支付的费用（包括但不限于因违约方发生的律师费）。

（三）保证人保证责任的保证期限自本合同生效之日起，至本合同项下债务履行期限届满之日起两年。

（四）在借款期内，保证人发生被宣告破产、被依法撤销、解散、资不抵债等丧失担保资格和能力的变故时，保证人应及时通知乙方，甲方应提供新的担保。

（五）本合同项下保证人的一切义务均具有连续性，对其合法继承人具有完全的约束力。

第三条　违约责任

（一）发生下列情况之一即构成违约：

（1）甲方改变借款用途；

（2）甲方违背本合同约定，逾期或未按约定的金额归还借款本息；

（3）甲方提供的用于借款的证明、资料等文件有虚假、非法的情况；

（4）甲方死亡、被宣告死亡、被宣告失踪、丧失民事行为能力后无继承人、受遗赠人、财产代管人、监护人或者其继承人、受遗赠人、财产代管人、监护人拒绝履行本合同；

（5）合同履行期间，抵押人擅自处分抵押物，或者抵押人的行为足以使抵押物价减少，乙方要求恢复原状、提供担保遭到拒绝；

（6）保证人提供虚假财务报告或者拒绝乙方对其财务状况进行监督、检查；

（7）保证人违反合同条款或丧失担保能力甲方未能提供符合乙方要求的担保；

（8）甲方或担保人其他可能影响归还乙方贷款的行为。

（二）发生违约情况时，乙方有权采取以下措施：

（1）按中国人民银行的规定计收罚息和复利；

（2）要求甲方立即提前偿还部分或全部借款，或者以合法程序处分本合同项下的抵押物以清偿全部借款和利息，或要求保证人履行保证责任。

图 6.8　个人借款合同

9. 训练要求

（1）各组成员分别担当借款人、出借人、担保人、借款人法律顾问、出借人法律顾问，借款双方以及担保人充分考虑己方利益，以签订有效的个人借款合同。

（2）各组必须在规定时间内提交个人借款合同，逾时不予考评。

四、创业融资深度思考——推荐阅读

赛维 LDK 融资策略之痛：四大原因①

2013 年 3 月 18 日无锡尚德太阳能电力有限公司债权银行联合向无锡市中级人民法院递交无锡尚德破产重整申请。尚德的本外币授信余额折合人民币已达到 71 亿元。

一时之间，光伏行业上市公司普遍存在严重负债问题再次被置于风口浪尖。纵观这些公司的融资策略大多以短期债务为主，面临着较高的违约风险。在如今外有欧美"双反"政策和欧债危机，内有过度竞争和产能过剩的环境下，光伏企业的资金链无法承受其严重的债务压力，融资已成为最致命的问题。为此本文通过对同样身处负债经营及融资困境的上市公司——赛维 LDK 的探讨，试图对如何从根本上改善这种状况提出一些建议。

一、不能承受之轻的负债

2008 年后我国的光伏行业持续增长，中国太阳能电池产量实现了跨越式发展，成为全球太阳能电池第一生产大国。2011 年欧债危机、2012 年欧盟及美国对华的"双反"调查及中国经济的放缓、行业产能过剩，光伏行业的市场形势急转直下，全产业链业绩下滑。曾经风光无限的光伏"巨头"们如今面临着三大不利因素：政策转向、债务危机、融资受限，光伏企业面临着新一轮"寒冬"的考验。

据美国投资机构（MaximGroup）的统计，截至 2012 年 6 月，中国海外上市的光伏企业债务累计已高达 175 亿美元，折合大约 1110 亿元人民币，平均负债率高达 70% 以上。即将到期的债务引发的财务危机和因资金链断裂引发的融资问题是中国在海外上市的 10 大光伏企业普遍存在的问题。赛维 LDK 是继无锡尚德之后的又一个中国太阳能产业巨头，是国内乃至全球领先的垂直一体化光伏产品生产企业，现如今负债率居海外上市光伏企业的榜首，糟糕的经营业绩透射出目前光伏行业的"寒冬"已透骨至深。对于这样一个光伏龙头企业，曾经风光无限，为何如今却泥足深陷财务危机和融资困境中无法自救，甚至接近破产边缘？

二、赛维 LDK 的负债及融资现状

2007 年赛维 LDK 在纽约证券交易所上市，公司的总资产逐年增长，资产负债率也随之急剧上升，从 2007 年的 47.08% 急速增长到 2012 年第三季度的 94.01%，赛维 LDK 处于过度负债经营状态，资产结构已经严重失衡，股东权益降到历史最低点，企业的基本财务结构不稳定。赛维 LDK 目前存在的问题如下：

---

① 资料来源：付萌. 赛维 LDK 融资策略之痛：四大原因. http://www.ccpan.com/article/264247.html.

（一）激进型筹资政策

赛维LDK的营运资本长期处于负数状态，大部分长期资产由流动负债提供资金来源。现金及短期投资额虽然逐年增长，但增长额不能平衡其短期负债高额增长所带来的债务压力。如今多晶硅价格持续走低至生产成本以下，产品销量、价格均大幅度下降，大量积压的存货不仅使价值降低而且受产能过剩、市场需求减弱的影响导致其变现能力差。公司流动资产质量差，此时不应大幅度增加负债而应减少负债，但投资于物业、厂房及设备的金额仍然是不断攀升，即便是2011年市场行情较差，赛维LDK的固定资产投资仍然较上年增加了8.87亿美元，2011年的权益资本/固定资产的比重不足21%。企业产能扩张所需的资金大部分来源于负债，债务的偿还能力又差，企业面临很高的财务风险和违约风险。

（二）负债结构不合理

赛维LDK的负债期限结构在2007年上市时的流动负债占总负债的比重最高，但在接下来的两年内发行长期债券或借入长期负债使得负债结构得到了很大的改善。2010年长期负债的减少或逐渐到期和短期借款的大额增长，流动负债比重加大，但2010年市场需求达到顶峰，带动销售额的大幅提高掩盖了公司过度依靠负债经营的危机。2011年产能过剩，市场需求减弱，企业销售额下降、成本上升，经营出现问题的同时遇上高额的利息，企业陷入债务危机。2012年赛维LDK第三季度的财务报告显示出企业的资本大幅度缩水，权益资本降到历史最低，负债率却达到顶峰，企业面临严重的财务危机。适合光伏行业的资产负债率限额有待探索。

（三）融资结构和资本结构欠妥

企业资产负债率、产权比率偏高，显然赛维LDK的融资策略是以短期融资为主，长期债券为辅，股权融资比重较低。尽管2011年年报上首次出现优先股，公司开始对以负债为主的融资结构进行改善，但由于不断滚动产生的短期负债和借入的债款使得其作用微乎其微。在市场需求狂热时期，对影响资本结构内部各因素之间的关系不明确，影响企业的风险应变能力。对影响资本结构的外部因素忽视或过度看好，急于扩大市场的占有份额而忽视市场风险，影响企业的投融资决策。企业未全面考虑应以何种方式融资及其所带来的风险是否在公司的承受范围之内。

（四）再融资受限，投资者对公司信心降低

由于赛维LDK目前不仅经营业绩下降而且面临严峻的债务危机和信誉危机，加上近期的退市风波，投资者对赛维LDK的信心大打折扣。基于赛维LDK存在的上述种种问题，企业要重新融入大量资金解决现已存在的财务困境、资金链断裂等问题很困难，再融资成为企业能否走出困境、渡过这段危险期成功存活下来的关键。

三、融资困境的四大原因

赛维LDK对于目前存在的财务危机也积极实施了一系列策略来解决公司面临的种种危机。其一是通过出售、抵押部分资产用于偿还相关采购款项，如转让太阳能电站项目、产品抵押等偿还账款或获得资金，解除退市危机并降低合并资产负债率；其二是与同行合作，降低行业内部竞争，如与易成新材、新大新材重大项目紧密合作，与奥克股份达成战略合作意向等；其三是改组董事会，引入新股东和国资，缓解短期资金压力。赛维 LDK 采取上述三种方法来改善企业的危机，有一定的效果但筹集的资金额度均很少，仅仅能缓解短期压力，总体上对于其数以亿计的负债来说实在是杯水车薪，远远解决不了存在的问题。赛维 LDK 没有从根本上寻找到问题的原因，从而也无法募集到足够的资金来改善公司状况。

一个公司的发展受内外部双重因素的影响，外部市场需求、政策变动不仅直接影响公司经营业绩，还通过内部融资结构影响公司的财务风险。赛维 LDK 为何从与无锡尚德并驾齐驱的光伏巨头沦落到濒临破产的局面，与其自身的战略失策及公司治理不无关系。经过上述对赛维 LDK 负债状况和融资现状的分析，对赛维 LDK 目前存在的问题进行原因分析如下：

（一）资金管理不善，使用效率低，创造内部现金流能力严重不足，资金链存在问题

应收账款、存货占企业流动资产比率大，特别是存货占有大量比重。存货管理不善，过度依赖国家政策，未考虑市场需求，大量生产且周转率低下，不仅占用资金还要因此付出大额仓管费用。应收账款周转率和存货周转率低，流动资产质量低下，资金回笼时间过长得不到有效的利用，影响企业的经营和发展。

（二）市场需求下降，行业产能过剩

光伏行业近年来高速发展导致产能过剩、同业竞争，现如今又遇到市场需求下降及政策转向，使得公司的销售额下降，经营业绩十分糟糕。不仅产品滞销，成本也得不到政府补贴，企业陷入经营困境。光伏企业的应收账款周转率普遍偏低，加上信用政策的宽松，在一定程度上说明产能过剩，需求下降导致存货滞销，企业大部分的销售额需要靠大量的赊销和宽松的信用政策来支撑。

（三）公司监督机制不完善

公司治理方面存在着一定的问题，监督机构对管理层的监管不力。企业的关联方交易混乱，部分高管控制企业向关联方输送利益，谋求个人利益最大化而非全体股东利益最大化。投资者与高管之间信息不对称，无法真正了解公司情况也无法对管理层进行约束。

（四）公司管理层战略失策

其一是企业对外部市场过度看好，在不考虑市场产能过剩情况下盲目扩张，如今经营业绩下滑，大量扩张的物业、厂房及设备停产，不仅占用的资金无法收回而且对品牌造成很大的负面影响，企业的投资战略失策。其二是融资策略不合理，不符合现代企业管理理论。融资策略过度偏向负债融资，追求低成本而忽略其潜在的高风险。按照融资的啄序理论，先内源后外源，先债务融资后股权融资，赛维 LDK 显然对内源融资未予以足够的考虑，尽管在外源融资中贯彻落实了债务融资，但过度的负债经营也是企业现状的缘由，企业应考虑如何加重股权融资比例来稳定公司的财务结构。

四、融资优化对策

产能扩张及成本、价格等的下降带来新的需求是新兴产业的发展模式之一。尽管现在光伏行业产能过剩、步入低谷，但这同时也是新一轮发展的开始。从长远来看，光伏行业作为战略性新型产业的前景依然是十分广阔的。赛维 LDK 只要能成功摆脱经

营危机和财务危机并重新回到正轨，就能再一次走上快速崛起的资本道路。建议先解决资金及经营方面存在的问题，再逐步对融资结构进行调整，归纳如下：

（一）提高资金的使用效率，增强企业自身的"造血"功能

首先是企业的存货大量积压占用资金问题，企业可以对存货采用诸如及时制供应（JIT）等这类模式，根据市场需求情况的反馈，控制存货，减少库存，节约成本。其次是大量的应收账款，调整企业的信用政策等减少账款或者对账款进行追回，企业也可以通过转让应收账款，既可以实现融资又可以改善流动资产质量。最后是对于物业、厂房及设备的投资可以维持企业现如今的策略，一方面可以出售部分资产归还欠款，另一方面可以与同行合作共同开发。合作可以发挥协同效应，减少同行之间的价格竞争。

（二）注重行业创新，进行技术革新

光伏企业可以对产品进行创新来吸引消费者、产品跨领域合作等，重新引发新的市场需求，如三星发布的一款新型的笔记本电脑可以通过太阳能进行充电等。企业可以拿出部分用于扩张构建物业、厂房及设备的资金投放到创新产品的研发上，把握住商机，差异化竞争产品使企业获得超额利润的同时还能强化品牌力度，有助于赛维LDK重获投资者青睐。

（三）拓宽融资渠道、创新融资方式，使融资能够多元化发展

面对又一次的"寒冬"降临，企业的纵向一体化及横向"抱团取暖"已经不能完全解决问题。发行股票方面，企业可以考虑向同业定向增发获得股权，既可以避免同业竞争又可以共进退保持行业领先地位；发行债券方面，如果可行可以考虑发行可转换债券，前提是要向公众释放企业未来发展良好的信号，企业也可以考虑根据公司的情况创新债券的品种来吸引投资者。光伏企业的主要债权方是银行，企业应主动与银行积极协商，争取贷款到期后能够续贷，既可以获得足够的资金维持正常经营又可以避免违约导致企业信誉下降。

（四）融资结构科学化

如今经营风险较大的情况下，企业尽量不要保持很高的负债率，应提高权益资本的比率，加强股权融资，保证企业财务结构的稳定，降低风险。对现在的激进型负债政策应转向配合型负债政策，尽可能贯彻筹资的匹配原则，即对于临时性流动资产，由流动负债筹集资金；对于永久性流动资产和固定资产，运用长期负债、自发性负债和权益资本筹集资金。企业要想进一步发展和避免再次陷入危机，就必须重视融资结构的科学性。

作为新能源产业的光伏行业市场并不够成熟，很大程度上受到环境和政策的影响。在这种特殊行业中，协调、构建最优的公司内部环境十分重要。赛维LDK应放缓海外市场的发掘，组建专业团队对企业的经营状况及融资策略进行分析并探讨出适合本企业战略发展的规划，改善企业的负债状况，在稳步中进一步发展。总而言之，中国光伏行业的路还很漫长。

第七章　政府融资

【学习目标】

通过本章知识的学习，了解政府融资的特点，掌握政府融资的常见种类和形式；通过案例学习，理解政府融资不同形式的利弊；通过实训活动，掌握政府融资的基本技巧；通过深度思考，正确理解政府融资的作用和价值。

一、创业融资政府融资知识

（一）政府融资的概念及特点

1. 政府融资的概念

政府融资是指创业企业采用申请方式通过政府获得各类创业资金的一种融资渠道。在实务领域中，从资金存在形态而言，创业者获得的此类资金通常也被称为政府扶持资金。政府扶持资金是为了促进国民经济发展、支持科学研究和企业发展，国家各级政府专门设立的一种政策扶持资金或计划项目资金。创业企业只要具备政府扶持资金要求的条件，均可申请政府扶持资金。

在国家提出建设创新型社会的经济发展理念的引导下，政府充分意识到创新创业在国民经济中的重要地位，已先后出台了若干政策鼓励创业。国家由原来的消极减税支持转变为积极财政资金直接支持，通过设立各种创新基金。设立若干"孵化器"等多种方式提供融资。各地方政府也根据地方经济发展特点和需要相继出台了各种各样的政府创业扶持基金政策，其内容多变、形式多样，包含了从税收优惠到资金扶持、从特殊立项到特殊人群的各种创业基金。政协政策的相继出台，对于拥有一技之长又有志于创业的诸多科技人员，特别是归国留学人员而言提供了一份很好吃的"免费皇粮"，为他们的创业提供了免费的资金支持。

2. 政府融资的特点

随着经济体制改革的深化和金融环境的变化，政府融资这一融资成本非常低的融资渠道不断表现出新的特点。主要表现在以下几个方面：

第一，国家扶持资金的资助贯穿创业企业生命周期的绝大部分。政府提供的创业扶持资金包括从创业初期的研发资助、资本金支持到项目产品产业化以及走出国门开拓市场等不同发展阶段的不同类型的资金支持，基本上为创业企业提供了创业全程关键阶段的资金支持和保障。

第二，以不干预竞争为原则确定资助形式。政府提供资金资助的主要目的是促进创业，带动就业。市场经济的本质要求是政府发挥监督管理的间接作用，引导市场主体的各种行为。市场竞争应当遵循市场经济基本规律进行，政府不可直接干预。因此，政府扶持资金的投入必须以不干预市场竞争为原则，针对创业企业在不同阶段遇到的不同问题，采取不同的资助形式具体实施。例如，创业初期研发资金不足，政府可以设立专项基金用于研发资金不足的资助。科技部 863 计划、973 计划、星火计划、火炬计划、创新基金等专项基金的设立就是典型的研发资金政府资助形式之一。

第三，资助形式多样化，不同资助形式实现的政策目标不同，采取的组织方式不同。政府资金发挥的是引导和杠杆作用，根据不同目标采取不同的资助方式，不同的资助方式会采取不同的组织方式。因此，政府扶持资金的资助形式不固定，呈现多样化的特点。

（二）政府融资具体形式

目前，我国政府为创业企业提供的扶持资金主要采取专项基金形式具体实施，因此创业企业的政府融资具体形式由政府专项基金的具体形式决定。从当前实务领域内实际运作的基金形式看，主要的政府融资形式有科技型中小企业技术创新基金、创业投资引导基金两种形式。除此之外，根据资本来源不同还包括其他几种类型。

1. 科技型中小企业技术创新基金

（1）概念。科技型中小企业技术创新基金是 1999 年由国务院批准设立的，简称创新基金。创新基金以创新驱动发展战略为引导，按照加快发展方式转变和经济结构调整的总体部署，紧紧围绕加快培育战略性新兴产业，强化企业技术创新主体地位，以全面提升科技型中小企业技术创新能力为目标，不断优化技术创新创业环境，充分发挥财政资金的引导作用，引导社会资金和其他创新资源支持科技型中小企业发展。

创新基金由科技部主管、财政部监管，通过无偿资助、贷款贴息和资本金投入三种方式，支持科技型中小企业创新创业，已形成了资助种子期、初创期企业的技术创新项目，资助中小企业公共技术服务机构的补助资金项目和引导社会资本投向早期科技型中小企业的创业投资引导基金项目。

创新基金是一种引导性资金，通过吸引地方、企业、科技创业投资机构和金融机构对中小企业技术创新的投资，逐步建立起符合社会主义市场经济客观规律、支持中小企业技术创新的新型投资机制。

创新基金的资金来源为中央财政拨款及其银行存款利息。创新基金不以营利为目的，通过对中小企业技术创新项目的支持，增强其创新能力。

（2）具体支持方式。根据中小企业和项目的不同特点，创新基金分别以贷款贴息、无偿资助、资本金投入等不同的方式给予支持。

①贷款贴息。对已具有一定水平、规模和效益的创新项目，原则上采取贴息方式支持其使用银行贷款，以扩大生产规模。一般按贷款额年利息的 50% ~ 100% 给予补贴，贴息总额一般不超过 100 万元，个别重大项目最高不超过 200 万元。

②无偿资助。主要用于中小企业技术创新中产品研究开发及中试阶段的必要补助和科研人员携带科技成果创办企业进行成果转化的补助。资助数额一般不超过100万元，个别重大项目最高不超过200万元，且企业须有等额以上的自有匹配资金。

③资本金投入。对少数起点高、具有较广泛创新内涵、较高创新水平并有后续创新潜力、预计投产后具有较大市场需求、有望形成新兴产业的项目，采取资本金投入方式。资本金投入以引导其他资本投入为主要目的，数额一般不超过企业注册资本的20%，原则上可以依法转让，或者采取合作经营的方式在规定期限内依法收回投资。

（3）支持项目的条件。创新基金面向在中国境内注册的各类中小企业，其支持的项目及承担项目的企业应当具备下列条件：

①创新基金支持的项目应当是符合国家产业技术政策、有较高创新水平和较强市场竞争力、有较好的潜在经济效益和社会效益、有望形成新兴产业的高新技术成果转化的项目。

②企业已在所在地工商行政管理机关依法登记注册，具备企业法人资格，具有健全的财务管理制度；职工人数原则上不超过500人，其中具有大专以上学历的科技人员占职工总数的比例不低于30%。经省级以上人民政府科技主管部门认定的高新技术企业进行技术创新项目的规模化生产，其企业人数和科技人员所占比例条件可适当放宽。

③企业应当主要从事高新技术产品的研制、开发、生产和服务业务，企业负责人应当具有较强的创新意识、较高的市场开拓能力和经营管理水平。企业每年用于高新技术产品研究开发的经费不低于销售额的3%，直接从事研究开发的科技人员应占职工总数的10%以上。对于已有主导产品并将逐步形成批量和已形成规模化生产的企业，必须有良好的经营业绩。

（4）创新基金支持重点。

①相关高新技术领域中自主创新性强、技术含量高、市场前景好、能够在经济结构调整中发挥重要作用的项目，具有显著节能降耗效果的资源节约型、环境友好型项目。

②有较大的影响力和显示度的重点项目。

③采用现代管理经营理念和商业模式，运用信息手段和高新技术，为生产和市场发展提供专业服务的高新技术服务项目。

④初创期的科技型小企业，尤其是孵化器内企业的创新项目。

（5）创新基金不支持的项目。

①不符合国家产业政策的项目。

②无自主创新的单纯技术引进项目、低水平重复项目、一般加工工业项目和单纯的基本建设项目

③知识产权不清晰或有权属纠纷的项目。

④已列入国家科技计划并得到国家科技经费支持的、目前尚未验收的项目。

⑤实施周期过长或投资规模过大的项目。

⑥对社会或自然环境有不良影响的项目。

⑦《科技型中小企业技术创新基金项目申请书指南》中明确当年度不支持的项目。

（6）创新基金不支持的企业。

①外商独资企业和中方拥有股权未超过50%的中外合资企业（留学人员创办的企业除外）。

②已经上市的企业以及上市企业占有50%以上股份的企业等。

（7）创新基金申请应注意的关键问题。

在创新基金的申请阶段，应注意处理好以下关键问题，以提高申请成功的概率。

问题一：经营什么业务的企业可以申报创新基金？

申请创新基金的企业必须是主要从事高新技术产品研制、开发、生产和服务的科技型中小企业。

问题二：企业申报创新基金首先应该学习哪些文件？

企业申报创新基金首先必须认真学习以下文件：

①《科技部、财政部关于科技型中小企业创新基金的暂行规定》。

②《科技型中小企业技术创新基金项目申请须知》。

③当年度重点项目指南。

④《科技型中小企业技术创新基金项目申请书指南》。

⑤申报创新基金软件系统说明书。

问题三：项目必须具有一定的成熟性是指什么？

项目成熟性是指：

①产品处于研发阶段的项目，应已拥有被专家认可的创新性较高的实用技术，有明确的技术线路和产品构想，并有明确的市场应用目标。

②产品处于中试阶段的项目，应已完成产品的样品或样机（申报时须附其照片），并已有完整、合理的工艺路线以及有效的生产及市场经营计划。

③产品处于规模化阶段的项目，应已是成熟的产品并已小批量进入市场，具有较强的市场竞争力。

问题四：投资类与咨询类企业，其兼营范围内包含所申请项目的技术开发或生产等业务是否符合创新基金的要求。

该业务不符合创新基金的要求，承担创新基金的企业，其所申请开发或生产的项目必须在其主营范围内。

问题五：对产、学、研联合的项目，企业申请创新基金应注意什么？

属于研发阶段的项目，要出具技术合作协议或合同；属于中试和批量生产阶段的项目，应出具技术研制、开发方与生产方的技术合作、转让协议或合同。

问题六：如何正确申请创新基金支持方式？

企业在申请创新基金时应注意以下方面：

①申请项目处于研发阶段或中试阶段的，可以申请无偿资助的方式；对于处于中试阶段，但可以申请到贷款的企业，创新基金鼓励其申请贷款贴息方式。

②申请项目处于批量生产阶段的项目，可以申请贷款贴息方式，不可以申请无偿资助方式。

③对于未按照规定支持方式申请创新基金的企业，创新基金管理中心将作为形式审查不合格，按不受理处理。

④由于资本金投入方式目前尚未正式启动，因此创新基金管理中心暂不受理该种支持方式的申请。资本金投入方式正式启动，创新基金管理中心将发布有关信息。

问题七：企业撰写《科技型中小企业技术创新基金可行性研究报告》需要注意哪些问题？

由于可行性研究报告是提供创新基金管理中心审查及专家评审的主要文件及依据，这份文件撰写的质量优劣，直接关系到对该项目的评审结果，认真撰写此文件十分重要。为此，企业应注意以下几点：

①申请创新基金可行性研究报告一定要严格按照创新基金管理中心制定的可行性研究报告提纲实事求是的撰写。

②应突出写明项目关键技术和共有几个创新点，创新实质是什么（如原理创新、结构创新、应用创新等）；写明每一点的主要内容（如技术要点、主要指标等）。

③要求有与国内外同类技术、产品的比较，可用文字叙述或表格的形式。

④可行性研究报告的撰写要求明确、翔实，尽量使其丰富，不得随意空缺或省略。

⑤可行性研究报告既可以由申请企业组织撰写，也可以委托有资质的中介结构完成。

⑥根据创新基金管理规定，可行性研究报告编制完成后，必须进行专家论证。企业可以自行组织，也可以由项目推荐单位组织，论证专家不得少于三人，专家名单附在论证意见后面。

⑦可行性研究报告各栏目内容应该完整，不能有缺项。

⑧可行性研究报告应有清晰、完整的目录和页码。

问题八：企业应该如何选择推荐单位？

根据《科技部、财政部关于科技型中小企业技术创新基金的暂行规定》中"申请材料须经项目推荐单位出具推荐意见"的规定，申请科技型中小企业创新基金的企业首先应选择好推荐单位，推荐单位一般应在申请企业所在地区选择。推荐单位应是熟悉被推荐企业及项目情况的地市以上（含地市级）科技主管机构或行业主管部门。国务院各部门按照属地原则，可以推荐北京的直属企业申报创新基金。

问题九：申请创新基金项目在起名称时应注意什么？

由于创新基金的支持对象是产品、技术及工艺等创新，因此申请创新基金项目名称要文字简练，能准确、如实反映项目的内涵。在起名字时要注意，不得以"……基地建设"、"……的可行性研究报告"等冠名。

问题十：企业在编制财务预测时，哪些方面有统一规定？

①项目计算年限为 5 年；

②折旧方式采用直线法，年限为 5 年，产值为 5%；

③无形资产摊销年限为 5 年；

④计算项目净现值时贴现率为 30%。

问题十一：如何估算投资项目中所需流动资金？

投资项目中所需流动资金的估算有如下两种方法：

①扩大指标估算法。一般可参照同类生产企业流动资金占销售收入、经营成本、固定资产投资的比率，以及单位产量占用流动资金的比率来确定。

②分项详细估算法。

问题十二：如何进行生产成本的估算？

生产成本估算分为如下两部分：

①单位生产成本的估算。

②总成本费用估算表。

问题十三：如何进行销售收入的估算？

销售收入的估算必须从项目实施期开始分年预测，并考虑单价是否含税，编制销售收入表。

以上介绍的主要是国家设立的科技型创新基金。在国家的引导下，各地方政府也都建立有各种不同类型的科技创新基金，虽然名称不尽相同，但主要的宗旨和目的是相同的。例如，北京市科学技术委员会有高技术成果转化基金项目、高成长企业自主创新科技专项基金、科技研究开发机构自主创新专项基金、专利试点企业基金、文化创意产业发展专项资金、自然科学资金等；北京市经济和信息化委员会（原北京市工业促进局）则设立有中小企业发展专项资金、工业发展专项资金、北京市认定企业技术中心专项基金等。山东省则设立有山东省自主创新成果转化专项资金、山东省创新型企业专项资金、山东省科技型中小企业创新发展专项扶持资金等多种无偿资助基金项目。

2. 创业投资引导基金

（1）概念。创业投资引导基金是指由政府设立，以市场化的方式运作，不以营利为目的的政策性基金。创业投资引导基金通过出资或提供融资担保等方式扶持商业性创业投资企业的设立和发展。创业投资引导基金的宗旨是发挥财政资金的杠杆放大效应，引导社会资金参与到创业投资领域，在增加创业投资资本供给的同时，创业投资引导基金本身并不直接参与创业投资运作业务。创业投资引导基金有效克服了单纯通过市场配置创业投资资本的市场失灵问题，特别是通过鼓励创业投资企业投资处于种子期、起步期等创业早期的企业，弥补一般创业投资企业主要投资于成长期、成熟期和重建期企业的不足。

创业投资引导基金的资金来源有两个：一个是中央财政科技型中小企业技术创新基金；另一个是从所支持的创业投资机构回收的资金和社会捐赠的资金。

创业投资引导基金的支持对象为在中华人民共和国境内从事创业投资的创业投资企业、创业投资管理企业、具有投资功能的中小企业服务机构（以下统称创业投资机构），以及初创期科技型中小企业。

（2）特点。创业投资引导基金具有以下三个显著特点：

第一，引导基金是政策性基金，有着特殊的政策使命，与以营利为目的的商业性基金有着本质的不同。

第二，引导基金具有引导性，是通过扶持创投企业的发展，引导社会资本进入到创业投资领域，而它本身不直接从事创业投资业务。

第三，引导基金运作具有市场化的特点。其一是对于引导基金扶持对象的选择，不是由行政主管部门直接指定，而由引导基金管理机构根据市场状况，并同时考虑政府的政策目标、引导基金收益风险等因素来确定；其二是引导基金的使用主要应体现有偿使用原则，一方面有利于促使所扶持的创投企业强化财务约束机制，另一方面也有利于提高政府资金使用效率。

（3）运作模式。财政部、科技部联合下发的《科技型中小企业创业投资引导基金管理暂行办法》明确规定，创业投资引导基金的运作模式有四种：阶段参股、跟进投资、风险补助和投资保障。

阶段参股是指创业投资引导基金向创业投资企业进行股权投资，并在约定的期限内退出。这主要支持发起设立新的创业投资企业。引导基金的参股比例最高不超过创业投资企业实收资本（或出资额）的25%，且不能成为第一大股东。引导基金投资形成的股权，其他股东或投资者可以随时购买。自引导基金投入后3年内购买的，转让价格为引导基金原始投资额；超过3年的，转让价格为引导基金原始投资额与按照转让时中国人民银行公布的1年期贷款基准利率计算的收益之和。在有受让方的情况下，引导基金可以随时退出。引导基金参股期限一般不超过5年，在引导基金参股期内，对初创期科技型中小企业的投资总额不低于引导基金出资额的2倍。引导基金不参与日常经营和管理，但对初创期科技型中小企业的投资情况拥有监督权。创新基金管理中心可以组织社会中介机构对创业投资企业进行年度专项审计。创业投资机构未按《投资人协议》和《企业章程》约定向初创期科技型中小企业投资的，引导基金有权退出。参股创业投资企业发生清算时，按照法律程序清偿债权人的债权后，剩余财产首先清偿引导基金。

跟进投资是指对创业投资机构选定投资的初创期科技型中小企业，引导基金与创业投资机构共同投资。创业投资机构在选定投资项目后或实际完成投资1年内，可以申请跟进投资。引导基金按创业投资机构实际投资额50%以下的比例跟进投资，每个项目不超过300万元人民币。引导基金跟进投资形成的股权委托共同投资的创业投资机构管理。创新基金管理中心应当与共同投资的创业投资机构签订《股权托管协议》，明确双方的权利、责任、义务、股权退出的条件或时间等。引导基金按照投资收益的50%向共同投资的创业投资机构支付管理费和效益奖励，剩余的投资收益由引导基金收回。引导基金投资形成的股权一般在5年内退出。股权退出由共同投资的创业投资机构负责实施。共同投资的创业投资机构不得先于引导基金退出其在被投资企业的股权。

风险补助是指引导基金对已投资于初创期科技型中小企业的创业投资机构予以一定的补助。创业投资机构在完成投资后，可以申请风险补助。引导基金按照最高不超过创业投资机构实际投资额的5%给予风险补助，补助金额最高不超过500万元人民币。风险补助资金用于弥补创业投资损失。

投资保障是指创业投资机构将正在进行高新技术研发、有投资潜力的初创期科技型中小企业确定为"辅导企业"后，引导基金对"辅导企业"给予资助。投资保障分两个阶段进行。在创业投资机构与"辅导企业"签订《投资意向书》后，引导基金对"辅导企业"给予投资前资助；在创业投资机构完成投资后，引导基金对"辅导企业"给予投资后资助。引导基金给予"辅导企业"投资前资助的资助金额最高不超过100万元人民币。资助资金主要用于补助"辅导企业"高新技术研发的费用支出。经过创业辅导，创业投资机构实施投资后，创业投资机构与"辅导企业"可以共同申请投资后资助。引导基金可以根据情况，给予"辅导企业"最高不超过200万元人民币的投资后资助。资助资金主要用于补助"辅导企业"高新技术产品产业化的费用支出。

（4）管理模式。当前，国家设立的科技型中小企业创业投资引导基金的管理由财政部会同科技部与其指定设立的管理机构共同管理。

已设立的地方政府创业投资引导基金主要采取以下两种管理模式：

一是委托管理，即将引导基金委托给其他专业管理机构管理，由专业管理机构负责引导基金的日常运营。例如，2009年3月设立的安徽省创业投资引导基金，以独立事业法人设立，成立了基金理事会，行使引导基金的管理职责，对外行使省引导基金的权益，承担相应的义务和责任，负责筛选、监督、考核省引导基金参股设立的创业风险投资基金。理事会下设办公室，负责承办相关的具体事项，而引导基金的日常管理和运作，由理事会采取公开招标方式，委托符合资质条件的机构代理。2009年6月，经过公开招标，安徽省创业投资引导基金与上海浦东科技投资有限公司正式签订委托管理协议，由浦东科技投资有限公司负责安徽省创业投资引导基金的运作管理。采取这种管理模式，管理架构清晰、职责分明，能够发挥专业管理机构的作用，是一种比较符合市场规律的做法。

二是自我管理。在政府出资设立引导基金后，主要是采取自我管理的形式。采取这种管理形式，会出现出资主体和管理主体合而为一，管理职责不清晰。此外，按照相关规定的要求，引导基金应以独立事业法人形式存在，而事业单位的人员结构和管理机制不适应创业投资业的发展要求，由于专业投资管理能力的缺失，会造成投资后的监督管理不力。目前，这种模式也比较普遍，很多地方政府设立引导基金，由地方政府部门自己管理，但存在很多的风险隐患。

（5）发展现状。我国的创业投资引导基金是在借鉴国外先进经验的基础上，在地方政府不断实践探索的基础上逐步形成。先后经历了2002—2006年的起步探索、2007—2008年的迅速发展阶段、2009年以后的规范运作发展阶段。

2002年1月，北京市中关村管委会在全国率先设立"中关村创业投资引导资金"，这是国内最早的、一种真正意义上的政府引导基金，目的是为了克服财政出资直接从事创业投资的不足，拉开了我国政府创业投资引导基金发展的帷幕。2005年11月，国家发改委、科技部等十部委共同发布《创业投资企业管理暂行办法》，明确提出国家及地方政府可以设立创业投资引导基金，采取参股基金、融资担保等方式去支持创业投资企业。在政策的鼓励下，北京、上海和江苏三地首先开始积极探索设立创业投资引导基金，但其他地区尚持观望态度。截至2006年年底，我国共设立了5只创业投资引导基金，总额达35亿元。

2007—2008年的两年间，创业投资引导基金迅速发展，从科技部到地方政府纷纷筹划设立引导基金。2007年6月，科技部、财政部启动设立了规模为1亿元的首个国家级创业投资引导基金——科技型中小企业创业投资引导基金，该引导基金的目标是希望通过引导基金这样一种创新的政策工具，去引导社会资金对风险投资领域的参与，并通过风险投资对科技型中小企业的支持，促进高新技术成果产业化，促进企业快速成长。该引导基金的设立发挥了重要的带动示范作用，其运作为地方引导基金设立提供了经验，带动了全国创业投资引导基金的发展。2007—2008年，全国新成立政府创业投资引导基金超过20只，总规模超过110亿元。

2008年10月18日，国务院办公厅转发了发展改革委等部门《关于创业投资引导基金规范设立与运作指导意见》的通知，《关于创业投资引导基金规范设立与运作的指导意见》正式生效。该指导意见明确了引导基金设立与运作的基本原则，解决了引导基金运作的很多操作性难题，为各地引导基金的设立与运作提供了操作指南，对我国引导基金的发展产生了积极而深远的影响。自此，我国创业投资引导基金步入了规范化发展的轨道，各地政府设立引导基金的积极性高涨，引导基金的设立进入新一轮高潮。截至2010年年底，全国已设立政府引导基金超过40只，基金总额超过300亿元。

创业投资引导基金以财政资金撬动民间资本，通过市场化运作模式，将私人资本引入创新创业领域，为处于初创期和即将步入成长期的高新技术企业提供了新的资金来源渠道，优化了创业企业的资本结构，有效解决了创业融资的市场失灵和逆向选择问题，为创新创业企业发展提供了高效的融资渠道和科学的资金管理保障。

3. 其他政府资助形式

除了前述两种国家及地方政府的创新基金和创业投资引导基金资助形式之外，政府融资从资本来源上还包括其他几种形式。

（1）各级地方政府为促进本地区区域经济发展设立的基金。自1985年国务院正式批准成立的我国第一家风险投资公司——中国新技术创业投资公司（简称中创公司）以来，各地政府也仿效这一做法，运用政府资金成立创业投资公司，以支持本地政策主导和扶持产业服务，体现区域产业政策导向。例如，上海市在2006年8月成立的大学生创业基金会，就是政府全额拨款资助大学生科技创业的一个非营利性公募基金会。该基金会致力于开展创业项目资助、创业文化传播、创业教育及创业研究等相关工作。该基金会是由上海市科委和教委牵头，联合工商局、财政局和市团委共同组建的。其他地市也通过出台各项政策的方式提供资金支持。例如，杭州市为鼓励大学生创新创业出台了《杭州市大学生创业资助资金实施办法（试行）》，由杭州市财政每年从市人才专项资金中安排一定数额的资金专项用于资助符合条件的大学生在市区创业。项目无偿资助分为2万元、5万元、8万元、10万元、15万元、20万元六个等级。创业者只需照规定流程提交相关表格和材料进行申报，经过审核通过后就可获得政府的无偿资助资金。

（2）科技园区为孵化园区企业设立的基金。1991年，国务院《国家高新技术产业开发区若干政策的暂行规定》指出："条件成熟的高新技术开发区可创办风险投资公司。"这一规定为科技园区提供了新的提供融资服务的途径。各地市的科技园区在这一规定的引导下，为促进本园区高新技术企业成果转化，纷纷成立创业投资公司，为本园区企业进行包括投融资、管理在内的各项服务，以孵化企业，促进创业企业的成长和成熟。这类的基金种类非常多，可以由各园区管理委员会直接设立，也可以园区管理委员会控股设立或园区内各孵化中心、支撑体系设立。目前常见的有生产力促进中心、创业中心、留学生创业园、软件园、生物医药院等各种形式。

（3）产业创业投资公司。这是为某一特定产业的发展而设立的基金，如电力投资公司、生物制药、生物技术投资公司、软件投资公司等。此类投资公司一般由政府某一个行业部门设立，投资具有显著的行业针对性，只为本行业内部产业链上的企业进行投资。

（4）国有企业创办的投资公司。此类投资公司是一些传统国有企业在资金雄厚稳定，但增长速度较慢的情况下，为寻求突破和新的投资机会而设立的基金。此类基金与其他政策性投资资金比较而言具有较大的灵活性。

除以上所述两种主要政府融资形式和四种其他政府融资形式外，国家各部委及各级地方政府的相应部门也通过设立各类专项资金，提供了许多政府融资的途径。例如，科技部设立的有863计划、973计划、星火计划、火炬计划、重点新产品、科技兴贸行动计划、软科学计划、国际科技合作计划、科技支撑计划等；国家发改委设立的有中小企业发展专项基金、产业化及示范项目资金、专项资金、技改资金等；商务部设立的有出口研发资助资金、中小企业国际市场开拓资金等；信息产业部设立的有电子发展基金；财政部设立的有中小企业发展资金等。各级地方政府也设立有许多同类的专项资金。此类专项资金的获得均需按照政府部门的相关申报规定通过申报的方式获得，但此类专项资金都是政府无偿资金，融资成本非常小。

创业企业利用政府融资渠道获取资金时，也必须考虑到充分利用国家及各级地方政府对于创业给予的各类税收优惠政策，通过合理避税节约资金支出，以间接方式实现政府融资。

二、创业融资案例

（一）案例一：创新基金资助创业企业成长、发展和成熟[①]

1. 助力立业成长——创新基金扶持创业期小微企业案例

宁波荣大昌办公设备有限公司创建于2001年，是一家专业生产数码一体机、油印机、碎纸机、胶装机、折页机等办公设备的厂家。

（1）创业项目，创新基金助力关键技术突破。

创新基金的支持，解决了荣大昌办公设备有限公司科技开发资金投入不足的问题，增强了该企业的科技创新意识，激发了该企业科技开发人员的创新热情，提升了该企业的科技创新能力。

（2）依托主导科技产品，大幅提升研发能力。

---

① 资料来源：科技部和财政部于2013年6月公布的《2012科技型中小企业技术创新基金年度报告》。

　　在创新基金的支持下，荣大昌办公设备有限公司得以推进"自动扫描制版打印一体机"项目的研发与生产。该产品继承油印机、复印机、打印机的相关优点，主要用于进行原稿或联机的方式扫描、制版及打印印刷，从根本上革新了油印机的蜡纸纸刻工艺，并融合了高速打印机的快速打印功能，是目前世界上比较先进的通用办公设备。得力于创新基金的资金注入，荣大昌办公设备有限公司成为继日本理想、理光、迅普公司后世界上第4家生产此类产品的企业，受到国内外市场的欢迎。

　　目前该企业已申请了21项专利，其中创新基金项目执行期内共获得5项发明专利授权，2项实用新型专利授权。

　　（3）提高管理水平，培养科技人才。

　　自动扫描制版打印一体机项目从立项到实施，得到了国家和地方创新基金的大力支持，提高了荣大昌办公设备有限公司对项目全过程的管理水平，形成了规范的质量管理、绩效考核体系，培养了一批科技开发人员，为今后其他项目的实施创造了良好的条件。项目实施期间，荣大昌办公设备有限公司资产规模逐步扩大，经营能力快速提升，综合盈利逐步增长，发展态势较好。目前，荣大昌办公设备有限公司已成为国内最大的一体机、油印机生产商之一。

　　2. 推动发展壮大——创新基金扶持成长期企业案例

　　泰豪软件股份有限公司成立于1998年，是在江西省政府和清华大学"省校合作"发展高新技术产业的战略背景下，由泰豪集团有限公司、赣能股份有限公司等共同注资发起创建的高新技术企业。

　　（1）成长初期，步履缓慢。

　　在创立初期，泰豪软件股份有限公司主要从事系统集成的业务模式提供行业信息化服务。因为受制于资金限制，该企业研发投入不足，人才引进困难，产品不能得到市场完全认可，难以扩大销量。

　　（2）成长关键阶段，创新助力成长。

　　国家创新基金缓解了项目初期面临的资金压力与困难，加快了该企业产品研发速度，使得该企业产品真正走向了市场。执行期间，泰豪软件股份有限公司先后完成了项目系统平台设计、系统编码测试、产品定型等工作，取得了科技成果鉴定证书和软件著作权证书，样品通过了南昌金庐软件园软件评测中心的评测。

　　目前，泰豪软件股份有限公司项目产品已得到江西省、青海省、陕西省电力调度中心的试用。审计核定显示：截至2012年9月末，项目实现收入735万元，完成合同预期目标的152%。

　　（3）创新基金帮助下，企业迈向成熟阶段。

　　在创新基金帮助下，泰豪软件股份有限公司进入高速成长期。截至2012年9月30日，该企业资产总额已增至60 697.75万元，占项目合同指标的172.93%，比立项时的29 810.42万元增长103.61%。职工人数275人，其中因执行项目新增就业人员39人，占项目合同指标的121.88%。2011年，该企业总收入22 871.99万元，比立项时的16 671.75万元增长37.19%；缴税总额1786.82万元，比立项时的1096.67万元增长62.93%；净利润总额3287.22万元，比立项时的2874.79万元增长14.35%。

目前，经过创新基金的资助，中泰豪软件股份有限公司已居农电信息化和调度信息化市场领先地位，是电力信息化领域中主力厂商之一。

3. 助力重大突破——扶持企业实现重大技术突破案例

湖南凯美特气体股份有限公司成立于 1991 年，总部位于湖南省岳阳市，是一家集气体开发、应用、科研生产、经营于一体的专业性公司。主要生产优质食品级二氧化碳和干冰。

（1）创新基金支持企业技术突破。

在创新基金的帮助下，凯美特气体股份有限公司完成项目超高纯度二氧化碳（液态、固态）规模化提纯技术的开发和运用。通过高效除杂系统、系列高效净化器、精细过滤器、液氨制冷、动态减压提纯系统等关键技术突破，产品的各项技术指标要求均得以实现，极大地提高了产品的性能，并为后续延伸产品及其他新项目的开发打下了坚实的基础。

统计显示，2010 年 5 月至 2012 年 3 月期间，凯美特气体股份有限公司已实现项目产品收入 8481 万元。

（2）创新基金扩充企业融资渠道。

在未得到创新基金支持之前，凯美特气体股份有限公司的资金实力较弱，生产能力不够。创新基金的及时拨付，为项目研发和生产购置设备提供了有力的经济支持。特别是创新基金这种无形资产给该企业在投融资过程中带来了极大的好处和便利，这也是投资者看好企业项目的依据。2010 年，凯美特气体股份有限公司获得银行贷款支持 1000 万元。2011 年，凯美特气体股份有限公司于深圳证券交易所上市，向社会公众发行人民币普通股 2000 万股，并将企业注册资本变更为 12 000 万元，为后期的发展提供了足够的资金支持。

（3）创新基金支持企业市场扩展。

目前，凯美特气体股份有限公司资产规模超过 7 亿元，是可口可乐、百事可乐在中国区最大的食品级液体二氧化碳供应商之一。凯美特气体股份有限公司还拥有杭州娃哈哈集团、屈臣氏集团、青岛啤酒、百威啤酒和健力宝等一批知名客户。凯美特气体股份有限公司是湖南省两家最大的烟厂（湖南中烟工业有限责任公司长沙卷烟厂和湖南中烟工业有限责任公司常德卷烟厂）及广东、江西、湖北等省份部分烟厂的主要二氧化碳供应商。

目前，凯美特气体股份有限公司在中南地区、珠三角地区、长三角地区具有较高的市场知名度，拥有较高的市场占有率。凯美特气体股份有限公司现正在北京建立生产基地，以满足京津唐地区的市场需求，进一步提高产品市场覆盖度和市场占有率。

4. 助推全程成长——全阶段助力中小企业发展案例

广东金明精机股份有限公司成立于 1987 年，是一家集研发、设计、加工于一体的专业塑料机械制造商。

（1）创新基金多次扶持，企业稳步发展。

金明塑胶设备有限公司已三次承担并完成了国家科技型中小企业技术创新基金的项目，包括 1998 年立项的"三层共挤吹塑复合土工膜机组"项目，2004 年立项的

"计算机集中控制多层共挤塑料中空成型机"以及 2009 年立项并仍在实施的"高效节能多层共挤塑料吹塑成套装备"项目。在以上项目实施期间,金明塑胶设备有限公司通过注资、改制,资产规模扩大,经营能力和获利能力快速提升,同时通过技术创新,产品技术水平提高,综合实力不断增强。

(2)效益全面提升,创新基金支持企业成效显著。

通过三次实施创新基金项目,金明塑胶设备有限公司获得快速发展。截至 2011 年 12 月 31 日,金明塑胶设备有限公司资产总额为 74 723.38 万元,比第三次项目立项时的 12 820.65 万元增长 483%;年总收入 26 115.33 万元,比立项时的 10 227.65 万元增长 155%;缴税总额 2317.36 万元,比立项时的 745.15 万元增长 218%;净利润总额 5332.05 万元,比立项时的 1302.48 万元增长 309%。

由于创新基金的多次支持,金明塑胶设备有限公司的产品得以在市场上获得一定的知名度,并于 2011 年 12 月 29 日在深圳证券交易所创业板成功上市。

5. 对接资本市场——创新基金助推企业成功上市案例

北京数字政通科技股份有限公司成立于 2001 年,专业从事电子政务和地理信息系统(GIS)应用平台的开发和推广工作,为政府部门提供地理信息系统、管理信息系统(MIS)、办公自动化(OA)一体化的电子政务解决方案,并提供政府各个部门间基于数据共享的协同工作平台。

(1)创新基金提升了企业的综合实力。

2009 年,北京数字政通科技股份有限公司得到创新基金资助,得以启动"基于 3G 网络的智能化城市管理系统及专用智能终端开发"项目,该项目基于第三代移动通信技术(3G)移动通信网络,集成基础地理等数据资源,通过多部门信息共享,借助 3G 智能终端实现对城市的网格化监督和管理,产品推出后在市场上引起巨大反响。创新基金的支持增进了社会对该企业的认可,在项目实施期间该企业得以进行资本重组,企业名称由立项时的"北京数字政通科技有限公司"变更为"北京数字政通科技股份有限公司",注册资本由立项时的 685 万元增至 5 600 万元。

(2)创新基金促进技术转化和产业化。

创新资金对项目起到了举足轻重的作用,有力地促进了技术成果的转化,加速了产业化进程,进而带动企业在数字领域向纵深发展,促进技术水平提高。经过两年的实践与专注,企业规模扩大,市场占有率增加,创新资金项目在其中发挥了具大地推动作用。

项目立项时,该企业资产规模为 8966.74 万元,总收入为 5903.79 万元,净利润为 3028.37 万元,缴税总额为 917.16 万元;项目验收时,该企业资产规模为 87 550.44 万元,总收入为 9574.16 万元,净利润为 5144.33 万元,缴税总额为 1986.70 万元。资产规模增长 876.42%,总收入增长 62.17%,净利润增长 69.87%,税收总额增长 116.61%。

(3)成功上市融资,发生质的飞跃。

创新基金项目实施以来,该企业经过两年的研发、试点,技术已经日趋成熟,完成了对基于 3G 网络的智能化城市管理系统和便携式智能终端的研究,通过试点城市的应用和推广，产品产销量逐年增加，取得了很好的经济效益和社会效益。2010年4月，北京数字政通科技股份有限公司成功在深圳证券交易所创业板上市，极大缓解了发展面临的资金压力。企业因优异的业绩而得到广大投资者的青睐，得以在股票市场上获得大笔资金融入。目前企业资产规模为8.75亿元，2010年经营收入为9574万元，净利润为5144万元，利润率高达54%，是创新基金项目的实施使得企业发生了质的飞跃。

(二) 案例分析与点评

创新基金作为国家提供的一种重要的政府融资的形式，充分发挥了培育、扶持和助推的关键作用，在为创业提供资金的同时，更重要的是引导和扶持创业企业获得了其他重要的创业资源，进行了有效的资源整合，加速了创业企业的成长和成熟。创新基金不仅为初创期企业提供了最稀缺的资金支持，降低了创业失败的概率，创新基金更在创业企业成长成熟阶段，在创业企业面临更大风险的阶段发挥了引导作用，缩短了创业企业成熟的时间。因此，创新基金对创业企业的资金支持是贯穿于创业全周期的全程支持。同时，创新基金也为创业企业的资源整合和风险回避充当了桥梁和教育的媒介作用，推动了我国创业企业的迅速成长和成熟，为我国经济整体腾飞提供了强有力的力量，也有效地实现了以创业带动就业的协同发展效应。

【创业融资宝典】

孙陶然经典语录

1. 融资不是结婚。资本不是企业的婚姻，投资人不是陪伴你走一辈子的人，更像保姆，帮你照顾孩子，你得付工钱。资本投进来就是为了将来退出，而退出的时候你必须给予回报。这关系不能搞错，用对老婆的方式去对待保姆，犯错误不说，最后搞得家庭破碎都不知道怎么收场。

2. 拉卡拉员工的"三大纪律八项注意"，共4条12款：看，确认指令、及时通报、日清邮件；写，写会议纪要、亲撰周报、写备忘录；想，统计分析、一页报告、三条总结；做，保持准时、说到做到、解决问题。

2014年高校毕业生自主创业可享受的优惠政策[①]

按照《国务院办公厅关于做好2013年全国普通高等学校毕业生就业工作的通知》(国办发〔2013〕35号)、《国务院关于进一步做好普通高等学校毕业生就业工作的通知》(国发〔2011〕16号)、《国务院办公厅转发人力资源社会保障部等部门关于促进

---

① 资料来源：高校毕业生就业政策百问. http://www.ncss.org.cn/tbch/jyzhbw/content.html#77.

以创业带动就业工作指导意见的通知》（国办发〔2008〕111号）等文件的规定，高校毕业生自主创业优惠政策主要包括：

（1）税收优惠。持《就业失业登记证》（注明"自主创业税收政策"或附《高校毕业生自主创业证》）的高校毕业生在毕业年度内（指毕业所在自然年，即1月1日至12月31日）从事个体经营的，3年内按每户每年8000元为限额依次扣减其当年实际应缴纳的营业税、城市维护建设税、教育费附加和个人所得税。对高校毕业生创办的小型微利企业，按国家规定享受相关税收支持政策。

（2）小额担保贷款和贴息支持。对符合条件的高校毕业生自主创业的，可在创业地按规定申请小额担保贷款；从事微利项目的，可享受不超过10万元贷款额度的财政贴息扶持。对合伙经营和组织起来就业的，可根据实际需要适当提高贷款额度。

（3）免收有关行政事业性收费。毕业2年以内的普通高校毕业生从事个体经营（除国家限制的行业外）的，自其在工商部门首次注册登记之日起3年内，免收管理类、登记类和证照类等有关行政事业性收费。

（4）享受培训补贴。对高校毕业生在毕业学年（即从毕业前一年7月1日起的12个月）内参加创业培训的，根据其获得创业培训合格证书或就业、创业情况，按规定给予培训补贴。

（5）免费创业服务。有创业意愿的高校毕业生，可免费获得公共就业和人才服务机构提供的创业指导服务，包括政策咨询、信息服务、项目开发、风险评估、开业指导、融资服务、跟踪扶持等"一条龙"创业服务。各地在充分发挥各类创业孵化基地作用的基础上，因地制宜建设一批大学生创业孵化基地，并给予相关政策扶持。对基地内大学生创业企业要提供培训和指导服务，落实扶持政策，努力提高创业成功率，延长企业存活期。

（6）取消高校毕业生落户限制，允许高校毕业生在创业地办理落户手续（直辖市按有关规定执行）。

【案例思考】

1. 政府融资渠道的特点是什么？

2. 政府融资不同形式各有什么利弊？

三、创业融资实训

(一) 实训目标

体会团队合作价值，训练团队合作精神，掌握团队合作基本技巧。

理解政府融资不同形式的优劣势，掌握政府融资的基本技能。

(二) 实训活动——初创企业政府融资途径及技巧

1. 活动内容

运用头脑风暴法对应届大学毕业生在德州市创办一个电子商务企业可以获取哪些政府资金资助以及如何获取进行讨论，并形成政府融资方案策划书。

2. 活动形式

5~6人一组为最佳。

3. 活动时间

30分钟。

4. 活动地点

教室。

5. 适用对象

全体学生。

6. 活动目标

实施创造性解决问题能力训练，模拟操作政府融资，训练学生团队合作能力。

7. 活动程序

(1) 每个小组1分钟竞聘确定总经理。

(2) 总经理带领团队开展5分钟头脑风暴，列出应届毕业生在德州市创办一个电子商务企业可能获取的政府融资的所有形式。

(3) 总经理用5分钟带领团队成员分析所有形式的利弊，确定可选的形式。

(4) 总经理用5分钟带领团队成员就可选的融资形式开展第二轮头脑风暴，就所选融资形式具体实施中可能碰到的问题进行一一列示，并标注问题的重要程度。

(5) 总经理用5分钟带领团队成员借助网络等工具寻求解决关键问题的方法和具体措施。

(6) 总经理用10分钟带领团队成员形成融资方案策划案汇报文档。

8. 训练要求

(1) 各组总经理负责本组活动的组织和管理，要求每位成员必须至少发表1~2条意见。

(2) 各组必须在规定时间内提交融资方案策划案，逾时不予考评。

四、创业融资深度思考——推荐阅读

政府创业投资引导基金运作模式研究[①]

近年来，为了有效吸引社会资本积极参与到创业投资活动中来，我国各地在政府创业投资引导基金的设立与运作方面进行了有益的尝试，既积累了一定的经验，又暴露出了一些问题。为有效发挥政府在构建金融体系、优化资源配置和助推产业转型等方面的作用，需就完善引导基金的运作模式和制度设计做进一步新的探索。

一、政府创业投资引导基金及在我国的实践

在借鉴发达国家经验的基础上，我国各地政府对创业投资引导基金的设立进行了积极尝试。从 2005 年《创业投资企业管理暂行办法》的发布，到 2006 年《关于实施〈国家中长期科学和技术发展规划纲要（2006—2020 年）〉若干配套政策的通知》下发后，特别是 2008 年《关于创业投资引导基金规范设立与运作的指导意见》发布以来，我国政府创业投资引导基金数量和资本规模逐年稳步上升。

截至 2012 年 4 月，政府创业投资引导基金共 36 家，资本总规模 355.21 亿元。截至 2011 年年底，全国获得政府创业投资引导基金支持的创投机构数量达到 188 家，引导带动的创业风险投资管理资金规模超过 1000 亿元，集聚了大量民间资本。

我国政府引导基金顺应国家产业发展政策与方向，46.82% 的资金流向处于初创期的中小企业，缓解了中小企业融资难问题。同时，通过策略调整积极参与节能环保、生物医药、航空航天、新能源汽车等新兴产业领域投资，2011 年 52.6% 的投资项目属于战略性新兴产业。以江苏省为例，从省级到各县、市都成立了新兴产业引导基金，扶持当地新兴产业中小企业发展，带动了区域产业集群的形成，并培育出了一批以市场为导向、以自主研发为动力的创新型企业。

自 2004 年至 2012 年一季度，中国创业投资公司，以首次公开募股（IPO）并购、股权转让及管理层收购形式实现退出的案例数为 1179 个，其中首次公开募股退出案例数为 708 个，占比达到 60.1%。政府引导基金的快速发展也增强了对高级管理人才的吸引力。截至 2011 年年末，创业投资管理人员数量达到 502 人，基金平均管理人员数为 14 人。

二、存在的问题

（一）政府引导基金规模较小，市场化程度低

我国政府引导基金平均资本规模为 9.87 亿元，10 亿元以上的引导基金占比为 19.45%。较小的资金规模所带动民间资本的杠杆效应有限，且大部分引导基金集中在经济和金融较发达的东部沿海地区，占比高达 61.11%，区域发展不均衡。

我国引导基金主要选择了参股和跟进投资两种运作模式，选择 3 种以上运作模式的引导基金仅占比 19.44%，运作模式单一。引导基金管理模式分为自我管理和委托管

[①]　翟俊生，钱宇，洪龙华，等. 政府创业投资引导基金运作模式研究［J］. 宏观经济管理，2013（8）.

理两类，委托管理模式占比 94.44%，自我管理模式因无法建立有效的激励约束机制而难以吸引专业人才，运作专业性不够。在引导基金、创业投资基金以及创业风险企业三者的博弈中，容易出现寻租风险、委托风险和管理风险。各地政府引导基金在其管理办法中都不同程度地在投资对象、投资领域、投资比例等方面做出规定，具有极为明显的政治性、地域性和导向性，政府资金的引导作用受到严重制约，且易与管理团队、民间资本追逐短期经济效益产生矛盾。

目前，各地政府创业引导基金市场化程度低，多由政府设立或直接选定管理机构，在缺乏有效考核评价的情况下，可能引发政府引导基金管理与投资中的寻租行为，也不能及时纠正政府创业投资引导基金在运作中出现的偏差。

（二）创业资本尚不发达、引导基金制度设计存在缺陷

一是现行税收制度具有重复征税、高所得税税率和缺乏投资所得减免与冲减抵扣政策等缺陷，投资人对创业资本的投资风险和收益前景缺乏信心，造成社会资本参与程度较低，创业资本的投资主体难以真正多元化。

二是政府公共政策存在缺陷，从地方到中央对创业资本的政策立法没有系统和协调，缺乏对投资人的动力与吸引力，对创业资本总量和资本后续能力形成构成制约。

三是引导基金运行的社会环境制度缺失。重点体现在诚信危机、股权投资与信托投资的文化传统缺失等方面。由于缺失守合约的信用制约，被投资人缺乏道德与信用的内在约束，不能谨守诚信。

四是缺乏专业管理人才，导致管理能力不足。引导基金的操作不规范和考核体制的不完善也对管理水平的提高和管理人才的培养形成了制约。

三、对策与建议

（一）委托代理

1. 采取公开招标方式选择优质的管理机构

为保证政府引导基金这种特殊的政策性基金的管理需要，应对受托管理机构的资质设定标准，可从投标人注册资金、从业经验、专业背景、成功案例、财务状况等方面进行要求和规定，然后通过公开竞标的方式选择符合条件的专业管理公司进行管理。专业管理公司还可为处于成长过程中的创业企业引进优秀的职业经理人才、客户关系资源和政府公共关系等，从而改善创业企业的管理战略与管理素质，避免或减少管理风险。

2. 加强对引导子基金的管理监控

对投资项目决策的管理监控可通过引导基金出资者派驻产权代表成为基金投资公司的董事，行使股东权利，以避免或减少委托风险。所参股子基金或创业投资企业要建立评审决策与方案实施公示制度、定期信息披露制度、备案管理制度等，加强对子基金的监管。对投资项目进行过程中的管理监控可将阶段评估与阶段融资制度相结合。对于阶段评估合格的，继续给予投资；对于没有完成的，推后投资期限或不再投资，从而做到对政府引导基金投放的实时监控。

（二）评价机制

1. 政府产业政策考核

各地可在地方政策法规中设定引导基金投资的两个比例，规定引导基金投资到政府鼓励发展的产业中的资金比例，规定引导基金投入种子期和起步期的创业企业中的资金比例。以这两个比例作为产业政策导向的考核。

2. 引导基金风险控制考核

一是对资产风险控制的考核。政府引导基金章程应当明确规定引导基金对单个创业投资企业的支持额度，合作企业分配权和清偿权。以最大限度控制引导基金的资产风险。二是对合作伙伴管理风险控制的考核。政府引导基金管理风险控制取决于合作伙伴的管理能力，项目投资成功率可有效评价引导基金的管理风险控制效果。将首次公开募股以及股权转让盈利的投资项目定义为成功项目，把股权转让亏损以及清算的投资项目定义为失败项目，便可计算出投资项目成功率，即将成功项目数与全部投资项目数之比。

3. 引导基金杠杆效应考核指标

政府创业投资引导基金的一项重要功能就是资金杠杆效应。从政府创业投资引导基金实际运作过程分析，可以得出一个资金的放大倍数（政府参股投资的风险投资总额/政府引导基金原值），以此指标来考核和评价政府创业引导基金的杠杆效应。另外，为加强子基金之间的竞争，也可用子基金资金放大倍数考核。

4. 引导基金价值考核

政府创业投资引导基金在企业扶持方面的效果，可通过被投企业的价值变化来体现。对企业的价值变化评价可选择以下几个主要指标：

一是企业销售收入增长率，即企业本期销售收入与上期销售收入的比率，是评估企业成长状况和发展能力的重要指标。

二是企业净利润增长率，即企业本期净利润额与上期净利润额的比率，是综合评价企业资产营运与管理业绩的重要指标。

三是企业净资产增长率，即企业本期净资产总额与上期净资产总额的比率，是衡量企业总量规模变动和成长状况的重要指标。

5. 引导基金人才培养和管理水平考核

对政府引导基金人才培养和管理水平提升等考核难以通过定量指标完成，只能采用定性方式，通过多个维度进行评估。对人才培养评价可以对教育背景、知识机构、企业家素质与经验、处理问题能力等方面进行评估。管理能力评价可以对团队结构、企业战略制定、企业文化形成等方面进行评估。在构建政府引导基金评价体系的过程中，还应特别注重两个问题：定量考核指标的考核值规定和所有考核指标的权重分配。这两个具体数值的设定和分配应由各地根据产业发展现状和实际情况合理规定。

（三）解决管理机制的对策

1. 环境与制度建设

一是信用体系建设。国家要推进信用制度建设，加强社会诚信文化的建设，培养企业、公民的信用意识，创造社会诚信文化的良好氛围与环境，同时，依托行业协会力量，促进创业投资引导基金行业自律，加强对其的管理和监督，为之提供包括信息交流、战略合作、政策咨询、专业培训等在内的各类服务。

二是人才环境与制度建设。培养高素质的创业投资人才要以培育有利于创业投资业发展的社会文化环境为前提。在人才挖掘、培养、引进方面需要加大力度，吸引人才、激励人才的政策制度还需要大胆创新。

2. 优惠政策制定

一是制定税收优惠政策。减免投资者的个人所得税，鼓励投资人去投资风险较高的创业企业，使得创业企业获得更多的资金支持，顺利度过企业的种子期，成为有实力的纳税企业。

二是制定其他优惠政策。改善创业企业的经营环境，通过研发激励措施，给予研发补贴，即企业可从政府引导基金那里得到相当于研发费用1/2或1/3的研发补贴，在某些领域还可通过政府采购等方式，以实现对特定战略行业的支持。

3. 完善运作机制

一是拓宽运作模式。在采用参股等方式的同时，拓宽引导基金运作模式，特别是尝试融资担保模式。相比参股和跟进投资方式，融资担保具有更大的杠杆放大作用，也具有一定债权约束。由于有资金成本，融资担保模式对于资金被闲置、投资回报率具有督促强化作用，因此可以提高引导基金的使用效率和使用频率。

二是选择正确退出机制。政府引导型投资基金在选择退出方式时，要根据不同的情况进行多层次的安排。首次公开募股是长远目标，股利分红是普遍手段，第三方转让和次级收购是可选方式，回售则是必要的保底措施，但由于我国金融市场和资本市场的不健全，首次公开募股尚未成为重要的退出方式，最主要的退出方式是以产权交易为基础的第三方转让和次级收购。此外，为充分保证资金的流动性，政府科技投资基金应将一定时期后创业企业股东的回售作为保底措施，以确保资金的退出。

图书在版编目（CIP）数据

创业融资/相子国主编 . —成都：西南财经大学出版社，2014. 10（2019. 1 重印）

ISBN 978-7-5504-1593-5

Ⅰ. ①创… Ⅱ. ①相… Ⅲ. ①企业融资—研究
Ⅳ. ①F275. 1

中国版本图书馆 CIP 数据核字（2014）第 219064 号

创业融资

主　编：相子国
副主编：杨　颖　许本强　孙志胜　姜英华

责任编辑：李特军
助理编辑：李晓嵩
封面设计：何东琳设计工作室
责任印制：朱曼丽

出版发行	西南财经大学出版社(四川省成都市光华村街 55 号)
网　　址	http://www.bookcj.com
电子邮件	bookcj@ foxmail.com
邮政编码	610074
电　　话	028-87353785　87352368
照　　排	四川胜翔数码印务设计有限公司
印　　刷	郫县犀浦印刷厂
成品尺寸	185mm×260mm
印　　张	10.5
字　　数	245 千字
版　　次	2014 年 10 月第 1 版
印　　次	2019 年 1 月第 3 次印刷
印　　数	3001— 4000 册
书　　号	ISBN 978-7-5504-1593-5
定　　价	29.80 元